汉译世界

美之陨落：
王尔德书信集

〔英〕奥斯卡·王尔德 著

孙宜学 译

译自 *The Letters of Oscar Wilde*, ed. Rupert Hart-Davis, Oxford University Press, 1979

汉译世界文学名著丛书
出版说明

  1902年，我馆筹组编译所之初，即广邀名家，如梁启超、林纾等，翻译出版外国文学名著，风靡一时；其后策划多种文学翻译系列丛书，如"说部丛书""林译小说丛书""世界文学名著""英汉对照名家小说选"等，接踵刊行，影响甚巨。从此，文学翻译成为我馆不可或缺的出版方向，百余年来，未尝间断。2021年，正值"汉译世界学术名著丛书"出版40周年之际，我馆规划出版"汉译世界文学名著丛书"，赓续传统，立足当下，面向未来，为读者系统提供世界文学佳作。

  本丛书的出版主旨，大凡有三：一是不论作品所出的民族、区域、国家、语言，不论体裁所属之诗歌、小说、戏剧、散文、传记，只要是历史上确有定评的经典，皆在本丛书收录之列，力求名作无遗，诸体皆备；二是不论译者的背景、资历、出身、年龄，只要其翻译质量合乎我馆要求，皆在本丛书收录之列，力求译笔精当，抉发文心；三是不论需要何种付出，我馆必以一贯之定力与努力，长期经营，积以时日，力求成就一套完整呈现世界文学经典全貌的汉译精品丛书。我们衷心期待各界朋友推荐佳作，携稿来归，批评指教，共襄盛举。

商务印书馆编辑部
2021年8月

译　序

王尔德最喜欢两种花：百合花和向日葵。1882年7月，在接受美国《法兰西信使报》采访时王尔德这样说："我们选择百合花和向日葵是有很多原因的，它们是唯美主义的标志。"

百合花干净，简单，美丽；百合花瓣匀称，香气适中，更有一种平平静静的美好。

百合花的纯净、清香和洁白都给人女性的想象。向日葵的果敢和暴烈，则让人产生雄性的感觉。

百合花是"童贞之花"的象征。向日葵是爱与忠诚的代言。

王尔德同时钟爱百合花和向日葵。他曾说："这两种迷人的花儿是全英格兰完美的设计模型。"他爱前者的"秀丽无双"，后者的"华丽庄严"。因此他对两者都极端爱恋。这两种"审美植物"也成为其标志的一部分。

王尔德爱百合花与向日葵的极致，实际上绝不仅限于在作品中以百合花和向日葵作为喻，而是将自己变成这种比喻的本体：生前，他绚烂时如同硕大的金黄花盘，获得了样样繁华；落魄时则被讽刺为枯萎的向日葵，一无所有；而死后，他就像"凋谢的百合花"，清香随风远逝。

或许生命本如此，即使生时如向日葵般激情澎湃，到达生命终点时也只能如百合花般平静。

百合花与向日葵的异样盛开，始于1891年1月，王尔德认识了阿尔弗雷德·道格拉斯勋爵。

王尔德此时已成英国文学、英国生活的宠儿，连料峭的风中都飘着他的格言与警句！也就是在这个春天，王尔德以为找到了自己的真爱——道格拉斯！他称道格拉斯"很像一株水仙花——那么纯洁和温柔""你那玫瑰叶似的红唇不仅生来是为了歌唱的，而且也是为了疯狂的热吻的"。

金风玉露一相逢，便胜却人间无数。

一颗快乐的种子，在荆棘丛中开出凄艳的花。只不过花越美，毒性越大。虽然王尔德逐渐意识到自己慢慢成了供道格拉斯吃喝玩乐的工具，成了随时听从他吩咐的仆人；虽然生气时他想过结束两人之间那种"致命的友谊"，但他的确真心喜爱道格拉斯，所以每次争吵、分手后，他都又心不甘情不愿地将自己的才华，慷慨地花在道格拉斯身上了。两人就这样分分合合、聚聚散散，就像一对因爱而恨、因恨而爱的情侣，在灵魂的撕扯中送走一个个晨与晚。

还不只是道格拉斯。王尔德在自己身边聚拢了一大群与他地位迥异、趣味相当的青年，日夜宴乐，过着奢侈、放纵的生活，因而引起公愤，被维多利亚时代的卫道士指责为同性恋者的领袖、道德败坏者。但王尔德一直认为自己艺术上的巨大成就能使自己免受道德、法律的束缚，因而多次为自己的行为公开辩护，说自己哪怕是同性恋，也是为了追求美。也是因了这种底气，他在法庭上双眼闪亮，朗朗回答了法官咄咄逼人的追问——何为"不敢说出名字的爱"：

> 在这个世纪,这种爱被误解了,误解之深,它甚至被描述为"不敢说出名字的爱",为了描述这种爱,我站在了现在的位置。它是美的、是精致的,它是最高贵的一种感情,它没有丝毫违反自然之处。它是思想上的,它不断出现于年长者与年幼者之间,当年长者拥有才智时,年幼者的面前就会拥有所有的生活快乐、所有希望和生活的魅力。这个世界不理解这一点,而只是嘲讽它,有时还因为它而给人戴上镣铐。

他这种同性恋嗜好（就像他喜欢向日葵、百合花和唯美服装一样,都只是一种嗜好）,最终让他眼看着别人一步步把自己从快乐的天堂推向悲哀的深渊。但即使在狱中,他依然是一只快乐的天堂鸟,依然在到处寻找快乐的果子,只不过他只能"悲哀地享乐"。

王尔德的一生,就是百合花与向日葵同时开放、同时凋零的一生。他想吃到生活中所有美的果子,他想只走在有阳光的路上。他把生活看成是享乐主义和感官主义的欢宴,他把世间所能享受到的快乐,差不多都享受到了,把地球上所有快乐的果子,也都吃到了。他拥有太多的知识,但却过于粗鲁、自私地将这些知识运用于感官快乐方面。

"我成了自己天才的浪费者。"王尔德清醒时这样说。

但王尔德从未真正后悔过自己选择的这种"不敢说出名字的爱"。虽然狂风扑来,齐刷刷地折断他那唯美的双翼。

美和道德哪个更不朽？

王尔德才不会对此做什么价值判断，因为这本身就是非审美的。他来到这个世间，就是为了告诉世人：什么是美。"书无所谓道德的或者不道德的，只有写得好或者写得糟。仅此而已。"对王尔德来说，他的书写绝不负载道德的拘囿，他的艺术只跟随"美丽的事物、不朽的事物和不断变化的事物"行走。王尔德所有的文学作品都贯穿着这样的艺术观和人生观，他的书写就是自己爱美的见证。

> 那些在美的事物中发现丑的含义的人是堕落的，而且是丝毫不可爱的堕落。这是一种罪过。
> 那些在美的事物中发现美的含义的人是有教养的人。对他们来说，还有希望存在。

这是王尔德的两句至理名言，他到底属于哪一类呢？

王尔德是将生活与艺术等同的，他主张让艺术成为生活的镜子，但他所说的生活非世俗的生活，而是艺术家的美的生活，这样艺术反映出来的生活，也就是艺术家的美的生活了。

因此，艺术家的生活与真正的生活是不完全一致的，"我最引以为耻的，是我的生活称不上是艺术家的生活。"王尔德说。

可风中飘浮的落叶，真的知道自己会落到哪里吗？或者说，艺术家的生活，真的能由艺术家自己做主吗？

风从来都不朝一个方向吹。

"这真是残酷的惩罚，可我是罪有应得！"

说这话的王尔德，谁信？

本书按照王尔德人生的几个重要阶段：成长和唯美主义思想形成阶段、美国演讲、伦敦和巴黎时光、与道格拉斯在一起的日子、入狱前后、出狱后的流亡和困窘生活等，精选了王尔德的部分书信。这些书信内容涉及王尔德的思想艺术观和生活的各个方面，借此可以对王尔德一生的生活和思想的发展轨迹有个大致的了解，读者可以当作王尔德的自传来读，一部王尔德为自己唯美的生活和艺术辩护的自传，也可以当作一部优美绝伦的散文来读，因为王尔德的每一封书信，都是一篇散文。读者从中不但能基本了解王尔德究竟是个什么样的人，而且可以感受到王尔德为追求艺术之美所时时表现出的不合时宜的亢奋与孤独，并对他所提倡的唯美主义有一些基本的了解。

就像一切宣判是死亡的宣判一样，所有的审判也是对生命的审判。我已经被审判过三次了，第一次是我在离开包厢时被捕，第二次是被关在拘留所里，第三次是在监狱里度过两年。社会上没有我的位置，也没有给我留下位置，但自然的甘霖既降到正当的地方也降到不正当的地方。总可以给我一个隐藏的洞穴吧！总有我可以在她的静谧中哭泣而不被打扰的幽谷吧！她会在夜里挂满星星，使我在暗夜里行走而不会跌跤；她会把风吹到我的脚印上，使得没有人能追踪而至伤害我；她会在洪流中把我洗净，用苦药使我健全。

王尔德从春风得意到跌入地狱、从奢侈豪华到穷困潦倒、从仗义疏财到斤斤计较、从宽容厚道到褊狭暴躁的精神裂变的过程，都体现在这些信里了。这些信还真实记录了王尔德在完成这个转变过程中的痛苦和灵魂的战栗。当然，这些信也真实地记录了王尔德对艺术、生活和社会的不乏偏激，但都是出于正义感的看法，包括他对同性恋的肯定，甚至赞美。

王尔德的命运，很难让人产生悲剧感，而很易产生喜剧感：他把自己所处时代的干瘪与无味，以有意味的文学形式和生活方式留存了下来，以严肃的调侃和嘲弄，让一个时代的一本正经和装腔作势成为文学经典。他以自己喜剧化的人生，完成了一个时代的悲剧化画像。

读这本书，需忘掉自己；不过读者不需自我加压，因为王尔德会让你不知不觉忘掉自己。

感谢商务印书馆的信任和支持，使我再次重温了这个忘掉自己的过程。

孙宜学

2022 年 3 月 31 日，同济大学

目　　录

1. 1875 年 6 月 24、25 日…………………致王尔德夫人　1
2. 1876 年 7 月 10 日（邮戳日期）……………致威廉·沃德　5
3. 1877 年 6 月 16 日（？）……………………致霍顿勋爵　7
4. 1882 年 1 月 15 日（？）……………致乔治·刘易斯夫人　10
5. 1882 年 2 月 26 日（？）……致科洛内尔·W. F. 莫尔斯　12
6. 1882 年 2 月 28 日………………………致华金·米勒　13
7. 1882 年 3 月 21 日………………………致爱玛·斯皮德　16
8. 1882 年 3 月 29 日……………致诺曼·福布斯·罗伯逊　18
9. 1882 年 7 月 6 日………………致朱莉娅·沃德·豪　20
10. 1883 年 5 月 17 日（邮戳日期）…………致 R. H. 谢拉德　22
11. 1884 年 1 月 22 日（邮戳日期）………致沃尔多·斯托里　25
12. 1884 年 12 月 16 日（邮戳日期）……致康斯坦丝·王尔德　27
13. 1885 年 1 月 14 日……………致 J. 佩奇·霍普斯牧师　28
14. 1885 年 1 月 23 日（？）……致詹姆斯·麦克尼尔·惠斯勒　30
15. 1886 年 2 月初………………………致《帕尔摩报》编辑　32
16. 1887 年 4 月……………………………致威姆斯·里德　35
17. 1890 年 1 月初…………………………致《真理报》编辑　38

ix

18. 1890年7月9日·················致《苏格兰观察家》编辑 40
19. 1890年7月31日（？）········致《苏格兰观察家》编辑 43
20. 1890年8月13日···············致《苏格兰观察家》编辑 45
21. 1891年2月2日·················致《每日电讯报》编辑 51
22. 1891年4月（？）·····································致R.克莱格 55
23. 1892年2月中旬······························致乔治·亚历山大 56
24. 1892年2月26日······················致《圣詹姆斯报》编辑 60
25. 1892年7月初·································致威尔·罗森斯坦 62
26. 1893年1月（？）·························致阿尔弗雷德·道格拉斯 64
27. 1893年2月23日（邮戳日期）··························致萧伯纳 65
28. 1893年3月·································致阿尔弗雷德·道格拉斯 66
29. 1893年11月8日··································致昆斯伯里夫人 67
30. 1893年12月（？）························致阿尔弗雷德·道格拉斯 69
31. 1894年4月16日（？）···················致阿尔弗雷德·道格拉斯 70
32. 1894年7—8月·························致阿尔弗雷德·道格拉斯 71
33. 1894年8月·····································致乔治·亚历山大 72
34. 1894年8月（？）·························致阿尔弗雷德·道格拉斯 75
35. 1894年8—9月（？）·································致W.B.叶芝 78
36. 1895年2月17日（？）···················致阿尔弗雷德·道格拉斯 79
37. 1895年2月28日··································致罗伯特·罗斯 81
38. 1895年4月5日·································致《晚报》编辑 82
39. 1895年4月9日·····················致埃达和欧内斯特·莱文森 83
40. 1895年4月9日···············致莫尔·阿迪和罗伯特·罗斯 84
41. 1895年4月13日······································致R.H.谢拉德 85

42.	1895 年 5 月 6 日	致埃达·莱文森	86
43.	1895 年 5 月 20 日	致阿尔弗雷德·道格拉斯	87
44.	1896 年 3 月 10 日	致罗伯特·罗斯	90
45.	1896 年 5 月 23 日或 30 日（？）	致罗伯特·罗斯	94
46.	1896 年 7 月 2 日	致内政大臣	97
47.	1896 年 9 月 25 日	致莫尔·阿迪	103
48.	1897 年 1—3 月	致阿尔弗雷德·道格拉斯	107
49.	1897 年 3 月 8 日	致莫尔·阿迪	251
50.	1897 年 4 月 1 日	致罗伯特·罗斯	256
51.	1897 年 4 月 6 日	致罗伯特·罗斯	265
52.	1897 年 5 月 6 日	致莫尔·阿迪	269
53.	1897 年 5 月 13 日	致罗伯特·罗斯	274
54.	1897 年 5 月 17 日（邮戳日期）	致莫尔·阿迪	288
55.	1897 年 5 月 22 日（？）	致伯纳德·比尔夫人	292
56.	1897 年 5 月 27 日	致《每日记事报》编辑	294
57.	1897 年 5 月 28 日	致罗伯特·罗斯	305
58.	1897 年 5 月 28 日	致 J. O. 内尔松监狱长	310
59.	1897 年 5 月 31 日	致罗伯特·罗斯	312
60.	1897 年 6 月 2 日（？）	致阿尔弗雷德·道格拉斯	319
61.	1897 年 6 月 3 日	致罗伯特·罗斯	323
62.	1897 年 6 月 4 日	致阿尔弗雷德·道格拉斯	325
63.	1897 年 6 月 5 日（？）	致欧内斯特·道生	326
64.	1897 年 6 月 5 日	致罗伯特·罗斯	327
65.	1897 年 6 月 7 日（？）	致雷金纳德·特纳	330

66. 1897年6月9日（邮戳日期）………致威尔·罗森斯坦　335
67. 1897年6月17日………致阿尔弗雷德·道格拉斯　338
68. 1897年6月23日………致阿尔弗雷德·道格拉斯　340
69. 1897年7月20日………致罗伯特·罗斯　342
70. 1897年8月24日………致威尔·罗森斯坦　344
71. 1897年8月31日（？）………致阿尔弗雷德·道格拉斯　347
72. 1897年9月6日（邮戳日期）………致卡洛斯·布莱克　348
73. 1897年9月21日………致罗伯特·罗斯　349
74. 1897年9月22日………致卡洛斯·布莱克　351
75. 1897年9月23日（邮戳日期）………致雷金纳德·特纳　352
76. 1897年10月1日………致罗伯特·罗斯　353
77. 1897年10月1日（？）………致伦纳德·斯密塞斯　355
78. 1897年11月21日（邮戳日期）………致莫尔·阿迪　357
79. 1897年11月27日（邮戳日期）………致莫尔·阿迪　360
80. 1897年11月28日（？）………致伦纳德·斯密塞斯　362
81. 1897年12月6日………致罗伯特·罗斯　364
82. 1897年12月11日………致伦纳德·斯密塞斯　367
83. 1898年2月18日（？）………致罗伯特·罗斯　370
84. 1898年2月底………致弗兰克·哈里斯　371
85. 1898年3月2日（？）………致罗伯特·罗斯　373
86. 1898年3月9日（邮戳日期）………致卡洛斯·布莱克　375
87. 1898年3月23日………致《每日记事报》编辑　378
88. 1898年5月8日………致罗伯特·罗斯　385
89. 1899年5月中旬………致弗朗西斯·福布斯－罗伯逊　386

90. 1900年4月16日 ……………………致罗伯特·罗斯 388
91. 1900年11月21日 …………………致弗兰克·哈里斯 393

附录一 凋谢的百合花——王尔德在人世的最后日子 ………… 397
附录二 王尔德生平年表 …………………………………………… 409

美之陨落

1. 致王尔德夫人 *

米兰，1875年6月24、25日，星期四、星期五

我相信，在我离去的最后那个晚上，你一定是在阳台上看着月亮度过的。我们费尽艰辛、筋疲力尽才找到酒店。第二天早晨，我们就乘平底船去看大运河了。运河两岸都是高大的房屋，宽大的台阶直通到水边，还有那些泊船的大码头，五颜六色的房檐。到处都是鲜艳的颜色：有挂在窗户上的条纹遮篷、白色大理石砌成的圆屋顶和教堂、红砖建造的钟楼、装满水果和蔬菜赶往集市上去的大平底船，等等，等等。我们中途停下来看一家画廊，像平常的画廊一样，这家画廊也隐藏在一处沉闷的修道院里。提香和丁托列托的画很有感染力。提香的《圣母升天》无疑是意大利最好的画。我们还去了许多教堂，都是极富巴洛克风格的教堂——里面有很多精细的徽章啦，亮闪闪的大理石啦，镶嵌图案啦，但这些一律都算不上是艺术品。画廊里除了提香的画之外还有两幅堪称伟大的画，一幅是贝利尼①的美丽的《圣母马利亚》，

---

* 1874年，年仅二十岁的王尔德获得牛津大学马格达伦学院半津贴学生资格，在四年内每年可得到95英镑。在读大学的第一个暑假，王尔德去意大利旅行。他的信就是从这时开始的。——原注，除注明的注释之外，其余均为原注，后不另注。

① 指乔凡尼·贝利尼（1430—1516），意大利威尼斯画派画家。——译者

另一幅是博尼法奇奥①的《财主和拉撒路》——画上有我在意大利看见过的唯一一张可爱的女人面孔。

我一整天都在船上和商场里。到晚上，广场上有支庞大的乐队在演奏，有快活的人在走动。几乎每个三十岁以上的女人都在前额的头发上扑了粉，多数还戴着面纱，但我能看出她们现在戴的帽子是用两条花环和高高的花冠做成的，一个花环在花冠下面，另一个绕着花冠。

结婚后的意大利女人非常堕落，但小姑娘、小伙子们倒都很漂亮。……威尼斯建筑的艺术之美和色彩之美是无法用言辞来表述的。这是拜占庭艺术和意大利艺术交汇的地方——这是一个既属于东方又属于西方的城市。

两点，我们到了帕多瓦。在茂盛的葡萄园中矗立着一座浸礼堂，这是乔托的伟大作品。墙壁全部由他用湿壁画覆盖，一面墙上画的是圣母马利亚的生活图景，另一面墙上绘的是基督的生活图景；天花顶的基调是蓝色的，上面点缀着金色的星星和圆雕饰；西面墙上绘着他受但丁的启发创作出的伟大作品《天堂与地狱》。但丁流亡在维罗纳时，因为不想费劲儿地爬那儿的陡直楼梯，就来与乔托住在一起，他们住过的房子至今仍能见到。至于画中表现的感情的纯洁与美，清楚透明的色彩，画得像白昼一样明亮的色彩，以及整个建筑物的和谐一致，我没能力向你描述出来。他是一切画家中最优秀的。我们满怀惊奇、敬仰，在浸礼堂停留了

---

① 指博尼法奇奥·委罗内塞（1487—1553），意大利文艺复兴时期威尼斯画派画家。——译者

一个多小时,对他的画有一种说不出的爱。

帕多瓦是个离奇的城市,沿着每条街都有许多漂亮的柱廊。这儿有一座军营一样的大学,有一座迷人的教堂和许多糟糕透顶的教堂,还有一家意大利最好的饭店,我们就是在这家饭店吃的饭。

我们是冒着暴雨赶到米兰的,当晚去剧院看了一场精彩的芭蕾舞。

今天早晨我们去了大教堂。教堂外面是数不清的精心制作的小尖塔和雕像,它们与其他的建筑物显得极不协调。内部空间的庞大空阔和支撑屋顶的巨大柱子让人难忘;它的窗户是那种丑陋可怕的现代式窗户,窗玻璃则是那种旧式的结实耐用但已污迹斑斑的玻璃……大教堂是个很大的失败。外部设计畸形可笑而又没有艺术性。过于精雕细刻的细节又是在人们看不到的高处。一切都是毫无价值的。然而,它的失败在于其庄严和庞大,在于其巨大的规模和精细的技法。

我忘了告诉你了:我们是六点从帕多瓦赶到维罗纳的,在古代罗马圆形剧场(内部仍像古罗马时代一样完美)看了《哈姆雷特》的演出——当然演出水平不高——但你可以想象,在一个温和可爱的月夜,在古老的圆形剧场看演出是多么浪漫的事。第二天早晨我们去看斯卡利杰利的墓——这是铁制品和丰富多彩的哥特式艺术品的典范。这儿也是一个好市场,到处都是我所见过的最大的伞——像小棕榈树一样——伞下面坐着卖水果的……

米兰是第二个巴黎。这儿有奇妙的连拱廊和长廊;整个城市是由白石和镀金材料构成的。我们在比菲饭店享用了一顿美餐,喝了些阿斯蒂酒，味似好喝的苹果酒或甜香槟。晚上，去看了一出新歌剧《多洛雷斯》，出自一位名叫奥特里的年轻大师之手；一些内容成功模仿了贝里尼，一些回旋曲很美；但总体上看，只是不和谐的喊叫。然而，人们的疯狂热情却没有止境。每隔五分钟，剧场四处就会响起可怕的怒吼声和狂叫声，随后所有演员就都疯狂地冲向作曲家，而作曲家就站在幕侧，稍有赞许的征兆就会冲出来。他看起来很虚弱，一只脏兮兮的手抚在脏兮兮的衬衫上，以表现自己的感情，他狂喜地搂住女主角的脖子，向我们所有人飞吻。他冲出来不下十九次，最后人们拿出三顶花冠，其中一顶是饰着绿色丝带的绿色桂冠，被人扣在他头上，因为他的头很窄小，帽子的一部分就得靠他那只棱角分明的大鼻子撑着，另一部分则托在其脏兮兮的衬衫领子上。我从未见过如此荒谬的一幕。歌剧只有两个地方尚可，其余皆泛善可陈。玛格丽塔公主在剧场，举止高贵，脸色苍白。

我是在一个美丽的港口写这封信的。马哈菲和年轻的古尔丁[①]在米兰与我分了手，然后他们接着去了热那亚。我因为身无分文，被迫孤独地离开他们。我们一起旅行很愉快……

你永远的
奥斯卡

[①] 肯定是马哈菲的朋友，但他的后代没有保存他们一起外出旅行的记录。

2. 致威廉·沃德

S. W. 艾伯特街4号，1876年7月10日（邮戳日期）

亲爱的伙伴，我知道你听说我得了第一名后一定很高兴。[1]我是星期一从林肯郡动身的，当晚赶到马格达伦读我的卡图卢斯[2]，但星期二早晨，当我还在与斯温伯恩[3]一起躺在床上时，校工过来把我叫醒了，他想知道我为什么还不起来。我想我可以一直睡到星期四。一点左右，我从床上一跃而起，并立即被带到神学院，接着进行了一场愉快的口头测试，先是在奥德赛馆谈史诗的一般问题，谈狗和女人；接着在埃斯库罗斯馆谈莎士比亚、沃尔特·惠特曼及《诗学》。主考官在《亚里士多德报》上撰长文评价我论诗的文章，这一切都是让人愉快的。当然，我知道自己得了第一名，所以不免自鸣得意。

第二天，我与B. C. S.和尼科尔斯一起在基督教堂吃饭，七点，考试成绩单公布。我说我不必回学校了，因为我知道自己已获第一名，结果弄得他们都很失望，绝对是这样。实际上，直到第二天中午十二点我在《时代》上看到名单时，我才知道我得了

---

[1] 王尔德在牛津大学文学学士学位第一次考试中获得第一名的消息是7月5日宣布的，7月6日在《时代》上公布了名单。

[2] 罗马抒情诗人，尤以写给情人莉丝比娅的爱情诗闻名，诗作对文艺复兴和以后欧洲抒情诗的发展产生过不小的影响。——译者

[3] 英国诗人、文学评论家，主张无神论，同情意大利独立运动和法国革命，评论有《论莎士比亚》和《论雨果》等。这里指王尔德躺在床上读他的书。——译者

第一名。我一时狂妄至极,当然对自己的表现也很满意。我可怜的妈妈快乐极了。星期四,凡是我所认识的人都拍来了电报,一时快把我埋住了。父亲本也应为此高兴的,我想上帝待我们太苛刻了。①是他夺去了得第一名带给我的所有快乐,我对上帝、命运的信仰还不足以使我相信这一切都是为了达到最好——我知道不是这样。我害怕回到我们的旧房子里去,因为里面的一切都充满回忆。

我今天和迈尔斯一起去宾汉姆,在那儿待了一周。我一直和朱莉娅·廷达尔住在这里,他状态好极了。昨天,我在教区教堂听红衣主教慈善布道。他比以往任何时候都更迷人。我在那里遇到了麦考尔和威廉姆森,他们非常热情地问候我。在这些场合,我觉得自己是个骗子,是个背叛者,必须得做点什么决定性的事了。

随后,我和朱莉娅及佩顿兄弟俩一起去了动物园——汤姆几乎全好了不?杨·斯图维星期六与我们一起吃饭。他说他担心其不得体的举止一定伤害到你了,所以他要改过自新。总的来说,我发现我们的想法是对的:我们对他们满不在乎,倒会让他们感到有点不舒服。下学期我再找他们。

我希望你能看到基滕。我收到他一封很好的信,是谈文学学士学位第一次考试的。普斯小姐如果恋上斯旺——对男人来说,他暴躁易怒,但对女人来说,我认为他让人难以忍受——我就会看轻她。尽快给我写信,地址是诺丁汉郡宾汉姆教区。

你永远的
第一名的奥斯卡·王尔德

---

① 威廉·王尔德勋爵是 4 月 19 日去世的。

3. 致霍顿勋爵 *

北梅里恩广场1号，1877年6月16日（？）

亲爱的霍顿勋爵，久闻你对约翰·济慈的诗非常欣赏，所以我才斗胆寄给你我最近在罗马写的一首关于他的十四行诗，若能得你点拨一二，不胜欣喜。

站在他坟墓前，不知怎的，我觉得他"也"是个殉教者，也应该葬在"殉教者陵园"。我认为他是死在属于自己的时代之前的美的传教士，是被谎言和谣言之舌杀死的可爱的塞巴斯蒂安①。

因此，我才写了这首十四行诗。但我给你写信并非只想得到你对一首孩子气的诗歌的批评，而是还有一些想法想向你请教。

我不知道自从他墓前立了一块大理石纪念碑后，你是否去过他墓前。纪念碑上刻着一些非常美的诗句，但上面真正让人讨厌的是济慈的浅浮雕头像——或更不如说是圆雕饰侧面像。头像雕

---

* 即理查德·蒙克顿·米尔恩斯（1809—1885），诗人、政治家、慈善家。1848年他出版了《济慈的生活、书信和遗作》，1854年又编辑出版了《济慈诗集》，并附有济慈的传略。1863年他被封为霍顿勋爵，并于1876年10月、11月访问了爱尔兰。这封信中的许多句子后来又都出现在王尔德的文章《济慈墓》中，这篇文章1877年7月发表在《爱尔兰月刊》上，并附有这封信中的那首十四行诗。这首诗后来被收入1881年出版的《诗集》中时又做了修改。王尔德也把这篇文章寄给了W. M. 罗塞蒂和H. 巴克斯顿·福曼。王尔德是在从希腊返家途中第一次游览罗马的。

① 罗马军官，早期基督教徒，引导许多士兵信奉基督教，事发后，皇帝命令以乱箭射之，侥幸不死，后又被乱棒打死。——译者

刻得极其丑陋，由于夸张了他的脸部棱角，结果把他的脸变成了瘦长尖削的脸。他的鼻子本来是棱角分明的，他的嘴唇是那种希腊式的美妙薄唇，但雕像上的他却有着几乎与黑人的嘴唇一样厚的嘴唇和鼻子。①

我们知道的济慈看起来像雅辛托斯②或阿波罗一样可爱，但这个雕像却完全没有表现出济慈的本来面貌。我希望把它移开，换上淡色调的济慈半身像，就像佛罗伦萨的那尊库拉坡王的彩色半身像③。单纯的白色大理石是不能表现出济慈漂亮的外表和丰富的色彩的。

无论如何，我认为这样丑陋的雕像是不应该存在的。我相信你会很容易看到它的图片，你到时就能看出它有多可怕了。

在这件事情上，你的影响和伟大的名声可以让你随心所欲。我认为我们应该为他竖立起一块真正美丽的纪念碑。显然，只要每个喜欢读济慈诗的人愿拿出半个5先令硬币，就会有一大笔钱来做这件事了。

我知道你一直在忙于政治与诗歌，但我相信，只要你振臂一呼，就能为此募到一大笔钱。那个丑陋的济慈像无论如何必须推倒。

我很乐于听到你对此事的看法，并相信你会原谅我就这个问题写信给你。因为你比任何人都适合处理这件事。

---

① 济慈的圆雕饰侧面像是约翰·沃林顿·伍德（1839—1886）雕刻的，1876年2月21日由市长文森特·艾尔爵士揭幕，他也写了一首离合诗刻在了雕像下面。

② 斯巴达城邦国王之子，希腊神话中的美少年，深受阿波罗的喜爱，后被阿波罗误杀，为了纪念他，阿波罗使其血泊中长出风信子花。——译者

③ 即库拉坡王的彩色镀金像，他是在途经佛罗伦萨返回印度时死去的，年仅二十一岁。他的墓后来成了佛罗伦萨人民公园的一部分。

我希望我们还能在爱尔兰见到你，我至今仍非常愉快地记得在你的圈子里度过的几个愉快的夜晚。

你诚挚的

奥斯卡·王尔德

附：济慈墓

  摆脱了这世上的不公与痛苦，
  他最终长眠在上帝蓝色的面纱下；
  在生命和爱情正清新可人时他失去了生命，
  这里躺着最年轻的殉道者，
  他像圣塞巴斯蒂安一样美丽，也一样被罪恶杀害。
  没有松柏遮护他的坟墓，也没有悲哀的紫杉树，
  只有红唇雏菊，沾满露水的紫罗兰，
  和寂静的罂粟，在迎接夜雨。
  噢，为悲哀而破碎的最骄傲的心！
  噢，世界见过的最悲伤的诗人！
  噢，英国大地上最甜蜜的歌手！
  你的名字用水写在了大地上，
  但我们的泪水会使你的纪念碑万古长青，
  使它像罗勒树一样茂盛。

罗马，1877 年

4. 致乔治·刘易斯夫人 *

纽约，1882年1月15日（？）

亲爱的刘易斯夫人，我相信你一定在为我的成功感到高兴！礼堂里听我演讲的观众甚至比狄更斯演讲时还多、还妙。人们一遍遍叫着我的名字，一次次热烈地鼓掌，我现在受到了"皇室男孩"[①]一样的待遇。我有几个"哈里·蒂尔怀特斯"[②]做秘书。一个整天忙着为我的崇拜者们写传记，另一个忙着替我收每隔十分钟就送来一束的鲜花，第三个因头发长得像我，不得不把他一束束

---

* 1881年4月23日，在伦敦的喜剧院首演了由理查德·D.卡特导演的歌剧《单人纸牌戏》，10月10日移往卡特新建的萨沃伊剧院上演。这部歌剧讽刺了当时流行的唯美主义，剧中的一个角色"肉欲诗人"贝桑本意可能是隐指罗塞蒂的，但人们却一般把他看作是王尔德的缩影。这部戏于9月22日在纽约上演，卡特的美国代理人认为此时王尔德本人若能出现在美国，一定会是一个有益的宣传工具，使歌剧更流行，于是就相应地安排王尔德到美国做一系列的演讲。1881年12月24日，王尔德乘船赴美，于1882年1月2日到达美国。9日，他在纽约的奇克林礼堂做了首次演讲，题目是《英国的文艺复兴》，他其余重要演讲都是关于房屋装饰问题的。

刘易斯夫人是指贝蒂·埃伯施塔特（1844—1931），她于1867年嫁给乔治·亨利·刘易斯（1833—1911）。刘易斯是个商人、律师，1893年被封为骑士，1902年被封为从男爵。伊丽莎白·罗宾斯记载了王尔德1888年对他的一段评价："乔治·刘易斯是伦敦最好的律师。他光彩照人，令人生畏。他是个世界人。他与英格兰的每一个重大事件都有关。噢，他洞悉我们每一个人——并且原谅了我们每一个人。"

① "皇室男孩"是威尔士王子的昵称。他后来成为国王爱德华七世。
② 威尔士王子的宫廷侍卫。

的头发送给这个城市里的数不清的女士，结果很快变成了秃子。

演讲结束，我走出礼堂时，不得不站在接待室的中间，用了整整两个小时接见鱼贯而入想结识我的人。我优雅地鞠躬，还时不时以皇家辞令恭维他们几句，这一切都登在第二天出版的所有的报纸上。当我向剧院走去时，剧院经理举着燃着的蜡烛，弯腰引我进去，而观众则都站了起来。昨天我不得不从小门溜出来，因为正门前聚的人太多了。对像我这样不喜欢抛头露面的人来讲，你可以推测出来我是多不喜欢被人捧为所谓的名流，这比我听说过的对萨拉·伯恩哈特[①]的欢迎还要糟糕。

对于这次成功，实际上也是对于我所取得的几乎所有的成功来说，我都要感谢你那可爱的丈夫。请转达我对刘易斯先生最热情的问候，真的。

你诚挚的
奥斯卡·王尔德

[①] 法国伟大的女演员。她于1862年在法国喜剧院举行首场演出，1879年第一次访问伦敦。据说王尔德曾手捧百合花欢迎她。她是1880年到美国的。

5. 致科洛内尔·W. F. 莫尔斯[*]

圣路易斯（密苏里州），1882年2月26日（？）

亲爱的科洛内尔·莫尔斯，你能不能费心给我找一个好服装师（会做戏装），让他为我（你不要提我的名字）做两件外套，以便在白天或晚上演讲时穿。衣服要做得漂亮，做成法兰绒紧身马甲式的，袖子上缀上大朵花饰，用细麻布做成宽而硬的轮状皱领。我给你寄去式样和尺寸。星期六上午我在芝加哥有个演讲，衣服应在此之前做好。任何好服装师都会知道我想要什么样的衣服——不管如何一定要做成黑色的。我想穿的是弗兰西斯式的服装：穿短裤而非长裤。你还要给我准备两双灰色丝袜，这样才可与灰色的法兰绒颜色相配。袖子上要缀花——如果没有法兰绒就换成长毛绒——做大号的，应能造成感官刺激。我把这事儿交给你了。在辛辛那提，因为我没穿短裤，他们都极其失望。

你真诚的
奥斯卡·王尔德

---

[*] 卡特在美国的代理人，就是他安排王尔德到美国旅行演讲的。

6. 致华金·米勒[*]

圣路易斯，1882年2月28日

亲爱的华金·米勒，谢谢你在《世界》[①]上发表你给我的信，这是一种富有骑士精神的仁慈之举。真的，我是想通过在光束中跳舞的灰尘和在浪头上跳跃的浪花来判断太阳和大海的力量与光辉[②]，就像拿一两个无关紧要的城镇的微不足道、无用的粗俗点来作为评判一个清醒、坚强而单纯的人的真正精神的标准，或让这种标准影响我有幸在这个伟大的国家认识的许多高贵的男人和女人一样。

对我自己及我所表达的观点，我觉得没什么可怕的。诽谤和愚行可以猖狂一时，但也只是一时而已。至于那几家徒劳地攻击我的狭隘、粗野的报纸，或那个无知的一个村庄接一个村庄公开地、卖弄地大肆造谣的新英格兰诽谤者，我根本没时间浪费在他

---

[*] 辛辛图斯·海纳（或海涅）·米勒（1837—1913）的笔名，美国诗人、剧作家、律师、记者。他在伦敦做过演讲，穿得像个牛仔，就像文学作品中的那种边远蛮荒地方的人。罗塞蒂很欣赏他，他很快被称作"美国的拜伦"。王尔德在纽约见过他。2月9日，他写了一封信给王尔德，就一些美国人的行为和《庸人》杂志上对王尔德的攻击对王尔德表示抱歉。信的结尾写道："因此，大胆往前走吧，勇敢的年轻人，说你想说的话。我的心与你同在，我的心也是数以百万计的最优秀的美国人的心。你属于美和真理。"《纽约世界》于2月10日发表了这封信。

[①] 即《纽约世界》。——译者

[②] 从"我是想"到"光辉"这句话引自王尔德的演讲《英国的文艺复兴》。

们身上。青春是如此辉煌，艺术是如此神圣，我们周围的世界充满着那么多美丽的东西、值得敬仰的东西和高贵的东西，我们又怎么会停下来去听一个文学流浪儿学究气的饶舌，去听一个其赞美和毁谤同样蛮横却又无力的人的喧嚷和装腔作势，或者去听一个毫无创造力的人的毫不负责任和毫无自控力的喋喋不休呢？

  我承认，无所作为是大利好，但人一定不能滥用这利好。①

  这个在古老而辉煌的马萨诸塞州，到处对他所不理解的东西油嘴滑舌地乱涂乱写、乱喊乱叫的匿名者到底是谁呢？② 这个喜欢欺骗、污辱、诽谤他不配享受的宽厚优遇的冷漠诽谤者是谁呢？这些像无头苍蝇一样轻捷地从刑事消息舔到帕特农神庙、从犯罪舔到批评的无能的抄写员是谁呢？他们是"低能儿那喀索斯"，他们在清澈透明的"美"之水面上和未被污染的"真理"之井里，只能看到他们自己顽固的愚蠢所投射出的摇摆不定、模糊不清的影像。饶恕他们吧，他们一直在苦苦挖掘的就是饶恕。我必须承认他们取得了很大成功。让他们透过自己的望远镜盯视我们吧，让他们想怎么说我们就怎么说吧。但是，亲爱的华金，如果我们把他们放到显微镜下观察，就会什么也看不到了。

---

  ① 《伟人小传》中的句子，作者为安托万·德·里瓦罗尔（1753—1801）。
  ② 人们普遍相信王尔德说的这个人是托马斯·温特沃思·希金森（1823—1911），马萨诸塞州人。他曾是个著名的反奴隶制度的改革家，南北战争时是个殖民官员。他积极赞成妇女有选举权，是个多产作者。他批评王尔德的诗"不道德"，并建议全社会都来驱逐他。

我希望在我返回纽约时能与你再一起度过一个愉快的夜晚。无论你什么时候访问英国,都会受到热情的接待,这是不消说的,因为我们乐于欢迎所有的美国人,若能有幸迎接诗人的到来,更是我们的荣幸。

你最真诚、亲爱的
奥斯卡·王尔德

7. 致爱玛·斯皮德[*]

内布拉斯加州，奥马哈，1882年3月21日

你所给我的比黄金还贵重[①]，比这个伟大的国家所能给我的任何金银财宝都珍贵。虽然这块广袤的大陆上交织着铁路网，虽然它的每一个城市都可成为世界上一切船只的避风港，但唯有你给我的东西最宝贵。

这是一首我一向深爱的十四行诗，实际上，只有优秀的完美的艺术家才能从一种纯粹的色彩中获得奇迹般的主题。现在，我半倾心于触过其手的报纸和表示过其问候的墨水，而完全迷醉于他优雅甜蜜的性格，因为我自童年起所爱的就只是你那奇妙的男亲戚，那像天神一样的年轻人，我们时代真正的阿多尼斯。他知道银色月光的预言，知道早晨的秘密；他在亥伯龙[②]的山谷里听到了早期诸神宏大的声音，从山毛榉树中看到了轻盈飞行的林中

---

[*] 菲利普·斯皮德的妻子（1823—1883），济慈的弟弟乔治·济慈的女儿。他们于1818年移居美国，以伐木为生。2月21日，王尔德在他们所住的地方做过演讲后，她邀请他到自己家里，并让他看了她保存的济慈的书信和手稿。3月12日，她把济慈的十四行诗《蓝色之歌》的手稿送给王尔德，因为后者曾在演讲中引用过这首诗。1895年4月24日在对王尔德财产的强行拍卖会上，这首诗以38英镑的价格拍卖给了一位萧先生。

① 希腊女诗人萨福的诗句。

② 环绕土星运行的一颗卫星，希腊神话中的十二提坦神之一。——译者

仙女……在我心中的天堂里，他永远与希腊诗人和莎士比亚并肩而行，终有一天他会"从闪光的琥珀酒中抬起他那处女般的卷发，/用他芳香的唇亲吻我的前额，/用他高贵的手把爱紧紧交到我手中"①。

再次感谢你让我记起这位我所爱的人，也谢谢你对我说过的那些甜美、优雅的话。实际上，如果那些血管里流着与那个年轻的美的传播者一样的血（血很快就变成歌）的人，没有与我一道参与会为济慈所深爱的伟大的艺术复兴运动，那才奇怪呢，因为他就是这场运动的种子。

请允许我寄去我写的一首谈济慈墓的十四行诗，你在自己的文章中已引述并热心地赞美过它；如果你能让它靠近他自己的作品，它能使从常驻着夏日的枯萎树叶中获得的青春保持长青。

我希望某天能再次在圣路易斯拜访你，再次见见小弥尔顿和其他珍宝。你说自己的房子"又旧又黑"，这真是奇怪。啊，亲爱的女人，幻想早就把它变成了我的一所宫殿，我是看着它在快乐的金色薄暮中变得美起来的。致以深深的敬仰，真的。

你最诚挚的

奥斯卡·王尔德

---

① 这几句诗引自王尔德的诗《爱之花》，收在1881年出版的《诗集》中，略有改动。

8. 致诺曼·福布斯·罗伯逊 *

旧金山，1882年3月29日

亲爱的诺曼，我从这块大陆的最深处给你送去我的爱和祝福，谢谢你的来信，让我很开心。但是，亲爱的伙伴，如果你坚持以这种骑士般的精神为我这个横遭辱骂的年轻人辩护的话，那你的头发会因之失去金色的光泽，你玫瑰似的脸颊会因之失去色泽。你太勇敢，太善良了！当然，在这场战争中获胜的将是我，我丝毫不认为自己会输。我到此地的巡回演讲是大获全胜的。我在火车上待了四天，先是看到贫瘠、荒凉、灰蒙蒙的大草原，像海边的废地一样暗淡无光。上面不时走过一群群欢快的红羚羊和慢吞吞、沉重地踏着步的野牛群。像蚊子一样在高空中尖叫着的秃鹫在积雪覆盖的内华达山脉上空翱翔。山顶像闪亮的银盾一样在我们称作天空的苍穹里闪耀。就这样，经过四天的旅行，我从寒冷的冬天走到了一年四季都是夏天的这里。这儿到处是开着花、挂着果的橙树林，到处是绿地和紫山，整个是个意大利，只是没有意大利的艺术而已。

有四千个人在"车站"等着看我，还有一辆敞篷马车，四匹马。这些可爱的人是我在旧金山演讲时最文明的观众。今晚我

---

* 演员经纪人约翰斯顿·福布斯·罗伯逊的弟弟（1859—1932），艺名为诺曼·福布斯，写过几部剧本。

在这儿还要做一次演讲，下周还有两次，你看，我确实很受欢迎——受有教养人的欢迎。铁路部门给我提供了一列专列和一辆私人汽车，以便于我到洛杉矶海岸。这儿就像那不勒斯，我满心欢喜。我要在加利福尼亚演讲三周，然后去堪萨斯，再往后去哪里我还没决定。

《每日新闻报》上登出的这些卑鄙、说谎的电报是阿奇博尔德·福布斯拍发的，他在这个季节的演讲中大败而归，因而忌恨我。他是个懦夫和傻瓜。没有什么电报能杀死或毁灭人身上的任何东西。这儿的女人很漂亮。今晚，我由市长陪同，穿过中国区去到他们的剧院和寺庙去演讲、参观，这是最有趣的事。他们有"房子"和"人"。①

代向国内所有的朋友问好。

你永远的
奥·王

---

① 可能是指妓院和妓女。

9. 致朱莉娅·沃德·豪[*]

佐治亚州，奥古斯塔，1882年7月6日

亲爱的豪夫人，我现在的计划是星期三晚上从里士满出发到纽约，当晚就离开纽约到新港，这样星期四上午就能与你在一起了，如果你愿意接纳我，我们可以一起待到星期六。我随身带着一个大行李箱和一个大衣帽架，但你当然不必为此操心，我会直接把它们送到酒店去的。这是怎样的旅行包袱啊！一个帽箱、一个秘书、一个衣箱、一个行李箱、一个手提箱、一个衣帽架，每天都与我形影不离，看起来真是与我所做的事不和谐。我天天盼望来一个晴天霹雳将这些东西通通烧掉，但诸神睡着了，虽然我或许最好不要这样谈论他们，因为他们或许正好醒了，听到了我的话，但我心里真是这么想的。梭罗会怎么看我的帽箱啊！或者说，爱默生面对我那像独眼巨人般的行李箱时会怎么说呢！但我没有巴尔扎克和戈蒂耶陪同又没法旅行，就是他们占了大地方。只要我能得享与花儿和孩子们闲聊的乐趣，我就不怕担当帽箱给我带来的堕落奢侈的罪名。

---

[*] 美国作家和改革家，著有《共和国战歌》(1861)。当王尔德在首访波士顿遭到殖民官希金森的攻击时，她在报纸上公开为他辩护。王尔德一读到她的信就给她写信说："你的信高贵而美丽，我刚刚读到它，我永远不会忘记写这封信的那个勇敢纯洁的女士。"

我是从美丽的、充满激情的、成为一片废墟的南方给你写这封信的，这儿是一个充满着木兰花与音乐，玫瑰与罗曼司的大陆；这儿太美了，风景如画，景色宜人，可能与你那种急切、冲动的北方思维方式是不协调的；这儿的人主要靠赊贷度日，靠对一些惨败的回忆度日。我曾去过得克萨斯，就在其中心，我与杰夫·戴维斯[①]一起在他的种植园漫步，（一切失败都是多么令人迷醉啊！）一起观赏佛罗里达州的热带稀树草原和佐治亚州的大森林，一起在墨西哥海湾洗澡，与黑人一起参加巫术仪式。我们极度疲劳，渴望能在新港过一天安闲无事的日子。

请代向豪小姐问好。

你真诚的
奥斯卡·王尔德

如果一切准备就绪，请给我写封短信，地址：百老汇大街1267号[②]。

[①] 指杰斐逊·戴维斯（1808—1889），美国战士和政治家，南北战争时期为南方联盟政府总统和总司令。南方战败后他被监禁了两年，被释放后回到博瓦尔，王尔德拜访他时，他正在新奥尔良和莫比尔之间的墨西哥湾。

[②] 卡特美国公司的纽约总部，王尔德的巡回演讲就是由这家公司安排的。

10. 致 R. H. 谢拉德

伦敦，格罗夫纳广场，芒特街8号，1883年5月17日（邮戳日期）

亲爱的罗伯特，你的来信真是太可爱了，就像你本人一样可爱。经过漫长的海洋之行和乘火车的辛劳，以及因从巴黎带的行李太多而不得不额外多花一笔钱而怒气冲冲之后，此刻是我回到伦敦后仅有的闲暇，我用来赏读你可爱的来信。它真是给我带来了无法言喻的快乐。它让我忆起了温暖的夜色中流泻的月光和夕阳西下时的那份宁静淡远。而这些，是我一看到你的笔迹就想起来的。

你的献诗，我当然乐于接受：我怎么会拒绝这样一份富有音乐美的礼物呢？① 何况这礼物，又是从我所爱的人手里送来的。

在我看来，纯真完美的友谊犹如一面光洁无瑕的明镜，不管是多么卑鄙的阴谋，或多么低俗的不忠，都不能让它蒙上污垢。人熙来攘往，就像转瞬即逝的影子，而思想却是一尘不染地永恒存在的：生活观不只是由爱维系的，或只是由温馨的陪伴维系的，而是靠艺术和乐曲中同样高贵的东西激发、酝酿出来的。因此我们可以匍匐在同一尊大理石女神雕像前，把我们并不熟悉的赞美

---

① 《低语集：罗伯特·哈伯勒·谢拉德早期诗集》(1884)的献词是："以我满腔的敬慕和崇敬，献给我的朋友和诗人，奥斯卡·王尔德。"威廉·王尔德在评《名利场》时曾称赞这句题词"妙不可言"。

诗倾注到她的芦笛之中：金色的夜之静谧，银色的黄昏之旋律，就可以成为我们完美人生的一部分了。从那演奏者的手指流出的每一道神奇的旋律，从那灌木丛或丛林中鸟儿的每一声令人迷醉的婉啼，从那山顶上每一朵山花盛开的笑靥，我们都可以吸纳同样的美感到心中，在美的殿堂里携手相遇。

我认为真正的友谊就是这样的，只有这样人才能生存，但友谊又是一团火，在它的灰烬中又会掺进那种俗称"瑕疵"的东西，也会让人深受其害，但这种不完美在友谊身上不仅会被净化，而且会被烧得一干二净。在对友谊的看法上，我们之间可能有很大的区别，区别之大，可能超出我们的想象，但在对美的渴望方面，我们在一切方面都是一致的。我们共同寻找那座小河的黄金城，在这里，吹笛者从不厌倦，春天永不会消失，奇迹从来不会沉默，那座小城就是艺术之宫；在这里，在天堂里的音乐和诸神的笑声中，艺术等待着她的崇拜者。因为我们至少没有去沙漠寻觅风中颤动的芦苇或王宫里的居民，而是生活在涌出甘泉的沃野，在生活之井里。夜莺为我们两人唱过迷人的歌，月亮也不吝把最美的光照拂在我们身上。我们不曾赞美过帕拉斯[①]，也不曾赞美过赫拉，而只赞誉美，是她用大理石和矿石为我们建起巍峨的帕特农神庙[②]，并为我们雕琢出精美的宝玉。我们赞美她这美之精灵，她从山谷中走进这陈旧世界的寒冷夜晚，在我们之间翩然而行，而我

---

① 即智慧女神雅典娜。——译者

② 雅典卫城上供奉希腊雅典娜女神的主神庙，建于公元前5世纪，被公认是多利斯柱形建筑发展的顶峰。——译者

们的双眼，可以看得见她的行踪。

  我想，她就是我们一直在追寻的，是你我应该携手追求的，你是我如此亲爱的朋友，你应该让我坚信我们有共同的未来，坚信我们的爱。

奥斯卡

11. 致沃尔多·斯托里

谢菲尔德,皇家维多利亚酒店,1884年1月22日(邮戳日期)

是的!亲爱的沃尔多,是的!我当然很惊讶——这是必然的。我当然没写什么东西——亚平宁山脉的风早就把这个消息吹向四方了。这儿的落日真是太奇妙了,连科学都为之感到困惑:哇,这是一种什么样的落日啊!你一旦订了婚就不再拥有落日了——只剩下月光陪伴着你。

对,我们就要结婚了,时间是在4月,婚后我们计划去巴黎,或许还要去罗马——你觉得怎么样?5月的罗马美吗?我是说你和夫人到时会不会在罗马?还有波普、佩鲁吉诺斯,他们在不在?若你们都在,那我们就去。

她的名字叫康斯坦丝①,她很年轻、很庄重、很神秘,她有令人迷醉的双眼和深棕色的鬈发:非常完美,但也白玉微瑕,即她认为吉米并不是世上唯一的画家。她喜欢从后门把提香或别的什么人带进家来。然而,她懂得我是世上最伟大的诗人,也是最伟大的文学家。我曾向她解释说你是世上最伟大的雕塑家。对她艺术上的指导只能点到为止,不能再深入了。

我们当然爱得死去活来,订婚以来我几乎一直漂泊在外,用

---

① 指康斯坦丝·玛丽·劳埃德(1857—1898),贺拉斯·劳埃德的女儿,她于1881年在伦敦第一次见到王尔德。1883年,王尔德在都柏林演讲期间与她订了婚。

我著名的演讲促进着各地文明的发展，但我们每天都要互相发两次电报，结果弄得帮我们拍电报的职员也慢慢变得浪漫起来了。我把电报纸递过去，然而内心却惴惴不安，总要严肃地看着发报员把"爱"这个字用密码发出去，我才放心。

亲爱的沃尔多，我真快活、真幸福，我希望你和夫人能喜欢我妻子。我整日向她谈起你们，她对你们已经算是很了解了，当然，我无法想象会有人看到她而不爱她。

请代向山姆大叔[①]和从波士顿去的年轻而精力充沛的先验论者马斯[②]致敬，后者的小说令我们都为之倾倒。记住，一定要在你妻子面前说我们的好话，用最善意的话转告她说我是多么渴望把康斯坦丝介绍给她。

奥斯卡

[①] 塞缪尔·沃德（1814—1884），美国游说家、金融家、演讲家、美食家，被称作"人类之叔"（the uncle of the human race）。王尔德在1882年的美国之行中曾为之倾倒。

[②] 弗朗西斯·马里昂·克劳福德（1854—1909），山姆大叔的侄子，是个多产作家，曾在意大利居住多年。

12. 致康斯坦丝·王尔德 *

爱丁堡，巴尔莫勒尔①，1884年12月16日（邮戳日期），星期二

亲爱的爱人，我现在在这儿，而你却在新西兰。噢，这真讨厌！我们的双唇虽然无法相印，但我们的心是融为一体的。

在信中我能向你说些什么呢？啊！什么也没有。神的意旨并非是靠笔墨来传播的，即使你就站在我身边，也绝不会像我现在感觉中的你真实：因为我能感到你的柔指正抚摸着我的头，你的脸颊正贴着我的脸颊。空气中充满了你音乐一样的声音，我的灵魂与肉体似乎已离我而去，却狂喜地与你的灵魂和肉体融为一体。没有你，我感到一切都是残缺不全的。

你永远永远的
奥斯卡

---

* 据说这是唯一遗留下来的王尔德给妻子写的信，其余的几乎可以肯定地说都被她或她的家人毁了。

① 王尔德于11月20日在爱丁堡的皇后街礼堂做了两次演讲。下午三点一次，题目是《论服饰》；晚上八点一次，题目是《论艺术在当代生活中的价值》。据说听他第二次演讲的人寥寥无几。

13. 致 J. 佩奇·霍普斯牧师 *

1885年1月14日

亲爱的霍普斯先生，非常遗憾，我现在不能出门，因为我在林肯郡的一次演讲中恰遇暴风雪，结果得了重感冒，医生不允许我再出去漫游。当我得知自己无法参加明天的集会时，真是又懊悔又难过，因为我对明天要讨论的主题非常非常感兴趣并深有同感。在我看来，现在的丧葬仪式似乎把人发自内心的悲哀之情弄得稀奇古怪了，把悲悼变成了笑柄。你对这些习俗所进行的任何改革都有难以估量的价值。当前葬礼的铺张浪费和奢侈虚饰在我看来是与那些被死神光顾过大门的人的真实感情不协调的。我们与自己曾爱过的人的分别仪式不仅具有高尚的意义，而且应保持单纯的真诚。奥菲莉娅的葬礼在我看并不是"残缺不全的仪式"，只要想想撒在她墓上的鲜花就够了。我感到极其遗憾的是听不到你在集会上就这个问题所提出的实际建议了。我一直认为，棺材应由死者家属在夜里悄悄地护送到教堂的殡仪馆，愿吊唁者第二天就在那里集合。若能这样，就可避免送葬队伍在大街上浩浩荡

---

* 指约翰·佩奇·霍普斯（1834—1911），早先是个浸礼会教徒，后来成为唯一神教派的牧师。他也出版或编辑过宗教著作。王尔德曾受邀在一次"支持葬礼和丧服改革者"大会上演讲，但因故未能参加，就给霍普斯写了这封信。霍普斯在会上当众宣读了这封信。

荡前行这种公开仪式了，而大张旗鼓办葬礼显然就是浪费的真正原因。至于丧服，我认为除了黑礼服外，也可考虑穿紫色礼服，特别是孩子，更应该多考虑到这一点。现在，在坟墓上摆放鲜花几乎已成了一种约定俗成的习惯，这种习俗的象征意味无疑是美好的。但我却不禁想到，经花商精心设计过的昂贵花束常常并没有随意拿在手里的花儿可爱。对这个问题我有很多话要说，并且一直希望能有机会谈一谈。我的意思是想谈谈艺术如何表达悲哀。骨灰盒啦，金字塔啦，假石棺啦——这些就是从18世纪传到我们手上的丑陋的遗产——只要我们不烧掉死者的尸体或在尸体上涂满防腐的香料，这些东西都是毫无意义的。如果我们一定要举行葬礼并立碑纪念的话，最好选择爱尔兰人用的那种漂亮的十字架——就像修道院里的那种十字架——或希腊人的坟墓上的那种精美的浅浮雕。总之，如果我们需要这种艺术作品的话，这种艺术应更多地关注生者而不是死者——它应是一种高贵的象征物，是用于指导生者更好地生活的，而不是只对死者做肉麻的吹捧。如果某个人需要精美墓碑的目的只是为了不朽，那么可以肯定地说，他活着时一定很空虚浮躁。济慈的墓只是个小土丘，上面长满青草，墓前只有一块简洁的墓石，但在我看来，他的墓却是罗马最神圣的地方。

　　请代我向与会者致以真诚的歉意；真诚地希望你发起的运动取得成功。

你真挚的

奥斯卡·王尔德

14. 致詹姆斯·麦克尼尔·惠斯勒 *

1885年1月23日（？）

亲爱的蝴蝶，借助一部传记词典，我发现有两个画家同时粗率地做过关于艺术的演讲：一个叫本杰明·韦斯特，一个叫保罗·德拉罗什。

他们的作品至今已无存，我看即使有也是为他们自己辩解的。

---

* 美国画家，长期侨居英国，主张"为艺术而艺术"，以夜景画、肖像画和版画闻名。1885年2月20日，惠斯勒在伦敦"王子礼堂"做了一次著名的"十点钟"艺术演讲。第二天，《帕尔摩报》发表了王尔德对这次演讲的评论。王尔德在文章中盛赞惠斯勒的演讲充满"奇思妙想"，称演讲者本人是"小靡菲斯特，嘲弄了大众"，而演讲本身则是一次了不起的杰作。王尔德在文章中还写道："艺术家应在丑中寻找美，美在丑中，这种观念在学院派看来已是老生常谈，也已是画家的行话，但我仍断然拒绝承认这样一种说法，即应迫使爱美之人，在自己房间里用洋红色的粗横棱纹织物和艾伯特蓝色窗帘，以便让某些画家从中观察出美来。我也绝不接受这样的名言，即只有画家能判断画的优劣。我的看法是：唯有艺术家才能做艺术的法官，这两种观点大不相同。如果一名画家仅仅是一名画家，那他除了能谈什么颜料溶剂、溶油外，最好别再插嘴别的什么事，我们应迫使他们在这些问题上闭上嘴巴；只有当他成为一个艺术家时，艺术创造的秘密法则才会向他绽开笑脸。因为艺术并非种类繁多，而是只有一种：诗、画、帕特农神庙、十四行诗、雕像等本质上都是一样的，所以知一则知百。但诗人是最优秀的艺术家，因为他是色彩和形式的主人，除此之外，他还是真正的音乐家，是一切生活和艺术的主人。所以诗人了解一切神奇，也就是说，埃德加·爱伦·坡和波德莱尔能理解一切秘密，而本杰明·韦斯特和保罗·德拉罗什不理解。"

记住要准时，詹姆斯。并非人人都理解你，就像我受到的待遇一样：做伟人注定要被人误解。

你的
奥斯卡

15. 致《帕尔摩报》编辑 *

1886年2月初

我认为，若从实用角度考虑，书可分为三类：

1. 可读的书，例如西塞罗的《书信集》、苏维托尼乌斯的书、瓦萨里的《意大利画家传》《本韦努托·切利尼传》、约翰·曼德维尔爵士的书、马可·波罗的书、圣西蒙的《回忆录》、莫姆森的书，以及（迄今为止最好的）格罗特的《希腊史》。

2. 可一读再读的书，像柏拉图和济慈的作品：在诗歌层面，大师不是豪门艺人，在哲学层面，先知也并非学者。

3. 从来不读的书，像汤姆森的《四季》、罗杰斯的《意大利》、培利的《证据》、圣奥古斯丁之外的所有以"××之父"命名的作品、约翰·斯图尔特·米尔除《论自由》外的作品、伏尔泰的所有剧作（无一例外）、巴特勒的《自然宗教与启示宗教之类比》、格兰特的《亚里士多德》、休谟的《英格兰史》、刘易斯的《哲学史》，以及试图证明些什么的书和一切理论书。

这三类书中，第一类最重要。一般来说，让人去读什么书或是

---

* 《帕尔摩报》曾开设一个专栏："百位最优秀的评判员"评"百部最佳的书"。这封信发表时，标题为"要读或不要读的书"，编者按说："我们已发表了那么多建议读什么书的信，但下面这封信却是建议人们'不要读什么书'，信的作者就是大名鼎鼎的文学权威奥斯卡·王尔德先生。"

没用或是有害，因为文学欣赏是性情问题，而不是教育的问题。对帕纳索斯山上的诗人们而言，是不需要什么欣赏指南的，而且人们所能学到的东西也都是根本不值一学的。但若告诉人们哪些书不要读则是另外一回事了，我斗胆称之为"大学扩充计划"的主要任务。

实际上，我们这个时代是非常需要进行这种工作的，因为我们这个时代的人读得太多，因而没有时间鉴赏；写得太多，因而没有时间思考。不管是谁，如果他能从我们当前乱糟糟的作品中挑选出"百部最差的书"，并且公布名单，那他可以说是给正在成长的一代做了一件实实在在的、具有永久价值的好事。

说了上面这些话，并不意味着我就要给人们挑出"百部最佳的书"，但我希望你们能允许我品尝一下反复无常的小小乐趣，因为我现在急于向你们推荐一部被大多数优秀的"法官"（他们的书塞满了你们的书架）奇怪地忽略了的书，即《希腊诗选》。在我看来，这部选集中收录的诗与希腊戏剧文学、优雅的塔纳格拉小塑像、菲狄亚斯风格的大理石雕像一样，都是我们完整理解希腊精神的必需凭据。

另一件让我惊奇的事是：爱伦·坡竟被漏掉了。这样一位天才的韵律大师难道竟不能厕身其间吗？如果能，那为了给他安排一个席位，就必须挤掉另外一个人，挤掉谁呢？要让我做主，我就从名单中划去骚塞这个名字，而波德莱尔则完全有理由取代基布尔[①]。当然，在《克哈马的诅咒》和《基督教年度诗集》中无疑

[①] 英国基督教圣公会教士、神学家、浪漫派诗人，曾任牛津大学诗歌教授（1831—1841），为牛津运动（1833）的主要人物。——译者

都包含着某种诗的因素，但品味的绝对天主教化并不是没有危险的。只有拍卖商才会对所有艺术流派都感兴趣。

王尔德

16. 致威姆斯·里德*

泰特街①16号，1887年4月

亲爱的威姆斯·里德先生，我已仔细读过了你惠赠的几本《淑女世界》杂志，并很乐于参与编辑工作，并做一定程度的改版。依我看，杂志目前办得太女性化了，而又并不十分适合女人看。谁也不会比我更能充分欣赏服饰的价值和重要性，以及它与良好的品味和健康的关系了。实际上，以前我在各种各样的机构和团体面前已多次谈到过这个问题，但在我看来，关于服饰和美容等方面的阵地，早已被《女王》和《女士画报》这样的报刊占领了，因而我们的报纸应有高起点，内容要更广泛，不仅要关心妇女穿什么，而且要关心她们想什么，有什么感觉。《淑女世界》应该成为表达女性在文学、艺术和现代生活诸问题上的观点的喉舌，而且她也应该能给男人带来愉悦，并且能以为她撰稿而引以

---

* 指托马斯·威姆斯·里德（1842—1905），记者、传记作家，1887—1905年间为卡斯尔出版公司总裁。1890年他创办《演说家》，并任编辑至1897年。1894年被授予骑士称号。《淑女世界》于1886年首次面世，月刊，每期定价1先令，后经王尔德提议，改名为《妇女世界》。王尔德认为原名"有种粗俗的味道"，不适合作为一种"立志要成为聪明、有教养、有地位的女人的喉舌"的杂志名称。1887年11月杂志改名，改名后的第一期就是由王尔德编辑的。1889年10月，他辞去编辑职务，一年后该杂志停刊。

① 王尔德夫妇在这条街上有一套漂亮的房子。——译者

为荣。如果可能，我们也应该让露易丝公主和克里斯蒂安公主给我们写稿：例如，后者联系她办的艺术学校所谈的有关刺绣方面的文章就很有意思。卡门·西尔瓦和亚当夫人也应成为撰稿人；波士顿的朱莉娅·沃德·豪……以及其他一些多得无法在这封信中一一列举的有教养的美国女士也应成为我们的撰稿人。

我们应设法搞到像布鲁克菲尔德夫人论萨克雷的书信，斯托克小姐论谢里丹的书信那样的文章[1]，这两篇文章本月发表在两家杂志上。虽然我们的许多魅力照人的女士没写过多少文学作品，但她们可以给我们写写诸如家庭壁画的收藏等方面的文章。我至今仍不明白那些从未写过文章的女士为什么不试一试。但我们不能仅靠女性来写文章，也不能只取那些署名文章。艺术家有性别之分，但艺术没有，不时刊登一些男人写的文章也不无益处。

我以为，文学批评文章应写成短评式的，也就是说，这种文章不应着眼于学术或学究式的空谈，而应着眼于给人愉悦。如果一本书枯燥乏味，那最好束之高阁；如果一本书洋溢着聪明机智，那我们就可对之展开评论。

我们也必须不时地刊登一些来自剑桥或牛津的消息，并邀请汉弗莱·沃德夫人和西奇威克夫人写稿，另外还不要忘了剑桥大学马格达伦学院年轻院长的妻子[2]，她可以给我们谈谈她自己的学

---

[1] 布鲁克菲尔德夫人的系列文章出现在1887年4月，斯托克小姐的文章《谢里丹和林琳小姐》发表在4月的《英国绣像》杂志。

[2] 指T.赫伯特·沃伦夫人，但王尔德可能把她与新上任的三一学院院长的妻子玛格丽特·L.伍兹夫人（1856—1945）弄混了。后者于1887年后期出版了一部小说《乡村悲剧》，王尔德在《妇女世界》上对之进行了褒扬。

院，或谈谈从古至今大学对女性的态度——这个问题还从未被充分讨论过。

在我看来，目前杂志的插图太多，在这方面花的钱也太多，特别是服饰插图。这也弄得杂志内容极端不平衡，当然，其中的许多插图是很美的，但大多数插图看起来就像一幅幅广告，这种风格就会让人避之唯恐不及。杂志的封面也应改进，目前的封面不太令人满意。

有了新封面，就要有新内容、新声誉，应立刻给焕然一新的杂志树立一种新威望：让"服饰"从杂志上消失，让文学、艺术、旅游、社会研究在杂志上出现。音乐若出现在杂志上就显得有点儿沉闷，没人会想看；在杂志上设儿童专栏是非常流行的。刚开始时刊登一些通俗连载小说是绝对必要的，这种小说不一定非出自女性之手不可，但其一定应是激动人心而又没有悲剧色彩的。

以上这些都只是我目前的一些想法，总之，我很高兴能为《淑女世界》的改版做点儿工作，希望通过我们之手让《淑女世界》成为英国的第一份妇女报刊。能为卡斯尔公司工作我深感荣幸，对此我深信不疑；而能和你一起工作也是我期盼已久的荣幸与快乐。祝福你，里德先生。

你诚挚的
奥斯卡·王尔德

17. 致《真理报》编辑 *

泰特街16号，1890年1月初

先生，我不敢想象公众会对不时从愚蠢的虚荣之辈或幼稚的

---

* 这是王尔德针对惠斯勒于1890年1月3日在《真理报》上发表的一封信而写的回信。惠斯勒信的内容摘录如下：

可敬的《真理报》，在你们毫不留情地揭露出来的当今各种各样的欺骗行为中，我承认自己最感兴趣的不再是你们报上最新的论事，而是当前的那个最大的骗子和害人虫——那个无孔不入的抄袭公！

顺便说一下，我听说他在美国可能会被根据法律的某八十四条判处有罪，并被监禁，被迫去撕扯麻絮，就像他迄今为止一直靠窃取别人的成果和钱包为生那样！

在你们所列的犯人名单中，你们怎么偏偏漏掉了那个最大的罪犯——我们可敬的奥斯卡先生？

……

我识别了他的剽窃伎俩，发现了他剽窃的最新证据，于是就给他送去下面这张小便条，我想你们会乐于刊登这封信以儆你们的读者，并让他们以高贵的宽容、温柔的责备，来对待他这样一个"可怜的羔羊"。我的便条的内容如下：

"奥斯卡，你又陷于泥潭中了，我明白！

"我已把你忘了，因而竟容许你的头发还生长在令人痛苦的地方。可现在，当我掉头他视时，你竟然把自己的头皮都偷去了，而且将之切成片撒在你的布丁上。

"拉比已经说过，对那些已为人察觉的剽窃者来说，仍还有一种方式能保持自己的自尊（上吊自杀这种方式当然除外），那就是勇敢地宣布：'我，找到这些财富，就带走了。'"

王尔德是1883年6月30日给皇家研究院的艺术专业的学生做的演讲。惠斯勒的这封信发表在1890年1月9日的《真理报》上。

平庸之徒嘴里发出的"抄袭"的尖叫有丝毫兴趣。

然而，既然詹姆斯·惠斯勒先生在你们的报纸上傲慢地攻击我恶毒和粗鄙，那我希望贵报允许我严正声明：他信中的断言是蓄意造谣，是对我的蓄意侮辱。

我这样一个有勇气表达老师观点的人做学生，年龄真是太大了。即使对惠斯勒先生来说也是如此。至于说借用惠斯勒先生的艺术观点，我所听说过的他唯一完全独创的观点是他表示自己比那些优秀于他的画家更优秀。

对任何一个绅士来说，听到像惠斯勒先生这样无知、没教养的人胡言乱语都会义愤填膺，但既然你们发表了他那封无礼至极的信，在这件事上我也就毫无选择了。等待贵报的消息，先生。

你忠诚的
奥斯卡·王尔德

18. 致《苏格兰观察家》编辑 *

泰特街16号，1890年7月9日

先生们，贵刊刚刚发表了一篇评论我的小说《道林·格雷的画像》的文章。因为这篇文章对我这样一个艺术家来说是不公正的，所以我要求你们准许我保留在你们的栏目里进行反驳的权利。

先生们，你们这个评论家一边承认我的小说"显然出自一位作家之手"，是一位"有头脑、艺术和风格"的作家的作品，一边又显然是别有用心地板着面孔说我写这篇小说是给那些最腐化堕落的罪犯和最没有教养的人读的。先生们，我并不是说罪犯和没有教养的人除了报纸之外就不读其他东西了。他们显然不可能理解我的什么作品。因此我们可以撇开他们不谈，且让我谈谈"作家为什么写作"这个更宽泛的问题。作家在创作艺术作品的过程中所得的愉悦是一种纯粹个人化的愉悦，他创作的目的就是获得这种愉悦。艺术家关注的是对象，除此之外他对什么也不感兴趣，

---

* 王尔德唯一一部小说《道林·格雷的画像》于1890年6月20日首次出版，出版后受到很大关注，出现了许多评论文章。《苏格兰观察家》7月5日发表了一篇匿名文章，对小说作者和小说本身进行了激烈抨击，说王尔德尽管聪明漂亮，有才华，但却是一个堕落的高贵绅士；至于小说，则根本上是违反法律、违背人性的，是与道德背道而驰的，因为其主人公是一个恶魔。虽然王尔德有头脑、懂艺术，但若他照此下去，他很快就会发现自己不得不改操他业了。王尔德奋笔反击，写了这封信，以"王尔德先生的回答"为题发表在7月12日的《苏格兰观察家》上。

40

至于人们会有什么闲言碎语他更不在意。他手里的工作已把他牢牢吸引住了。他对别的人也很冷淡。我写作是因为写作最可能让我获得最大的艺术享受。如果我的作品能有几个读者喜欢，我也就心满意足了。如果没有一个人喜欢，我也不会感到什么痛苦。至于群氓们，我根本就没想做流行小说家，而要做，那真是太容易了。

你们的批评家试图把艺术家与他的话题硬扯到一起，这真是犯了一个绝对不可饶恕的罪行。对这一点，先生们，你们是根本没法辩解的。济慈是自希腊时代以来世界文学史上最伟大的作家之一，他曾说过：他在构思真善美的东西时所获得的快乐与想到假恶丑的东西时所获得的快乐一样多。① 先生们，让你们的批评家考虑考虑济慈所做的这种优秀批评的意义吧！因为艺术家就是在这种前提下工作的。作家总是与他要表达的话题保持一定的距离。一旦他创作了一件艺术作品，他就要对之深思熟虑。他离自己要表达的话题越远，他就越能更自由地工作。你们的评论家暗示说，我没明确表示过我是喜爱罪恶厌恶美德呢，还是喜爱美德厌恶罪恶。美和丑之于他只是如调色板上的颜色之于画家，仅此而已。他知道只有依靠它们才会产生一定的艺术效果，并且确实做到了。伊阿古在道德上可以说是可怕的，而伊摩琴② 则是完美无瑕的。就

---

① 原话是："诗人……在构思伊阿古时和在构思伊摩琴时能获得同样的愉悦。使纯洁的哲学家感到震惊的东西却会让诗人兴奋不已。"见济慈1818年10月27日致理查德·伍德豪斯的信。

② 莎士比亚剧作《辛白林》中的人物，是贞妇的典范。——译者

如济慈所言，莎士比亚在创造某个恶人时所获得的快乐是与他在创造好人时获得的快乐一样多的。

先生们，这个故事必然会戏剧化地围绕着道林·格雷的道德堕落这个问题发展，否则这个故事就没有什么意义了，故事情节也就没什么主题了。保持这种暧昧不明而又奇妙无穷的气氛就是杜撰出这个故事的艺术家创作的目的。我敢说，先生们，他已取得了成功。每个人都在道林·格雷身上发现了自己的罪恶。而道林·格雷有什么罪恶倒没人知道了，因为他的罪恶是发现了他身上的罪恶的人强加给他的。

总之，先生们，我真是非常遗憾这样一篇毫无价值可言的文章，竟在你们的报纸上发表了。人们说《圣詹姆斯报》的编辑应雇用卡利班[①]作为他的资深批评家[②]，我本认为这句话是玩笑，现在看倒可能是真的了。《苏格兰观察家》不应该准许瑟赛蒂兹[③]在评论中大做鬼脸，他不配谈一个如此杰出的作家。

奥斯卡·王尔德

[①] 莎士比亚剧作《暴风雨》中丑陋凶残的奴仆。——译者

[②] 《圣詹姆斯报》在6月24日发表了一篇庸俗下流的文章，名为《狗的幼年时期研究》，并随后开专栏进行了长时间的争论。王尔德写了四封信为自己的小说辩护。他最后一封信（6月28日）的结尾几句话是："总之，先生们，请你们不要迫使我因为每天的攻击而不得不写这些信了，因为对我来说这是件无聊的麻烦事。因为是你们先攻击我的，所以我有权利结束这场无聊的游戏。就让现在这封信作结吧，我请求你们让我的小说得到它应该得到的不朽声名吧。"

[③] 荷马史诗《伊利亚特》中的一名最丑陋、最会骂人的希腊士兵，在特洛伊战争中因嘲笑阿喀琉斯而被杀。——译者

19. 致《苏格兰观察家》编辑 *

泰特街16号，1890年7月31日（？）

先生们，你们的报纸上刚刚发表了一封论艺术与道德的关系的信——这封信在我看来可以说有许多方面是可敬的，特别是它一再坚持认为艺术家有权利选择自己的主题——查尔斯·惠布利先生暗示说：当我发现《道林·格雷的画像》的道德意义竟受到英美最重要的基督教报纸如此关注时，我一定会非常伤心，因为它们一度曾把我当作道德改革家而欢呼备至。

先生们，在这一点上，请允许我不仅再一次向查尔斯·惠布利先生本人，而且也向你们那些无疑已心急火燎的读者保证，我可以毫不犹豫地说：我历来把这种批评看成是对我小说非常有益的补充。因为如果一部艺术作品内容是丰富的、有生命力的、完整的，那这自然会引起不同的评价。有美感和艺术感觉的人会在其中发现美，而那些更关注道德而非美的人自然只看到其中包含的道德教训意义。它会让懦夫充满恐惧，让灵魂不洁之徒在其中看到自己的罪恶。每个人都会从中看见自己。艺术真正反映的不

---

* 自从王尔德寄出给《苏格兰观察家》的最后一封信后，该报又就同一个问题刊了一封署名为查尔斯·惠布利的信，信中提到了莫泊桑、陀思妥耶夫斯基、福楼拜、都德和马洛。惠布利的另一封信则署名为"瑟赛蒂兹"。王尔德的这封信以"艺术与道德"为题于8月2日发表。

是生活，而是观众。

因此，就《道林·格雷的画像》来说，真正的文学批评家，就像出现在《演说家》等报刊上的那些批评家那样，会把这部小说看作是"严肃而迷人"的艺术作品；而那些只关注艺术与行为的关系的批评家，像《基督教领袖》和《基督教世界》中的批评家，就会视之为道德寓言。《光明》据说是英国神秘主义者的喉舌，它则视之为"有很高的精神价值的作品"。《圣詹姆斯报》显然想成为好色之徒的喉舌，所以它就从中看到或假装看到各种各样可怕的事情。你们的查尔斯·惠布利先生温和地说他在其中发现了"许多道德含义"。很自然，他接着就会说这部小说根本无艺术性可言。但我承认，若希望每一个批评家都能从各个角度看一部艺术作品也是不公平的。即使戈蒂耶也有自己的局限，狄德罗也不例外。在当前的英格兰，歌德那样的作家是轻易见不到的。我只能向查尔斯·惠布利先生保证：对一个艺术家来说，他那种把道德极端化的手段是没有用的，艺术家不会因之而悲哀不已的。

你温顺的仆人
奥斯卡·王尔德

20. 致《苏格兰观察家》编辑[*]

泰特街16号，1890年8月13日

先生，我恐怕不会与惠布利先生就艺术问题在任何报纸上展开争论，这一方面是因为写信对我来说总是一种痛苦的事，另一方面也因为我很遗憾地发现自己不知道惠布利先生有什么资格来谈论这么重要的问题。我之所以注意到他的信，无论如何不是出于有意，而是因为他对我个人的评价是非常不准确的。他暗示说，一旦我发现以他为代表的某类公众和某些宗教杂志的批评家坚持要在我的小说《道林·格雷的画像》中找出"许多道德含义"时，我一定非常伤心。

看了他的信，我自然希望能让你们的读者在这个一定会让历史学家很感兴趣的问题上形成正确的看法，所以我就利用这个机会在贵刊上表明我的态度，即我把所有这种批评都视作能增加我小说的伦理意义上的美的有益补充，对此我是心怀感激的。另外我还想补充一点：我从来都认为，要求一个平庸的批评家从各个

---

[*] 自王尔德给《苏格兰观察家》寄去那一封宣布终止争论的信后，《苏格兰观察家》又发表了不少署名信，其中包括惠布利的两封；T. E. 布朗（一所诗歌学校的校长）的一封，信中多次引用左拉的话作为例证；J. 麦克拉伦·科班（1849—1903）的一封；布莱克本（1867—1907，天主教音乐批评家）的一封；威廉·阿切尔（戏剧批评家）的一封。王尔德这封信发表在8月16日。显然这是王尔德给《苏格兰观察家》的最后一封信，但《苏格兰观察家》的书信讨论后来又延续了两周。

角度评价一部艺术作品并不公平。我至今仍坚持这种观点。如果一个人能看到某种事物的艺术美，他就可能不注意它的道德含义。如果他的性情更易于受道德的影响而非美的影响，那他就不会关心什么风格啦、论述啦等诸如此类的问题。只有歌德才能充分、全面、完善地看一部艺术作品。我完全同意惠布利先生的这样一句话，即他说他很遗憾歌德没有机会读到《道林·格雷的画像》。我敢肯定，这句话一定是他的得意之言。我只是希望某些幽灵般的出版商现在都还在极乐世界里分发印得模糊不清的图书，并希望在歌德作品的封面上也点缀着金色的常春花。

先生，你或许要问我为什么想让自己小说的道德含义受到人们的注意，我的回答很简单，即因为它是客观存在的，因为事情是明摆着的。《包法利夫人》的主要价值并不是其中包含的道德教训，《萨朗波》的主要价值也不是其在考古学上的意义。但福楼拜却完全正确地揭示了那些称这个不道德又称那个不准确的人实际上是真正无知的人。他不仅正确地运用了这个词的本义，而且从这个词的艺术含义的角度讲，他运用得也是正确的。这才是最重要的。批评家必须去教育大众，而艺术家必须去教育批评家。

请允许我再做一次纠正，先生，从此我就再不管什么惠布利先生了。他在信的末尾说我始终公开表示欣赏自己的作品。我毫不怀疑他说这种话的目的是赞美我，但他确实过高估计了我的能力以及我的工作热情。我必须坦言相告，从本性和选择能力方面来讲，我是非常懒惰的。在我看来，优雅的空虚才是适合男人的工作。我不喜欢任何形式的报纸讨论，已经有二百一十六篇关于《道林·格雷的画像》的批评文章被我从书桌上扫到废纸篓里去了。引起我注意的公开批评文章只有三篇：一篇出现在《苏格兰观察家》上，我之所以对之青眼相加，是因为它谈到了作家创作的意图，而它的说法又是应该纠正的；第二篇发表在《圣詹姆斯报》上，这篇文章态度粗鲁，又写得暧昧不明，在我看应该立刻受到严厉谴责，其语气对所有的作家来说都是一种侮辱；第三篇对我的攻击相对温和一点儿，它发表在一份名叫《每日记事报》的报纸上。我认为自己给《每日记事报》写文章纯粹是由于固执。实际上我也相信就是这样。我已忘了他们说过什么了。[①] 但我相信他们是说《道林·格雷的画像》是有害读物。我想，我应该好心提醒他们，不管我的作品包含了什么，它无论如何都是完美的，仅此而已。至于另外那二百一十三篇批评文章，我根本就没在意。实际上我连其中的一半都没读过。这真叫人感到悲哀，但人甚至连赞美都会厌烦，更何况是批评呢！[②]

至于布朗先生的信，我感兴趣的只是它以实例解释了我对两种明显不同类的批评家的看法是对的。布朗先生坦率地说，他认为道德是我小说的"重点"。布朗先生的意图很好，也算说对了一半，但当他从艺术角度继续谈论这部小说时，他当然是遗憾地偏离了小说的主旨。把《道林·格雷的画像》归入左拉的《大地》一类显然是与把缪塞的《福尔图尼奥》与艾德菲的情节剧相提并论一样愚蠢。布朗先生应该满足于道德欣赏。在这方面他是坚定不移的。

[①] 《每日记事报》上的这篇文章不但攻击了王尔德的小说，而且讽刺了发表这部小说的杂志。它抨击《道林·格雷的画像》是毒草，充满精神和道德的腐烂气息。

[②] 对《道林·格雷的画像》的赞美文章出现得较晚，代表者为佩特和叶芝。

科班的信一开头就充满恶意地称我的信是"厚颜无耻的谬论"。"厚颜无耻"这个词是毫无意义的,而"谬论"这个词则是用错了地方。恐怕常给报纸写文章会使人的文风堕落。一旦谁踏入了报纸这个奇怪的、总是最嘈杂的竞技场,他就会变得暴躁、爱骂人,并会丧失一切平衡感。"厚颜无耻的谬论"既不显得暴躁也不算是骂人的话,但它不应用于评价我的信。然而,他后来,也算为自己的错误行为将功赎罪了,因为他把这几个词也用到自己身上了,并且还指出,就像我上面所说的,艺术家始终是从风格美及叙述美的角度看待艺术作品的,那些没有美感,或美感受制于道德顾虑的人,关注的只是诗歌、小说或绘画的主题,并总是将道德意义视为检验作品优劣的标准和试金石,他们看到的就是这些。而报纸上的批评家则有时采取这种标准,有时又采取那种标准,这要视他们是有教养的人还是没教养的人而定。其实,科班先生是把"厚颜无耻的谬论"这种说法转换成了一种陈词滥调,我敢说这样做是有好处的。英国民众喜欢冗长乏味的风格,喜欢有人采取这种沉闷的方式向他们说明一件事情。我毫不怀疑科班先生现在已经后悔自己初次露面就用了那种不幸的表达方式,对此我不想多说了。就我来说,他是很值得原谅的。

最后,在与《苏格兰观察家》作别的最后时刻,我觉得有必要向你坦诚进一言。我的一位伟人朋友——他是一位魅力四射的杰出作家[①],你本人也认识他——曾对我说,实际上只有两个人在

[①] 根据斯图尔特·梅森收集的有关《道林·格雷的画像》的重要评论和通信辑成的《艺术与道德》(1912)一书来看,这个人是罗伯特·罗斯。

参与这场可怕的争论,一个是《苏格兰观察家》的编辑,一个是《道林·格雷的画像》的作者。在今天的晚餐桌上,我的朋友一边品尝着美妙的意大利红勤地酒,一边坚持说你们尽管花样百出,一会儿用假名,一会儿用一些神秘的名字,但实际上只不过戏剧化地充当了我们社会上那些半文盲阶层的代言人。署名"H"的那些信就是你自己耍的小花招,而那些无知之徒的尖酸刻薄的讽刺文章,实际上也确是名副其实的。我承认自己读到"H"的第一封信时确实是这样想的——在那封信里,他提出检验艺术的标准应是艺术家的政治观点,如果有人在"什么是治理爱尔兰的最差方式"这个问题上与艺术家意见不合,那他就会辱骂艺术家的作品。然而,平庸之辈间也有很大的区别,可以说是分成无限种类的。苏格兰人历来以严肃著称,所以我说过他们不适合做苏格兰报纸的编辑。现在我觉得自己恐怕想错了,你一直在自得其乐地发明一些小傀儡并教会他们如何吹牛皮。好了,可敬的先生,如果真是这样的话——我的朋友对这一点深信不疑——那就请允许我最诚挚地祝贺你炮制出了什么缺乏文学风格的漂亮话,而文学风格据说又是塑造人物、塑造具有戏剧性的活生生的人物的关键。但我无法容忍蓄意的陷害,既然你一直在暗暗嘲笑我,那现在就让我公开与你一起大笑。虽然我并不因此而感到轻松一些。秘密一旦公开,喜剧也就闭幕了。拉上你的幕布,把你们的傀儡演员送回床上去吧。我喜爱堂吉诃德,但再不想与活动木偶开战了,不管牵动他们的主人的手多么灵巧,我都不会再上当了。①让他们去吧，先生，让他们回到橱架上去吧。橱架才是他们应待的地方。在将来的某个时候，你还可以重新给他们换上标签，再把他们拿出来供我们娱乐。他们是一群优秀的家伙，表演得很精彩，堪称技巧不凡。尽管他们的表演有点儿虚假，但我也不是反对艺术虚构的人。这个玩笑确实开得很好。我唯一不明白的是你为什么要给你的木偶起那种不合时宜而又引人注目的名字。等着你的回音，先生。

你温顺的仆人
奥斯卡·王尔德

---

① 在《堂吉诃德》第二部第二十六章，堂吉诃德在一家酒店看木偶戏，剧中情节让他大为生气，于是拔出剑阻止演出，并把木偶砍成碎片。

21. 致《每日电讯报》编辑 *

伦敦，1891年2月2日

先生，关于贵报今天刊登的那篇谈男人下季服装款式的有趣文章，我想请你允许我指出这样一点，即温德姆先生在《伦敦保险》一剧中所穿的服装可以看作是一个新起点的基础，但其式样目前不会流行，人们关注的是它给现代晚礼服的色调带来的变化。① 我们提到的这种服装是属于1840年或1841年的，它的魅力在于穿者可以根据自己的趣味、爱好、想象选择衣服的颜色。这种选择衣服颜色的自由是我们保持服饰多样化和个性化的必要条件。现在人们穿的黑礼服虽然在晚会上还很有价值，即可以以此将男女区别开来，就像设计师设计这种礼服时的初衷一样，但这种礼服本身毕竟是单调的、乏味的、灰暗阴郁的，只会让俱乐部生活和男人的晚餐变得单调无味。那种能使衣服加点儿亮色的小小的个性化色彩当今只能靠装饰在衣服上的花的颜色和式样来实现了。这真是很大的遗憾。衣服的颜色应该完全由穿衣者根据自

---

* 这封信以"服装的流行式样"为题发表在1891年2月3日的《每日电讯报》上。在给爱德华·劳森的一封说明信中，王尔德写道："我不想署名，虽然恐怕谁都会知道这封信是谁写的：一个人的行文风格本就是他的签名。"劳森是《每日电讯报》的主要老板，负责报纸的具体编辑工作。

① 戴恩·布西科的喜剧《伦敦保险》（首演是在1841年）1890年11月27日在标准剧院重演，查尔斯·温德姆、亚瑟·鲍彻在剧中扮演主角。

己的趣味来选择，这将会使人愉快，并让我们的现代生活充满五颜六色的光彩。

温德姆的那件非常优雅而精美的服装还有另一重要特点，即纽扣的装饰性价值受到了重视。目前我们穿的外套上至少有十二只毫无用途的纽扣，并且总是黑色的，总是与衣服的颜色完全一样，就这样，我们阻止了它们发出任何美丽的光芒。现在我们谁都承认，当某种东西毫无用途可言时，我们就应该让它变得漂亮些，否则它就毫无理由存在。纽扣应该或者是镀金的，就像温德姆衣服上的纽扣那样，或者是人造宝石的，或珐琅的，或镶嵌金属的，或其他任何可以进行艺术加工的东西。各种侍从的制服之所以显得潇洒，几乎完全是归因于他们衣服上的纽扣。

这种可供考虑的改变并非突然的、激烈的，或具有革命性的，它们也并不打算引起胆怯者的恐惧，或惹怒那些反应迟钝的人，或让老实的平庸之辈勃然大怒。因为1840年的服装在式样和设计方面与我们今天的服装完全一样，当然领子比现在的紧点，袖口都是翻边，因为领子和袖口本就该这样。当时的裤子也比目前的款式紧一点儿，但衣服的基本裁剪方式是一样的。与我们今天一样，当时的一套衣服也包括一件燕尾服、一件外穿背心、一条裤子。

还有两点也须注意。第一点，衬衣上用褶边可以避免用硬挺的亚麻布做成的衣服因布面又平又光而产生的乏味感觉——实际上是使衣服显得更可爱了。现代英国人晚上穿的衬衣太单调了。在法国——或可以说是在巴黎——那儿的衣服比我们的迷人多了。第二点是温德姆和亚瑟·鲍彻先生公开露面时所穿的斗篷的美。它们是黑色的，斗篷一般总是黑色的，并且多折褶，很别致。它们鲜艳的衬边总给人一种愉快的感觉，奇异而轻松。斗篷的披肩让人觉得温暖，代表了某种尊严，使斗篷的衬边显得更丰富、更完美。斗篷真是件可敬的东西。无论是穿上它还是扔掉它都很容易。斗篷也是一件取暖器，寒风呼啸时你可以把它紧紧地裹在身上。

下一季的外套也会采用一种高雅的色调，这也有很大的心理学价值。它将着重突出男人性格中严肃而深思熟虑的一面，人们可以从某个人选择的色彩发现他的生活观。外套的颜色会是象征性的，它将成为现代艺术中奇妙的象征主义运动的一部分。背心是可以让人充分发挥想象力的部位。从一个人穿的背心可以推断他是否喜欢诗歌。这确是很有价值的。衬衫的前胸也可让人浮想联翩。人们只需一瞥就能判断出某个人是否乏味。我们并不难理解这种变化是怎样发生的。在巴黎，莫尼公爵①已经改变了外套的颜色。但英国人不喜欢个性化。除非众议院通过一项严肃的决议以推崇人们这样做。但真有一些能对严肃的事情感兴趣的立法者吗？他们不会全都专注于农村法庭征收农产品什一税的事情吧。我真诚地希望会有人提出与此有关的某种提议，希望第一财政大臣有一天会命令讨论某个真正具有全国性意义的问题。一旦这项提议获准通过，那么侍从们当然也就会被要求穿他们的主人现在穿的衣服。作为一种小小的补偿，他们的工资应该有所增加，最好是加倍。

至于这种迷人服装的道德价值的影响，我想最好还是一言不

---

① 指奥古斯都-查理-路易斯（1859—1920），他是法国运动员和花花公子，是拿破仑三世的异父兄弟、著名的老莫尼公爵的儿子。

发吧。事实上，当温德姆和亚瑟·鲍彻先生穿着这样的服装出现在众人面前时，他们的举止却很糟糕。至少亚瑟·鲍彻先生是如此，而温德姆先生的行为在我看来怎么都像是在为某种道德标准辩护。但是，如果一个人要举止不端的话，那最好穿着与此举止相称的服装，而不应穿不相称的服装。公平地说，在这出剧的结尾，温德姆先生的演讲还是蛮有尊严感，还是谦恭有礼的，而有这种举止正是因为穿了这种可爱的服装。

你温顺的仆人

奥斯卡·王尔德

22. 致 R. 克莱格 *

泰特街16号，1891年4月（？）

亲爱的先生，艺术本身是无目的的，因为它的目的只是为了营造一种情绪。它根本不想去指导或影响行动。它是极其无用的，它的愉悦价值就在其无用。如果对艺术作品的沉思一定要伴随某种行动，那么或者是这种艺术作品是二流水平的，或者是欣赏者没能认识到它的完整的艺术内涵。

艺术作品之无用就如花儿无用一样。花的开放是为自己的快乐。我们只是在观赏它的那一刻获得一种愉悦。我们与花的关系仅此而已。当然，花可以卖，这样花好像就有了实用性，但这与花本身无关，也不是花内在本质的一部分。这种事是偶然的，是对花的滥用、误用。所有这种话题恐怕都是很难说得清楚的，但这确是一个长话题。

你真诚的
奥斯卡·王尔德

---

* 《道林·格雷的画像》的"序"中的最后一句格言是："一切艺术皆无用。"

23. 致乔治·亚历山大 *

阿尔比马尔酒店，1892年2月中旬

关于埃尔琳夫人在第二幕结束时说的话，你必须记住的是：直到星期三晚上埃尔琳夫人才冲下舞台，留下奥古斯都勋爵一个人在舞台上大惑不解。剧中的舞台说明就是这样。我不知道实际演出时演员的动作是什么时候改变的，但若改变应该立即让我知道啊！我听到这个消息时真是大吃一惊。我根本不是反对这样做，只是这样做就会有一种不同的效果，仅此而已。这并不会改变全剧的心理因素……在星期三，有人指责我没为一个事先没跟我商量过的、我也根本没意识到的场景写台词，这种指责当然是毫无道理的。至于昨天写的新台词，我个人认为是完全可以的。① 我希望埃尔琳夫人与奥古斯都勋爵的整场戏应是一场"旋风"戏，剧情的发展要尽可能快。然而我还要仔细揣摩揣摩台词，并与特里

---

* 《温德米尔夫人的扇子》于1892年2月20日在圣詹姆斯大剧院首演，亚历山大扮演剧中的温德米尔勋爵，玛丽昂·特里扮演埃尔琳夫人，H. H. 文森特扮演奥古斯都·罗敦勋爵，莉莉·汉伯里扮演温德米尔夫人。这出戏在大剧院一直演到7月29日，随后在全国巡回演出，直到10月31日才返回圣詹姆斯大剧院。这封信显然是在排练期间写的。

① 这封信从开头到"完全可以的"摘自A. E. W. 梅森于1935年出版的《乔治·亚历山大先生和圣詹姆斯大剧院》，其余部分取自王尔德原稿。并没有什么证据能证明这两部分来自一封信，但两者似乎属于同一封信。

小姐就此好好商量商量。如果有人告诉了我已做了这种改变,那我也当然就有了更多的休息时间。当我因为在剧院整日忧虑焦躁而病倒在床、不能在星期一和星期二去剧院观看彩排时,若剧情有什么改变也应该写信通知我。

至于你的其他建议,如主张在第二幕就揭开秘密,我的想法是:如果我准备揭露那种能使剧情紧张、充满悬念,能刺激人的好奇心,也是戏剧化的本质要素的秘密,那我就要写一出完全不同的剧本了。我就要把埃尔琳夫人变成一个粗俗、让人反感的女人,并且去掉扇子事件。观众一定要等到最后一幕才知道温德米尔女士要用扇子打的女人原来就是她母亲。这一秘密的揭露真是太突然了,也太可怕了。当他们知道了这一事实时,温德米尔夫人已经离开了丈夫的房间去寻求另一个男人的保护了,这样他们的兴趣就会集中在埃尔琳身上,而从戏剧化角度讲,最后一幕是属于她的。你们那样做也会破坏因埃尔琳夫人拿起信打开,并在第三幕中牺牲自己这件事而激起的悬念。如果观众知道了埃尔琳夫人是温德米尔夫人的母亲,那她的牺牲也就没什么奇怪可言了——因为这是意料之中的。但在我的剧本中,埃尔琳夫人的牺牲是戏剧化的,是人们想不到的。埃尔琳夫人听到奥古斯都勋爵的声音时大喊一声,冲进了另一间屋子,这是那种出于自我保护的本能而发出的悲鸣。"那么说是我输了!"这句话若是出自为观众所知的母亲之口,其产生的效果就会是令人厌恶的,而如果出自一个急于拯救温德米尔夫人,但危机来临时又想到了自己的安危的女冒险家之口,则是自然的,并且很有戏剧性。你们的改动也会破坏最后一幕的戏剧性:我的最后一幕的主要优势在于剧中并没包含对观众已知的事情的解释,而是突然说明了观众急于想知道的事情,并且立即接着揭示出一个自有文学以来,还没涉及的人物性格。

你谈到的关于观众会误解温德米尔勋爵和埃尔琳的关系问题完全取决于演出。在第一幕,温德米尔必须让观众相信他对妻子说的话是绝对真诚的。这从台词中就表现出来了。他并没向他妻子说"这个女人过去的生活并没有什么过失",而是明明白白地说:"埃尔琳夫人数年前犯过罪。她现在想回到社交界。帮助她回来吧。"对他妻子的话他并不是轻描淡写地说:"噢,我们之间没什么。我们只不过是朋友,仅此而已。"而是一听到他妻子的话就满脸惊恐地断然否定。

在舞会上,他对她的态度是冷漠的,彬彬有礼而又有点儿生硬——这并不是情人应有的态度。当他们单独在一起时,温德米尔也没说一句温柔并充满爱意的话。他给人的感觉是:这个女人已经控制住他了,但他对这种控制感到厌恶,在这种控制下,他几乎要苦恼至死了。

是什么控制了他?是我。

我之所以不厌其烦花这么多笔墨谈这个问题,就是因为你向我提出的每一条建议我事先就已仔细地用心思考过了。剧中的每一句台词,剧中人物的每一个动作,每一个戏剧事件的起因、过程和结束,我都精心安排好了,是根据艺术作品的规律安排好的,所以不能随随便便就突然把它们改变了,这样一改,就会使得每一句台词都失去了意义,使每一次紧张场面都失去了价值。当然,根据这个素材还可以写出一部同样好的剧本,在这个剧本中观众已事先知道了埃尔琳夫人的真实身份，但这样写就要求有完全不同的戏剧场面，完全不同的对话。我已在某种地基上建好了自己的房子，这个地基是不能改变的。我也只能这样说了。

至于我们之间的私事，我相信今晚会是非常和谐而平静的。在戏剧演出之后和我因健康原因去法国南部之前这段时间内，我们无论如何应再见次面，谈谈对剧本的解释问题，这是明智之举。

你真诚的

奥斯卡·王尔德

24. 致《圣詹姆斯报》编辑

1892年2月26日

先生,请允许我纠正今晚贵刊上的一篇文章提出的一种错误观点,那是一篇非常粗暴、非常愚蠢的谈戏剧艺术兼抨击我的文章,是完全虚假的、十分可笑的。

事实是这样的。上个星期六晚上,在演出结束、作者手里夹着香烟做过一番令人愉快的不朽演讲之后,我有幸在晚餐桌上听到了我的一小群朋友对演出的看法,因为他们中没有一个人的年龄比我大,我自然非常高兴地用心听他们对艺术的看法。老年人对艺术的看法当然是没有任何价值的。年轻人的艺术直觉则总是令人沉迷。我不得不说:我所有的这些朋友都无一例外地认为,揭示出温德米尔夫人和埃尔琳夫人之间的真实关系会极大地增强第二幕的心理趣味——需要补充的是,亚历山大先生从前也非常坚持这种观点。对于那些并不把戏剧只看成是哑剧和滑稽剧的人来说,心理趣味就是一切。我随后决定就在揭示秘密的那一刻做些改动。这种决定,实际上早在我有机会研究《仲裁人报》《雷诺兹报》和《周日太阳报》中表现出的文化、礼节和批评才能之前就已进入了我的脑子。

当批评在英国成了一种真正的艺术,当只有那些有艺术直觉和艺术天才的人才被允许评论艺术作品时,艺术家无疑才会有兴趣读这些文章。而目前的这些批评则平庸至极,除了粗糙的结构和粗鲁的言辞外，再无一可取之处，谁又会对这样的批评有兴趣呢？这样的批评，只会在我们这样一个出现过一些雅典人的国家催生出一大批奇异的蠢人。

先生，我是你温顺的仆人

奥斯卡·王尔德

25. 致威尔·罗森斯坦 *

恺撒-弗里德里希大道51号，巴特洪堡①，1892年7月初

亲爱的威尔，《高卢人报》《巴黎之声》和《帕尔摩报》都刊登了消息②，我不知道还有什么新消息值得一说。戏剧检察官名义上是张伯伦勋爵，但实际上是一个平庸的官员——目前是皮戈特先生③。他只会迎合英国人的粗俗与虚伪，因此，只要是低劣的闹剧和粗俗的情节剧，他都予以放行。他甚至允许把舞台当作漫画、嘲笑、丑化艺术家人格的工具。在他禁演《莎乐美》的同时，他却准许上演一出根据《温德米尔夫人的扇子》粗糙改编的滑稽

---

* 英国艺术家（1872—1945），这时正在巴黎研究艺术。他的第一本书是《人和回忆》（1931），其中包括很多有关王尔德和他的朋友们的材料。

① 1892年7月7日，康斯坦丝·王尔德写信给她的哥哥奥索说："奥斯卡现在巴特洪堡休养，他每天七点半起床，十点半上床睡觉，几乎不抽烟了。现在他在接受按摩，当然要喝很多水。我只希望能去那儿看看。"

② 这些消息是关于《莎乐美》被禁演的。本来这出戏已在伦敦的皇家大剧院排练了多次，演员也已配齐，但就在这只欠东风的关口，张伯伦勋爵却于6月底下令禁演，理由是剧中出现了《圣经》中的人物。在这些报道中，至少有一篇说王尔德已宣布赴法国，因为在那儿有可能上演艺术作品。这则消息引起了评论界的很大震动。

③ 指爱德华·F.史密斯·皮戈特（1826—1895），1875—1895年间任张伯伦勋爵的戏剧检察官。他死后，萧伯纳称之为"一部行走的粗俗的、狭隘的、充满偏见的汇编"。

剧①，剧中一位男演员扮得像我一样，并且模仿着我的声音和举止，其目的显然是要以拙劣的手段丑化我！

令人觉得奇怪的是：在英国，除了演员的艺术之外，一切艺术都是自由的；只有戏剧检察官认为舞台只会促使人堕落，好的题材一经男演员演出就被亵渎了，因此检察官不但禁演《莎乐美》，而且禁止其出版。然而却没有一个演员公开反对这种对舞台的侮辱——甚至欧文也没有，他可是一直在夸夸其谈什么演员的艺术的啊。这就表明没有多少演员是艺术家。一切戏剧批评家，除了《纽约世界》杂志的亚瑟之外，都与检察官一样，认为应该对演员和演出实行检查制度！这表明我们的舞台是多么糟糕，也表明了英国的报纸撰稿人是多么平庸。

我病得很厉害，亲爱的威尔，不能多写了。

你永远的

奥斯卡·王尔德

---

① 《诗人和玩偶》，查尔斯·布鲁克菲尔德（1860—1912）和 J. M. 格洛弗（1861—1931）表演的滑稽音乐剧，1892年5月19日在喜剧院首演。在这部剧中，查尔斯·霍特里（1858—1923）讽刺王尔德是诗人。布鲁克菲尔德是萨克雷朋友的儿子，也写过几本书和几部剧本。虽然他和霍特里都曾在《理想丈夫》中扮演过角色，但人们相信就是他们带头收集证据反对王尔德的。王尔德被判罪后，他们曾设宴款待昆斯伯里侯爵以示庆祝。布鲁克菲尔德于1912年被任命为戏剧检察官。

26. 致阿尔弗雷德·道格拉斯[*]

巴巴科姆悬崖[①]，1893年1月（？）

我的宝贝，你的十四行诗非常可爱。[②] 你那玫瑰叶似的红唇不仅生来是为了歌唱的，而且也是为了疯狂的热吻的，这真是个奇迹。你那纤细的金色灵魂行走在诗歌和激情之间。我知道，为阿波罗所钟爱的雅辛托斯就是在希腊时的你呀。

为什么你要一个人留在伦敦？你什么时候去索尔兹伯里[③]？你一定要去那里，在各种哥特式建筑的灰色光线里冷静一下你的双手。你随时可以到我这儿。这是一处可爱的地方——只是缺少你，但先去索尔兹伯里吧。

我对你的爱是永恒的。

你的

奥斯卡

---

[*] 这封信的确切日期已不可知，而且后来被人偷走，用来敲诈王尔德，在昆斯伯里状告王尔德及后来对王尔德进行判决时，这封信都被当庭宣读了。

[①] 1892年11月中旬至1893年2月间，王尔德在托基附近所租房子的名称，房东是芒特·坦普尔女士。

[②] 《萨勒姆的黄昏》（1892），这首诗的第三、第四行是：

在这种灰色哥特式建筑群的冷静黄昏中，
我想让自己燃烧的双手冷却。

[③] 英格兰南部城市，昆斯伯里夫人在这儿有一套房子。

27. 致萧伯纳[*]

巴巴科姆悬崖，1893年2月23日（邮戳日期）

亲爱的萧，关于戏剧检查制度的荒谬可笑，你已经写了不少睿智而正确的文章：你谈易卜生主义和易卜生的小册子真是令我爱不释手，总是不停地翻阅，而每次翻阅都会获得一种新的激励和清新的感觉。英格兰是一块到处弥漫着思想迷雾的大陆，而你做的却是吹散这迷雾的工作。我们两个都是凯尔特族人，我乐于想到我们是朋友，正是因了这些和其他许多原因，《莎乐美》才会穿着紫色的服饰呈现在你面前。

请接受她以及我最诚心的祝福。

你忠诚的

奥斯卡·王尔德

---

[*] 萧伯纳这时为《纽约世界》杂志的音乐评论家。他的《易卜生主义的精髓》一书出版于1891年，他的第一个剧本《鳏夫的房产》于1892年12月上演。

28. 致阿尔弗雷德·道格拉斯*

伦敦，萨沃伊酒店①，1893年3月

我最亲爱的男孩，你的信就是一杯让我沉醉的红黄色的佳酿，但却让我悲哀不能自已。波西，你不要再与我吵闹了，这要杀了我的，它只会毁灭生活中可爱的东西，我不能看着那么优雅和希腊式的你被激情扭曲。我不能听到你那线条优美的双唇对我说出恶毒的话。我宁愿（让伦敦的每一个男妓）敲诈我，也不愿接受你激烈的不公正的恼恨。我必须尽快见到你。你是我想要的圣物，是优雅和美的化身；但我不知道怎样才能见到你。去索尔兹伯里吗？我在这里的账单是每周49英镑。我在泰晤士河畔弄了一套新房子。为什么你不在这儿，我亲爱的，我奇妙的男孩？我怕自己必须离开了，没有钱、没有赞誉，只有一颗铅一般沉重的心。

只属于你的奥斯卡

---

* 这封信在法庭上被公开宣读过，作为王尔德有伤风化罪的证据之一。括号内的字显然被认为太淫秽而没读出来。

① 从巴巴科姆回来后，王尔德在萨沃伊住下来，并在这里待了差不多整整一个5月。

29. 致昆斯伯里夫人[*]

泰特街16号，1893年11月8日

亲爱的昆斯伯里夫人，你不止一次地问我波西的事。现在就让我给你说说他吧。

我看波西的健康状况很不好。他失眠、紧张，而且歇斯底里。我看他变了很多。

他在这里无所事事。他8月翻译了我用法语写成的剧本①，从那以后他就没真正做过一件脑力工作。我看——现在只有我相信——他甚至对文学也没兴趣了。他绝对是无所事事，已经迷失了生活之路，除非你或拉姆兰里格插手此事，否则他可能会走到某种不幸结局。他的生活似乎是无目标的、不快乐的、混乱无序的。

这一切都令我非常悲哀、失望，但他还很年轻，特别是性情上更是极其年轻。为什么不安排他到国外去待四五个月呢？如果可能，不妨去埃及的克罗默，他在那儿可以有新的环境，会有合适的朋友和不同的气氛。我想，如果他还继续留在伦敦的话，对

---

* 道格拉斯的母亲。王尔德的这封信显然有助于她把道格拉斯送去国外几个月。

① 《莎乐美》的英译本献词是"献给我的朋友阿尔弗雷德·布鲁斯·道格拉斯勋爵，即本书的译者"。我们不知道在英译本出版前王尔德对剧本做了多少修订，但尽管王尔德在献词中如是说，书的扉页上并没出现译者道格拉斯的字样。

他不会有任何好处的，甚至会不可挽回地毁掉他年轻的生命。当然，这无疑要花一笔钱，但这是为了你一个儿子的生命——一个应该青春焕发、才华出众、魅力无穷的生命——迷失越深，毁灭得越快。

我乐于把自己当成他最伟大的朋友——不管怎样，是他让我有这种想法的——因此我非常坦率地写信给你，请你把他送到国外某个更好的环境里去，我相信这才能救他的命。目前他的生活似乎是悲剧性的、让人悲伤的，却又愚蠢、没有生活目标。

我知道你不会让他知道我信的内容。我想你是可信赖的。

你真诚的
奥斯卡·王尔德

30. 致阿尔弗雷德·道格拉斯

S.W.，圣詹姆斯广场10-11号①，1893年12月（？）

我最亲爱的宝贝，谢谢你的来信。贪婪的债权人的翅膀把我完全遮盖住了，使我萎靡不振，但当我获知我们不是朋友了时，我的确非常高兴，这表明我们的爱已经经过了疏远和悲伤的阴影和黑夜，而走到了一个像过去那样的玫瑰花园。让我们一直这样无限亲爱吧，实际上我们一直是这样的。

我听说鲍比也在这座城里，但又瘸又胡子拉碴的！这太可怕了！我至今还没见过他。莱斯利·汤姆森②露面了，他极其急着要把他的全部生活都献给我。赫伯特·特里③给我写了一封长长的道歉信，他信中列举的理由都太有理了，以至于弄得连我也不懂了。约翰·黑尔④下星期初回城。我要设法让他明白我的新剧本是部杰作，但我又深深怀疑它能否成功。最新消息就这些了。都是些多么可怕的消息啊！

天天想你，你忠贞的
奥斯卡

---

① 王尔德租的房子。从1893年10月至1894年3月底，王尔德每天都去那儿工作。《理想丈夫》的大部分都是在这儿写出来的。

② 英国演员。

③ 英国演员经理。

④ 英国演员经理。他最终拒绝了《理想丈夫》，因为他不满意最后一幕。

31. 致阿尔弗雷德·道格拉斯

泰特街16号，1894年4月16日（？）

我最亲爱的宝贝，你的电报刚刚到我手上，收到它真是快乐，因为我太想你了。那个快活、优雅的金色少年已经远去了——我恼恨其他每一个人，他们都乏味透顶。我现在又站在了紫色的失望之谷中了，天堂里并没落下金币以取悦于我。伦敦是个充满危险的城市：债权人通宵达旦的咆哮让人恐惧，拉客者像得了狂犬病似的追咬着人。

我多嫉妒你呀！你能站在乔托的塔下，或坐在凉廊里观赏切利尼的绿色和金色的神。你一定要写苹果花一样的诗。

《黄面志》已出版了。[1] 枯燥无味，让人厌恶，是个彻头彻尾的失败。我真是太高兴了。

永远爱你的
奥斯卡

---

[1] 《黄面志》第一期是1894年4月16日出版的，王尔德可能立即就见到了这份杂志。道格拉斯这时已离开了埃及，正进行他的首次佛罗伦萨之行，根据他的《自传》，他在佛罗伦萨待了大约一个月。5月，王尔德去佛罗伦萨与他会合。

32. 致阿尔弗雷德·道格拉斯

泰特街16号，1894年7—8月

最亲爱的宝贝，我希望能寄给你香烟，如果西蒙兹让我有烟抽的话。他已经在想法充实他的钱包了，而我则透支银行41英镑，对钱的渴求真令人难以忍受。我一个便士也没有了。我再也忍受不下去了，但却不知该怎么办。明天我去沃辛，希望能在那儿工作。我听说的房子很小，并且没有书房。然而，那儿的一切都比伦敦好。

你父亲又暴跳如雷了——去皇家咖啡馆到处找我们，并发出威胁等等。我现在想，若我能让他有所收敛并保持安静就好了，但这是多么可恶的恶意诽谤啊！更糟糕的是：我现在是被一个疯子追咬着，这真是令人难以忍受！

当你到达沃辛时，当然一切都会让你愉快和欣慰，但我怕你会发现那儿的饭很难吃。但你总要去的，对吗？无论如何要在那儿待一小段时间——直到你感到厌烦了为止。

欧内斯托[①]已写信问我要钱了——真是一封漂亮信——但我现在真的一无所有了。

人们要穿过一条什么样的紫色失望峡谷呀！好在这世上还有个人值得我爱。

你永远的

奥斯卡

---

① 酒店的仆役，曾出现在审判王尔德的法庭上。

33. 致乔治·亚历山大

沃辛，黑文广场5号[①]，1894年8月

亲爱的亚历克，你觉得下面这个戏剧构思由你演如何？一个粗鄙、下流的上流社会的男人娶了个单纯、温柔的乡下姑娘——一个女士——但她对上流社会生活一窍不通。他们先是住在乡下的房子里，过一段时间后他就厌烦她了，于是邀请了许多上流社会中的患有世纪末病的男男女女到家里做客。剧本开始时是他在向妻子讲如何在这些人中间举止得体大方——不要过分拘谨等等——不要介意男人与她调情。他对她说："我邀请了一向非常喜欢你的杰拉尔德·兰星，你只管随心所欲与他调情好了。"

客人们到了，他们都很厌恶他的妻子，认为她又邋遢又愚蠢。丈夫与×夫人调起情来。杰拉尔德对他妻子又友好又甜蜜又善解人意。

第二幕：同天晚上，晚饭后。丈夫和×夫人热恋的场面：他们一致同意等客人都散尽后重在客厅会面。客人们一一向妻子道别。妻子累极了，躺在沙发上迷迷糊糊睡起来。丈夫进来了，他扭暗了灯；接着×夫人也进来了；他锁上门。两人谈情说爱的场面，妻子全听到了。突然响起猛烈的敲门声。门外响起×的丈夫

[①] 1894年8—9月间，王尔德和家人就住在这里，并在这儿写出来《认真的重要性》的大部分。

的声音，他要进来。×夫人吓坏了！妻子站起身，扭亮灯，走到门旁打开了门。×的丈夫冲进来！妻子说："怕是我把 × 夫人留得太晚了；我们在做一个奇怪的思想交流试验。"（任何借口都行）×夫人与丈夫一起走了。接着房里就剩下妻子与她丈夫。他向她走过来，她说："别碰我。"他退下。

接着杰拉尔德上场，他说是被吵闹声惊醒的，还以为有盗贼。妻子把一切都告诉他了。他满腔愤怒之火，显然他爱这个妻子。她走回自己的房间。

第三幕：杰拉尔德的房间。妻子来看他，显然他们已彼此相爱了。他们决定一起逃走。这时仆人拿着一张名片进来了。丈夫要求见杰拉尔德。妻子吓坏了，但杰拉尔德同意见他。妻子躲到另一间房里。

丈夫很悔恨。他请求杰拉尔德运用他对妻子的影响让她原谅他。（丈夫是个粗俗伤感的实用主义者。）杰拉尔德答应了他。对杰拉尔德来说，这显然是一种伟大的自我牺牲行为。丈夫道谢着伤感地下场。

妻子上场，杰拉尔德要求她回到丈夫身边去。她轻蔑地拒绝了。杰拉尔德说："你知道要求你这样做我付出了多大代价。你没看出我实际上是在牺牲自己吗？"她的回答是："你为什么要牺牲我？我爱你。你使得我爱上了你。你没有权利把我的生活拱手交给别的什么人。一切这样的自我牺牲都是错误的，我们都应该生活下去。这就是生命的意义。"她以自己的请求、美和爱迫使他带她一起走。

第四幕：三个月后。杰拉尔德和妻子在一起。杰拉尔德和丈夫已经定好在今天决斗。妻子相信杰拉尔德不会死。杰拉尔德出去了。丈夫上场。妻子公开表白对情人的爱，什么也不会再把她拉回到丈夫身边去了。在他们两人之间，她希望丈夫去死。"为什么？"丈夫问。妻子答："因为我孩子的父亲必须活着。"丈夫出去了。枪声响了，他自杀了。

杰拉尔德上场，丈夫没去决斗场。"真是懦夫。"杰拉尔德说。"不，"她回答，"他死时并不是个懦夫。他已死了。""现在我们必须倾心相爱了。"幕落，杰拉尔德和妻子紧紧拥抱，似乎疯狂地想让爱永驻。

你觉得这个构思怎么样？

我觉得这个构思极棒。我想让纯粹的激情支配一切。没有什么病态的自我牺牲，没有什么自我克制。只有男女之间纯粹的爱之火焰。这就是戏剧所要表现的——从第一幕的交际场上的饶舌，经过第二幕戏剧性的渲染效果，到第三幕心理冲突的大结局，一直到爱支配了第四幕，并把丈夫的自杀视作其正当的权利，让爱成为悲剧，并让爱仍然保持为一种旺盛的激情。

当然我现在还只是构思了大致轮廓。今天早晨才想到这个情节，但我把它寄给你。我从中看到了某种伟大的东西，如果你喜欢，当我写出来时，你可以把它带到美国去。[1]

你永远的
奥斯卡

---

[1] 这个剧本说明最后被弗兰克·哈里斯写成《达文特里先生和夫人》。

34. 致阿尔弗雷德·道格拉斯

沃辛，黑文广场5号，1894年8月（？）

我最亲爱的男孩，你送给我的那首迷人的诗[1]说明你是多么甜蜜可人呀。我无法告诉你它是如何深深打动我的心的，它充满了你所特有的那种轻松的、抒情诗般的优雅——对你来说这性情是轻易就能表达出来的，而对那些不懂诗的人来说，难以让诗歌那双纤纤玉足轻松地在鲜花间舞姿翩翩而又不会压倒它们。而那些"懂诗的人"[2]又是那么少，那么杰出。我在这儿除了洗澡、创作剧本外什么也没做。我的剧本[3]确实很有趣，我自己很满意，但只是现在还没成形。它还掌握在女预言家手里，散落在房子里。亚瑟[4]有两次想"整理"一下，结果反而弄得一团糟。然而结果却是很具戏剧性的。我不禁想到：对智慧创造者而言，"混沌"比整齐有序更能证明一点：视野是可以扩大的。

珀西[5]在你走后的第二天就走了。他谈了很多关于你的事。阿

---

[1] 可能是《水仙与百合》。
[2] 出自但丁的《地狱篇》第四篇。
[3] 指《认真的重要性》。
[4] 王尔德的主管酒、膳食的男仆兼家务总管。
[5] 这里所说的并不是道格拉斯的哥哥，而是一位不知名的少年。

方索①还在受我资助。他和斯蒂芬是我唯有的伴友。阿方索提到你时总说"爵爷"。我想这种称呼会赋予你一种希腊男孩子不该有的那种《圣经》中的希伯来人的尊严。他有时也说："珀西是爵爷最喜爱的朋友。"这让我把珀西想成了婴儿撒母耳②——这种比喻并不确切，因为珀西是希腊人。

昨天（星期天），阿方索、斯蒂芬和我一早乘船去利特尔汉普顿，途中还游了泳。但在回来途中我们却经受了五个小时的大风暴！直到晚上十一点才到码头，一路上漆黑一团，大海的愤怒让我们惊恐不已。我浑身湿透，就像北欧海盗一样，倒也威风凛凛。当然，这是一次非常危险的冒险。所有的渔民都在等着我们。我飞跑着回到酒店，想喝点儿热白兰地和水。可因为今天是星期天，又已过了晚上十点，酒店老板无法"卖"给我们什么白兰地或任何一种烈酒！因此他不得不"给"我们这些东西。结果还不算坏，但这是什么样的法律啊！酒店老板竟不能向三个遇到海难浑身湿透的水手卖"必要的无害的"酒！就是因为今天是星期天！阿方索和斯蒂芬现在都变成无政府主义者了，我就更不用说了。

你的新"西比尔"确实很妙，很不一般，我必须见见她。

亲爱的，亲爱的男孩，你对我的价值是别的任何人想都想不

---

① 指阿方索·康韦，报社记者，王尔德是在沃辛的海滩上遇见他的。后来王尔德把他带到布莱顿并给他买了一套新衣服。所有这些都在审判昆斯伯里时被提出来作为攻击王尔德的证据。

② 基督教《圣经》故事中的人物，希伯来的领袖和先知。——译者

到的；你散发着美的氛围，我就是通过这种氛围观察生活的；你是一切美好事物的化身。当我们不和谐时，一切都失去了色彩，但我们从未真的不和谐过。我日日夜夜想你。

　　快给我写信，蜜糖似的人儿！我一直属于你。

奥斯卡

35. 致 W. B. 叶芝*

沃辛，黑文广场5号，1894年8—9月（？）

亲爱的叶芝，很高兴给你写信。我知道我自己并不认为《安魂曲》①是我的典型作品。很高兴你能喜欢它。

我刚写完一部剧本，所以我的字写得很糟糕。

就我本人来说，我倒愿意你选一首十四行诗：那首关于出售济慈情书的诗，或那首以"我并不爱你的孩子"开头的诗。我的书就是以这首诗开头的，但你的花园——你的书就像是你的花园——应该由你来修剪。

你真诚的

奥斯卡·王尔德

---

* 叶芝这时在编《爱尔兰诗集》，此书于1895年3月出版。王尔德信中说的第二首十四行诗是《自由之歌》，是其《诗集》（1881）中的第一首诗。然而叶芝最后仍坚持自己最初的选择。在他后来编的《剑桥现代诗集》（1936）中，收入了王尔德的代表性诗作，即三十九节的《雷丁监狱之歌》。

① 这首诗是为怀念王尔德的妹妹伊索拉而写的，首次出现在王尔德于1881年出版的《诗集》中。

36. 致阿尔弗雷德·道格拉斯

皮卡迪利大街33号，库克父子酒店，1895年2月17日（？）

最亲爱的男孩，没错，红衣侯爵[①]本来计划在我的剧本上演的当天晚上向观众做演讲的！阿尔吉·伯克揭露了这个阴谋，他被禁止进入剧院。

他给我留下了一束花里胡哨的蔬菜花！这当然只会让他的举止更像一个傻瓜，毫无尊严可讲。

他是带着职业拳击手套到场的！我却掌握了整个伦敦警察厅——有二十名警察保护剧场。他像狗一样搜索了三个多小时，然后像只丑陋的类人猿一样吱吱喳喳地走了。珀西[②]站在我们这边。

我现在觉得，只要没人提到你的名字，一切都会好起来的。

我本不希望你知道这件事。珀西未经我同意就拍电报告诉了你。我对你急匆匆赶到欧洲真是很感动。就我本人来说，我是决

[①] 指昆斯伯里侯爵。1895年2月14日，《认真的重要性》首演，他密谋在首演之夜设法弄到一个座位，在演出中间向观众发表演说，侮辱剧本和演员，并在演出结束王尔德走到幕前时，向他扔垃圾。但他得意忘形之下，在别人面前夸口说出了他的计划。王尔德得知后精心做了安排，通知了警察。当昆斯伯里侯爵带着他的拳击手套来到圣詹姆斯剧院时，发现各个入口都有警察把守，他使尽浑身解数也进不去，他在剧院外徘徊了三个多小时，临走在剧院门口给王尔德留下一把蔬菜花。——译者

[②] 这里指道格拉斯的哥哥。

心不让你知道的。

  我会往加来和多弗拍电报的,你当然要与我一起待到星期六了。然后我就回泰特街,我想这样。

    爱你,用世上所有的爱爱你,你忠贞的
            奥斯卡

37.致罗伯特·罗斯

皮卡迪利大街,埃文代尔酒店,1895年2月28日

最亲爱的罗比,自我见到你后,又出现了新情况。波西的父亲在我常去的俱乐部留下一张明信片,上面写着恶毒的话。① 现在我看只有对他进行刑事起诉。我的全部生活似乎都要毁在此人之手了。象牙之塔受到了邪恶的攻击。我的生活现在是立于沙丘之上了。我束手无策。如果你今晚十一点半能来这儿,请到我身边来吧。我利用了你的善意和爱,毁坏了你的生活。我已让波西明天来了。

你永远的
奥斯卡 ②

---

① 昆斯伯里侯爵在明信片上写道,"给看着像同性恋者的奥斯卡·王尔德",2月18日,他把明信片交给阿尔比马尔俱乐部的侍者,侍者把明信片装在信封里,在王尔德下次来俱乐部的时候交给了他,时间是2月28日。

② 罗斯加上下面这段话:"我无法找到昆斯伯里侯爵原来的明信片,我是从王尔德的信里知道这回事的。他大约在六点四十分手写了一个便条,送到霍顿大街24号。当晚十一点半我到了他那儿。道格拉斯也在。时间是1895年2月28日。"

38. 致《晚报》编辑

赫伯恩·维亚达特酒店，1895年4月5日[①]

要想证明我无罪，我就不可能不把阿尔弗雷德·道格拉斯推向证人席与他父亲针锋相对。

阿尔弗雷德·道格拉斯勋爵非常急于走上证人席，但我不会让他这样做。

我不但不想让他置于这样一种伤心境地，而且决定撤诉，用我自己的双肩承受因控诉昆斯伯里侯爵而造成的任何耻辱与侮辱。[②]

奥斯卡·王尔德

---

① 就在当天早晨，王尔德被迫撤诉，昆斯伯里侯爵被宣布无罪释放。
② 道格拉斯一直到临死都坚持认为：如果允许他出庭做证，他就会揭露他父亲的种种不轨行为，那样昆斯伯里侯爵就会名誉扫地，而王尔德就能胜诉。但既然法庭审理的是昆斯伯里控诉王尔德一案，那就没有一个法庭会考虑道格拉斯提供的有关证据。

39. 致埃达和欧内斯特·莱文森

霍洛韦，H. M.监狱，1895年4月9日

亲爱的斯芬克斯和欧内斯特，我是从监狱给你们写信的，你善意的信已经到了我手上，给了我安慰，虽然它们也曾让我哭泣，一个人孤独地哭泣。我也并不真孤独，因为有一个小东西，一个像天使一样的金发小人儿就站在我身旁。他的存在使我更加羞愧难当。他像一朵白花一样在花丛中游动。

这是怎样悲惨的结局！为什么西比尔[①]还说会一切顺利呢？我只想着别让他受到父亲的伤害，我只想这些，而现在——

我写不下去了。你和欧内斯特对我真是太好、太温柔了。

奥斯卡

[①] 指鲁宾逊夫人，上流社会的算命人，她曾预言王尔德会取得"彻底的胜利"。

40. 致莫尔·阿迪和罗伯特·罗斯

霍洛韦，H.M.监狱，1895年4月9日

亲爱的莫尔和鲍比，请你们转告斯芬克斯、欧内斯特·莱文森、伯纳德·比尔夫人，他们的善良和爱是多么深深地感动着我！

通知新旅行者俱乐部委员会，以及阿尔比马尔俱乐部，说我退出俱乐部（皮卡迪利和多弗大街）。

波西太好了。我心无旁骛。昨天我还见到他了呢。

这儿的人对我尚好，但我没书看，没烟抽，睡得也不好。

你永远的奥斯卡

请鲍比去泰特街拿一份打印的手稿，那是我写的一部无韵诗体悲剧的一部分，放在卧室里，是一本黑皮书，里面包括《神圣的妓女》。①

---

① 罗斯于1908年出版这部悲剧的片段时说："在王尔德受审时，这部几乎完成的剧本被托交给莱文森夫人，她于1897年（或1898年）去巴黎专程把它交给作者。王尔德随即就把手稿留在一辆马车里。几天后，他笑着告诉我手稿丢了，并且还说，只有马车最适合它。"

41. 致 R. H. 谢拉德

霍洛韦，H. M.监狱，1895年4月13日

亲爱的罗伯特，在我所处的这种可怕的、丑恶的地方，你的信不知给我带来了多大的快乐和安慰。我多么高兴萨拉、龚古尔和其他一些艺术家能同情我。请转告路易斯、斯图尔特·梅里尔[①]、莫雷斯[②]和其他所有关心、爱我的人，请他们相信我是多么感动——无法言说的感动。我给你拍这封电报，是想问你认为萨拉会不会买去《莎乐美》[③]。我的债权人把我追得走投无路了。等事情好转时我当然会报答她，但如果你给她说我需要10 000法郎（400英镑）的话，她或许会买的。请接受我最深厚的爱和感激。

永远属于你的

奥斯卡

[①] 指斯图尔特·菲茨伦道夫·梅里尔（1863—1915），住在巴黎用法语写作的美国诗人。他和王尔德是在1890年相识的。1895年11月，他给维多利亚女王写了一封恳求信，请求将王尔德从监狱里释放出来，但毫无结果，因为几乎没有一位法国著名作家愿意在他的恳求信上签名。

[②] 指让·莫雷斯（1856—1910），法籍希腊诗人。

[③] 谢拉德在《奥斯卡·王尔德：不幸的友谊》（1902）中记述了萨拉·伯恩哈特是多么优雅地接待了他，说她一想到王尔德在遭受的痛苦就禁不住流泪，并说她买不起《莎乐美》，但可以借给王尔德一些钱。她和谢拉德预约了许多许多次，但一次也未赴约，也没给王尔德什么钱。

42. 致埃达·莱文森*

霍洛韦，H.M.监狱，1895年5月6日

亲爱的斯芬克斯，今天百合花①一句话都没给我。我想他现在在鲁昂。收不到他的信真令我沮丧之极。今天，我倦极了，监狱生活让我厌恶至死。

我在读你的书，但我想出去，去与我爱的人在一起。这儿的日子似乎无穷无尽了。

你和欧内斯特的好意让我的日子好过一点儿。我一遍又一遍地念叨你们的善良。噢！我希望一切都会好起来，那样我就能重新回到艺术与生活的怀抱中了。而在这里，我空虚得要死。

永远爱你的
奥斯卡

刚收到波西从鲁昂寄来的信。请代我给他拍电报表示感谢。他治愈了我今天的悲哀。

---

* 在5月1日对王尔德的第一次审判中，陪审团内部意见不一致，5月3日，议院的一位陪审员同意将王尔德保释，但这时王尔德仍等着被释放。霍维克·道格拉斯侯爵和斯图尔特·黑德勒姆牧师做保人。

① 百合花是王尔德对阿尔弗雷德·道格拉斯的昵称。道格拉斯写过一首叙事诗，叫《水仙与百合》，是写一位王子和贫儿互换衣服的事。这首诗于1896年收入其《诗集》中。道格拉斯是4月25日离开英国的，就是在王尔德第一次受审的前夜。他并不想走，但王尔德的律师严厉地要求他离开英国。他在加来、鲁昂和巴黎都停留过。

43.致阿尔弗雷德·道格拉斯*

肯辛顿，考特菲尔德花园2号（？）①，1895年5月20日

我的孩子，今天要对我们分别进行判决。泰勒②现在正在受审，因此我才能回到这儿。我甜蜜的玫瑰，我柔美的花儿，我百合花中的百合花，或许正是在监狱里我才能检验爱的力量。我要看看自己是否无法用对你强烈的爱把酸苦的水变成甜美的琼浆。有时我也想我们分开或许更明智些。噢！那是在我软弱和疯狂的时候啊！现在我才明白那样做只会把我的生活弄得残缺不全，只会毁灭了我的艺术，只会打破让人心灵变得完美的和谐的韵律。

---

* 1895年8月，道格拉斯在索伦托写了一篇文章，激烈地为王尔德辩护。这篇文章本准备发表在《法兰西信使报》上，但当王尔德听说这篇文章中包括几封他从霍洛韦监狱写给道格拉斯的信时，他就让谢拉德设法阻止文章发表。谢拉德不辱使命，这篇文章从未发表过。道格拉斯是用英语写的，朋友们又将之译成法语。道格拉斯说他后来销毁了一百五十封王尔德写给他的信，其中包括那些从霍洛韦写的信。

① 王尔德在奥克利大街待了几天后，莱文森夫妇把他带到自己的家：考特菲尔德花园5号，王尔德在这儿一直住到第二次审判，即5月20日，直到5月25日才离开。斯图尔特·黑德勒姆后来述道："每天早晨，我和王尔德先生见面后就陪他去法庭，到晚上再带他回来。"

② 阿尔弗雷德·沃特豪斯·萨默塞特·泰勒（约1862—？），他受过良好的教育，据说掌握着45 000英镑财产。他在威斯敏斯特的房子被用作男同性恋者聚会的场所。王尔德第一次见到泰勒是在1892年。虽然他拒绝提供对同案犯王尔德不利的证据，并因此落得与王尔德同样的命运，但因对他的控诉和审判是与对王尔德的审判同步进行的，这就必然减少了王尔德无罪释放的可能性。

即使有人将污泥扔到我脸上,我也要赞美你;即使身处地狱的最底层,我也要向你哭喊。在我的孤独里,你与我在一起。我决心通过献身于爱来承受而不是反抗每一种凌辱,只要我的灵魂中能一直有你,那就让我的肉体声名狼藉吧!对我来说,从你柔软光滑的头发一直到你优美的双足,你全身都是完美无瑕的。欢乐隐藏了爱,但痛苦却揭示出爱的本质。噢,造物主创造出来的万物中最可爱的人儿啊!如果有个声名狼藉、被人当作笑料、因寂静与孤独而伤痕累累的人走到你身边,噢!你只需触摸一下他的伤口就能使其愈合,让他长时间郁郁不乐的灵魂得到安慰。那时一切难题在你面前都会迎刃而解。记住,支撑我活下去的就是那种希望,而且只有那种希望。你对于我,就如智慧之于哲学家,上帝之于圣徒那样。把你留在心里,这就是人们称作生活的痛苦的目标。噢,我的爱,你是我最珍爱的,是鲜花盛开的原野上的白水仙花。想想落到你肩上的重负吧,那种只有爱才能使其变轻的重负吧。但不要为此悲哀,而是应该因为充满了一个现在在地狱中哭泣的灵魂的永恒之爱而快乐,因为这个在地狱哭泣的人的心里因你的爱而拥有了天堂的亮光。我爱你,我爱你,我的心是一枝玫瑰,是你的爱促使了它的开放;我的生活是一片沙漠,受着你甜美呼吸的吹拂,它清凉的春季就是你那双美丽的眼睛;你小巧的双足所至之处,都给我踏出阴凉的山谷,你头发的香气就像没药①,你走到哪里,哪里就发出肉桂的芳香。

永远爱我,永远爱我。你一直是我生活中最高贵、最完美的

---

① 热带植物渗出的树脂,可做香料、药材。——译者

爱，世上绝无仅有的爱。

　　我决定留在这里，我认为这样更高贵、更美。我们不能在一起了。我不想让人把我叫作懦夫或逃兵。隐姓埋名，苟且偷生，东躲西藏，这些都不是我想做的，都不是在那座能使美的东西变得更美的高山上发现了你的美的那个人想做的。

　　噢，最甜蜜的男孩，一切爱中最可爱的爱人，我的灵魂紧贴你的灵魂，我的生命就是你的生命，在所有痛苦和欢乐的王国里，你是我崇拜和让我快乐的理想偶像。

奥斯卡

44. 致罗伯特·罗斯

雷丁，H. M. 监狱①，1896年3月10日

---

① 1895年7月4日，王尔德被从彭顿维尔监狱押送到旺兹沃思监狱，11月20日又被转送到雷丁监狱。刚开始，监狱只允许他三个月写一封信，第一封信当然是写给妻子和律师的。奥索·霍兰·劳埃德（1856—1943）是康斯坦丝·王尔德唯一的兄弟，当王尔德的第一封信由康斯坦丝的家庭律师哈格罗夫先生带给她时，奥索正和自己的妹妹一起住在瑞士。在他于1895年9月9日写给妻子玛丽的一封信中，他记下了当时发生的事：

> 哈格罗夫先生做的第一件事是从口袋里抽出奥斯卡的一封信，信是通过哈格罗夫转交给康斯坦丝的。他为了她好，自己读了这封信。他说这是他读过的最感人最悲伤的信。长话短说，显然，哈格罗夫先生认为，有了王尔德这样一封谦卑、忏悔的信，康斯坦丝有可能会原谅奥斯卡，否则，他还会一直请求的……康斯坦丝虽然没说我写信的事，但还是把谢拉德先生的信给他看了，并告诉他说：她已决定不再与王尔德离婚了。当然，哈格罗夫先生作为律师，不得不向她指出：在这种情况下，她和奥斯卡必须带着孩子到世界的另一边去，必须以新的名字重新开始生活。但她显然已做好这种准备。而我自己则相信他们可以在法国或西班牙找到房子和朋友，而孩子们可以在英国读书，这样过上十年或十五年，王尔德最终也可以谨慎地重新回到英国，如果他的作品同时也能有读者或观众的话，这种可能性就更大。这一切当然都要等他先度过监禁生活之后再说，可怜的人。
>
> 现在再说康斯坦丝的计划安排。昨天她给他写了几句话，告诉他她已原谅了他，西里尔也永不会忘记他。在同一批邮件中，她还给监狱长写了封信，说她想得到允许与自己的丈夫见上一面，她准备为此回英国……我认为这说明她在尽其所能帮助王尔德重回英国，但只有时间能说明一切了。

亲爱的罗比,我想让你立即给我的律师哈格罗夫先生写信,告诉他,既然我妻子已答应若她先我而死就把财产的三分之一留给我,我希望不要再反对她购买我的终身权益了。[①]我感到自己已给她带来了这样的不幸,也给孩子带来了这种毁灭性的打击,因而没权利反对她的任何意愿。她来这儿看我时对我很好、很温柔。[②]我完全信任她。请"立即"办这件事,并代向好心的朋友们表示感谢。我觉得把自己的终身权益留给妻子是对的。

请给在巴黎的斯图尔特·梅里尔,或罗伯特·谢拉德写封信,说我非常感激他们促成我的剧本在法国上演;请转达我对吕尼埃-波埃[③]的感谢,在我声名狼藉、羞愧难当的时候,还有人仍把我看作艺术家,其含义实在是一言难尽。我希望自己能够感觉到更多的欢乐,但除了痛苦和绝望外我似乎对一切感情都失去了知觉。然而,请让吕尼埃-波埃知道我能感觉到他对我的帮助。他自己是个诗人。恐怕你很难读懂我这封信吧,但因为监狱不准许我写什么东西,所以我似乎已忘了怎么写字了,对此你必须原谅我。

谢谢莫尔想方设法给我带来书看,不幸的是,我一读这些希

[①] 康斯坦丝·王尔德的顾问们急于让她从官方手里买下他们婚后财产中属于王尔德的那一半。王尔德也同意。

[②] 王尔德夫人是1896年2月3日去世的,康斯坦丝特地从热那亚赶到雷丁,把这个消息告诉了王尔德。她到达雷丁的时间是2月19日,这是他们最后一次会面。她给哥哥写信说:"我星期三去雷丁看望可怜的奥了,他们说他很好,但已绝对大不如从前了。"

[③] 指奥雷连-玛丽·吕尼埃-波埃(1869—1940),法国剧院经纪人,曾在他自己于1893年创办的巴黎作品剧院导演过王尔德的《莎乐美》,时间是1896年2月11日,他自己扮演了剧中的赫罗德。这是该剧的首演。斯图尔特·梅里尔是剧院经理。

腊和罗马诗人的作品就头疼,因此它们也没对我起多大用,但我仍感谢他让人送来这些书,这是伟大的善举。也请他代向住在温布尔登的那位夫人表示感谢。[1]请给我回信,告诉我文学界的情况——比如出了什么新书,等等;还有琼斯剧作的上演情况,福布斯·罗伯逊的导演情况[2];还有巴黎或伦敦戏剧艺术的新趋向;也请设法弄清楚勒梅特、鲍尔和萨尔塞对《莎乐美》的评价[3],给我写个大概的提纲。请代向亨利·鲍尔写封信,说我非常感激他写的那篇优美的文章。罗伯特认识他。你们来看我真是太好了,[4]你们下次一定还要来。在这儿,我害怕死,但更害怕生:在寂静与悲伤中,生不如死(……)[5],但我不想多谈这个。永远忘不了你深沉的爱。

你永远的朋友
奥·王

---

[1] 指阿德拉·舒特,因她个子矮小,人们戏称她为泰内(Tiny)小姐,她父亲是银行家,在温布尔登有一处很大的庄园。她是个很有感悟力也很慷慨的女人。当王尔德被保释出狱时,她给了他1000英镑作为零用钱。王尔德委托欧内斯特·莱文森保管这笔钱,后来还为这笔钱的使用问题大伤脑筋。

[2] 1896年1月15日,亨利·阿瑟·琼斯创作的《马加尔及其失去的天使》在兰心剧院演出,约翰斯顿·福布斯·罗伯逊首次导演。该剧仅演出十天。

[3] 朱丽·弗朗索瓦·埃丽·勒梅特(1854—1914)、亨利·鲍尔(1851—1915)和弗朗西斯科·萨尔塞(1827—1899)是当时法国三位重要的戏剧批评家。布耶曾在《巴黎之声》上撰文对《莎乐美》的演出表示支持。

[4] 罗斯和莱文森是1896年2月25日去监狱看望王尔德的。

[5] 这里被监狱官员删去了几行。

我希望欧内斯特能去奥克利大街拿来我的旅行皮箱、毛大衣、衣服，以及我自己写的、送给亲爱的妈妈的书。问问欧内斯特我母亲的葬地是以谁的名义命名的。再见。

45.致罗伯特·罗斯

雷丁,H.M.监狱(?),1896年5月23日或30日(?),星期六①

亲爱的罗比,昨天一整天我都无法集中思想,因为直到今天我都还难以预料你什么时候来。以后再来一定约好日子好吗?现在任何一件突如其来的事都让我烦躁不安。

你说道格拉斯就要把一本诗集献给我,请你立即给他写信让他一定不要再做这种事了。我不会接受或允许这样的献诗的。这种想法令人厌恶,也是哗众取宠的。②另外一件不幸的事是:他手里现在有许多封我写给他的信。我希望他能无一例外地把那些信交给你;我请求你把它们封存起来。如果我死了,你就毁掉它们;如果我活下来了,我就亲手毁了它们。它们必须消失。一想到这些信在他手里我就觉得恐惧,虽然我不幸的孩子们当然不会再用我的名字,但他们仍然知道自己是谁的儿子,我必须尽全力使他们再也听不到什么令人厌恶的所谓揭秘或流言蜚语了。

道格拉斯手里还有一些东西也是我给他的,包括一些书和宝石。我希望他把这些东西也交给你——这是为了我。我知道,有

---

① 这封信的日期很难确定。信中提到"去年的圣诞节",指的是1895年,但王尔德后来提到道格拉斯献给他诗的时间是1896年5月,我们最好相信他的话。谢拉德说他和罗斯在5月25日看望了王尔德,那么,如果星期六对的话,他们看望王尔德的时间一定是在22日或29日。

② 道格拉斯的《诗集》出版时间是1896年年底,扉页上没有献词。

些宝石已不在他手里了，原因是不必详说的。但他手里仍有一些，像金烟盒、钻石项链以及我去年圣诞节送给他的珐琅盒。我希望他手里不再有我的任何东西。所有这些东西都必须封存起来由你带走。一想到他还戴着或拿着我给他的东西我就特别反感。我当然也无法摆脱关于与他在一起的那不幸的两年的噩梦般的回忆，忘不了他为了满足报复自己父亲的欲望和其他卑鄙的激情而不惜把我推入毁灭和羞辱的深渊。我不允许他再掌握着我的信和礼物了。即使我能摆脱这个令人厌恶的地方，我也知道在我面前也只有一种遭人唾弃的流浪汉生活——一种羞辱、赤贫、遭人轻视的生活——但我至少可以与他脱离关系，可以再不许他走近我。

因此，你要立刻给他写信得到这些东西，如果我不能确信这些东西已在你手里的话，我会比平时更加悲惨。当然，我也知道不应该让你去做这种不体面的事，他或许会给你写那种措辞粗鲁的信，就像谢拉德阻止他发表我给他的信时，他对谢拉德所做的那样，但我恳求你千万不要介意。你一得到那些东西就给我写信，还要像以前那样在信里给我说说文学界和戏剧界有意思的消息。这样至少会有一小时让我忘了自己可恶的监禁生活。

给道格拉斯写信时，你最好坦率而全面地引用我信中的话，这样他就没借口逃脱责任了，实际上他也不可能拒绝。他已毁了我的生活——他应该知足了。

来自温布尔登的善意真太令我感动了。你来看我真是太好了。代问莫尔好，我也很想见他。

(……)^①斯芬克斯有道格拉斯给我的几封信,这些信应该退给他,要么就毁掉。

奥·王

---

① 这里省略了十个词,省略的是一句无关紧要但可能会让后代痛苦的谣言。

46. 致内政大臣 *

雷丁，H. M. 监狱，1896年7月2日

尊敬的内政大臣阁下：

现在向您提出请求的犯人谦卑地表示：他并不是想要设法掩饰自己已受到法律的公正裁决的可怕罪行，而只是想向您说明他犯的罪是一种性错乱病，而这种病不但已为现代病理学所承认，而且已得到许多现代法律的认可，特别是在法国、澳大利亚和意大利。在这些地方，专门针对这些轻微犯罪行为而制定的法律已被取消，取消的理由是：这些所谓的罪行都是能由外科医生治愈的疾病，而不是应由陪审团惩办的犯罪行为。在一些著名科学家，如隆布罗索①和诺尔道②的著作里，就特别强调了疯狂与文学家、

---

* 这封请求书是按官方形式写的。内政大臣是指马修·怀特·里德利爵士（1842—1904）。他于1900年被封为子爵。这封信看起来有点儿夸张、孤注一掷，但读者不要忘了：王尔德这时已在狱中待了一年多了，就他的性情和当时他所处的生活环境来说，这一年多已足以让他彻底崩溃了，何况这时他又患上了四年后导致他死亡的耳疾呢。

① 指恺撒·隆布罗索（1836—1909），意大利犯罪学家，他的几部著作此时已译成英语。

② 指马克斯·西蒙·诺尔道（1849—1923），德国作家和社会学家，他的《论堕落》一书于1895年被译成英语。他在其中的一章"颓废派和唯美主义者"中，把王尔德作为一个例子做了讽刺性的分析，但王尔德的案子一出，就很快使其分析显得过时陈旧。在该书于1896年第三次出版时，他对此加了一个很长、很时髦的注释。萧伯纳于1895年7月在美国无政府主义杂志《自由》上撰文对这本书予以攻击。这篇文章后经修订以"艺术的纯洁"为名于1908年重印。

艺术家的密切联系。诺尔道教授在其1894年出版的著作《论变性》中，就专门列一章把我这个请求人作为这种致命法律的一个特别有代表性的例子说明。

本请求人现在强烈地意识到，从思想角度讲，虽然在被捕前的三年里，他度过了一生中最辉煌的时光（写了四部剧本，演出都获得了巨大的成功，不仅在英、法、澳大利亚演出，而且几乎在每一个欧洲国家的首都都上演过；还出版了许多在国内国外都很有影响的著作），但就在这三年中，他却身受着色情狂这种最可怕的疾病的折磨，为此他甚至连妻子和孩子都忘记了，连他在伦敦和巴黎的崇高的社会地位都忘记了，连他在欧洲作为艺术家的声望都忘记了。他忘了自己的姓氏和家族的荣誉，忘了人性本身，让自己成为最恶心的、激情的、无助的猎物，成为一伙自私自利的少年人争相啮咬的牺牲品，一等他们饱餐过后，就把他推向可怕的毁灭。

正是因为请求人一直担心这种可怕的、以前只出现在性方面的性反常行为现在会扩展至整个自然界和知识界，所以才提出这个请求并恳求能立刻得到答复。对疯狂的恐惧与实际的疯狂一样可怕，它同样是令人震惊的、同样会毁灭人的灵魂。

至今我在这儿已待了可怕的十三个月多了，请求人完全置身于这种单独关押体制带来的可怕的孤独之中：没有人与人之间的任何形式的交往；没有可以分散犯人注意力的写作材料；没有合适、足够的书看，而对一个文学家来说，书又是必不可少的，是保持精神平衡的根本；而作为犯人，他就要被判生活在绝对的安静里，因为这是对他的惩罚。他与外界完全断绝了，不知道生活中又发生了什么运动；他的存在中只有羞辱与可怕的吃苦。日复一日单调乏味的工作、让人烦闷至死的独处,这些都是让人痛苦但又不得不忍受的可怕的东西,这种孤独悲惨的生活又因他至亲至爱的母亲的去世而变得痛苦得无以言表,而且,每当想到自己带给年轻的妻子和两个孩子的毁灭性命运时,我的心都禁不住一阵阵战栗。

经监狱特许,请求人获准每周读两本书,但监狱的图书室极小,里面的书又极少,少到一个有教养的人在里面几乎找不到适合自己看的书。应请求人的要求,监狱又补充了一些书,我一遍又一遍地读,直到它们对我几乎失去了意义。没有书读就特别孤独,思想的世界就和实际世界一样,都向他关上了大门;他被剥夺了一切可以安慰、缓解或治愈一个受伤、惊悸的心灵的东西。现代监狱生活中的物质贫困是可怕的,但对一个一度将文学视作生活中的第一要事、视作实现完美的方式,以及能使知识界感觉到自己活着的唯一媒介的人来说,完全没有文学作品看才是最可怕的,与这种精神贫困相比,物质贫困就根本不值一提了。

生活在这种寂静、这种孤独、这种脱离了一切人及高尚的精神影响的与世隔绝之中,生活在这种为活死人准备的坟墓之中,请求人自然会在日日夜夜的梦醒时分被一种对绝对的、彻底的疯狂恐惧所折磨。他也意识到,由于被人为地隔离于一切思想的、理性的兴趣之外,他的思想会静如止水,他也什么都干不成,这样就只能沉思那些反常的性行为方式,那些可恶的色情狂方式,那些把他从高尚的地位、高贵的声望推向罪犯的囚牢和可怕的监禁的悖谬行为。请求人不得不认为,当他被剥夺了从事健康的思想活动所必需的一切条件:例如书、写作材料、与人共处、与活的世界接触等之后,与那些受着色情偏执狂病折磨的人一样,他肯定要成为病态的激情、淫秽的幻想和那些使人堕落、腐化、毁灭的念头的猎物。罪行尚可被人忘掉或宽恕,但罪恶却会永存,因为它们已安然居住在了那些因可怕的不幸命运而成为它们的受害者的人的心房里,它们就住在他的肉体里,像麻风病一样以其为食,最终它们就成了人自身必不可少的一部分,无论多么强烈的悔恨都不能把它们赶走,无论多么辛酸的泪水也不能把它们冲刷干净,而监狱生活因为将犯人隔离在一切能够拯救一个悲伤灵魂的东西之外,所以就等于将犯人手脚捆绑着拱手送给了那些受害者最痛恨但又身不由己地沾染上的想法,使他无法逃脱。

在这一年多时间里,请求人的思想就是这样的。他再也忍受不下去了。他非常清楚地意识到这种偏执狂病不会只局限在某一部分人身上,而是要蔓延到所有类似的人身上,因此他希望、他恳求现在重新审理他的案子,能让他得到赦免,这样他的朋友就能带他到国外接受治疗,使他能摆脱一直折磨着他的性偏执狂病。他唯一清楚知道的事是他作为戏剧家和作家的使命已经完成了,他的名字已被从英国文学史上删去了,再也恢复不了了。他的孩子再也不能用他的姓氏,等着他的只有在某个遥远国度的隐匿生活。他知道,对已经破产的他来说,等待他的只有那种最辛酸、最凄苦的贫穷,他已永远失去了生存的所有快乐和美丽,但就在他完全孤苦无助的时候,他至少仍然紧紧抱有这样的希望,即他不会直接从公共监狱进到公共疯人院里去吧。

监狱体制的后果是可怕的——可怕到能让并没破碎的心变得麻木,让那些执行这种体制的人和那些必须屈从于这种体制的人变得同样野蛮残酷——而至少毁灭人的理性并不是其目的。虽然它并不会让人变得更好,但它也不想把人逼疯,因此,请求人恳求在他尚有一点儿理性的时候能获释。现在,词语对他还有意义,书籍对他还有思想价值,还有可能通过医学手段和人工治疗使他那颗惊悸的心恢复平衡,让他那一度纯洁的本性恢复健康,还剩有时间能让他摆脱可恶的疯病,使他的灵魂重新变得澄静,哪怕只有很短时间的安静也好。

实际上,请求人最恳切的请求是希望内政大臣听听——如果他愿意——任何一个公认的医学权威的意见,听他们谈谈一个已在忍受着性偏执狂性格带来的痛苦的人,如果长期处于寂静、与世隔绝的单独囚禁生活会产生什么必然的后果。

请求人也想说明:虽然他的身体在许多方面在这儿都比在旺兹沃思还好,因为在旺兹沃思,他在医院里被关了两个月,饥饿和失眠把他的肉体和精神彻底击垮了,但自从他被关进这儿的监狱之后,他的右耳几乎已完全失聪,脓肿造成了鼓膜穿孔。这儿的狱医说过他对此无能为力,看来我的听力一定要完全丧失了。而请求人仍确信,若能得到外国专家的治疗,他的听力还是可以保持的。威廉·多尔比爵士是位伟大的耳科医生,他就向我保证:如果能得到适当的治疗,我就根本不会失去听力。但是,虽然他一入狱就得了耳病,虽然他的听力在一天天丧失,但监狱却想都没想这回事……请求人自然也害怕另一只耳朵也会失去听力。一个本已破碎的灵魂若再加上双耳失聪的痛苦,那会是怎样的一种悲哀呀。

他的视力,他那像许多文学家一样精心呵护的视力,现在也因被迫久居潮湿的囚牢而变得非常微弱,他现在已能意识到眼神经的痛苦，东西稍远一点儿就看不清了。当在院子里放风的时候，明亮的阳光常常造成视神经的疼痛与疲劳。他为此焦虑不安。如果继续这样下去的话，他可能就要双目失明。而这肯定会强化他的偏执病症，摧毁他的理性。

由于时间限制，请求人不可能再详细陈述他所感到的其他危险的威胁了。他主要的危险是疯狂，主要的恐惧也是疯狂，他主要的请求是：既然这种已给他带来毁灭的长期监禁对他的惩罚已够严重的了，那现在就可考虑结束对他的监禁了，不要等到疯狂吞噬了他的肉体和灵魂，让肉体和灵魂都蒙受了同样的侮辱和堕落的时候再来考虑他的请求，那样虽然是惩罚了他，但已毫无用处了。

奥斯卡·王尔德[①]

[①] 王尔德的这封请求书是由雷丁监狱的监狱长送交给内政部的，并附带了一份由狱医开出的简短医疗报告，报告中说王尔德自入狱后体重有所增加，没有表现出任何疯狂的征兆。四位监狱检察官就此到雷丁监狱进行调查。7月10日，他们得出了与狱医几乎相同的结论。内政大臣随后把有关材料交给了曾在旺兹沃思对王尔德做过检查的医学官员尼科尔森博士。由于尼科尔森博士的积极建议，7月27日，内政部命令监狱长允许王尔德在牢房中写作并提供材料，同时又给他提供了大量的书。他亲自写的一系列要求现在都保存在内政部的档案里。新任监狱长 J. O. 内尔松划掉了其中的一些。内政部同意了王尔德的经过修订的要求，但又提出了一个附加条件，即为王尔德买书的钱一定不能超出监狱 1896—1897 年间给犯人规定的 10 英镑。王尔德开列的书目包括乔叟、马洛、斯宾塞、济慈、丁尼生的作品，珀西的《古诗选》，卡莱尔的《旧衣新裁》《腓特烈大帝史》，纽曼的《批判和历史随笔》，爱默生的《散文集》，但丁《神曲》的英语翻译散文版，勒南的《耶稣传》《使徒传》（法文版，王尔德解释说，只要是法文原版书，监狱牧师就不反对），还有希腊文《圣经》。王尔德说监狱图书室里没有萨克雷或狄更斯的一部小说——"我相信，不仅是我，而且其他一些犯人也都希望图书室里能有一套他们的作品全集。"这样监狱才批准进了一套《狄更斯全集》。

47. 致莫尔·阿迪

雷丁，H. M.监狱，1896年9月25日，星期五

亲爱的莫尔，我收到你的信非常高兴，我担心鲍比可能生病了，所以信到迟了。收到他的长信真是开心，他的预言充满古人的智慧和温和的讽刺：我真心希望他很快就会好起来。请感谢他母亲善意的问候。我很高兴她不需照顾生病的鲍比。①

谢谢你给内政大臣写了信②。我确实希望你的信能有一点儿效果。但在官僚主义的大门前，怜悯的敲门是得不到什么回应的，权力与处罚一样，都只会杀死人身上善良和温顺的一面，人会不知不觉就丧失了自己本能的善，或变得害怕权力的存在。但我仍希望能有所改观。我承认自己在满怀恐惧地等待下一个狱中冬季的来临。监狱的冬天里有种可怕的东西：犯人不得不天未亮就早早起来，在黑暗阴冷的旧牢里，就着闪光的煤气喷嘴开始一天的工作，只有小铁窗里漏进来的一丝幽暗、暧昧的光亮。往往在人

---

① 阿迪在他的信中谈到了王尔德所关心的一些朋友的近况，以及他妻子和孩子的情况，并说已根据王尔德的要求给内政大臣写了一封信，请求在冬天到来之前释放王尔德。

② 阿迪写给内政大臣的请求书（人们都相信是由萧伯纳起草的）虽然已写好并准备寄送，但实际上并没寄出去，因为信刚一写好，阿迪就收到了内政部的一封信，说"这个犯人的案子已经过仔细的调查与核实"，因此内政大臣得出结论说：没有任何理由，不管是医学的还是其他的，能让他提前获释。

还没有呼吸到一点儿清新空气的时候，白天就已过去了。冬天的日子是让人窒息的日子，是在冷漠和失望、沉闷与单调中无休无止逝去的日子。如果我能在冬天到来之前获释，那冬天也就一切皆好了。到 11 月 19 日，我已在这种可恶的黑色生活中度过了十八个月了，到时可能会有点儿什么变化吧。[①] 我知道你会尽力，我无法用言语表达我对你的厚爱的感谢。

至于我的孩子们，我感到不应该让他们带着对我的轻蔑和仇恨长大成人，这既是为他们好，也是为我好，因此不应在我妻子的亲戚们中间给他们找监护人。当然，如果亚瑟·克利夫顿[②]愿意承担此责，我是很乐意的。因此，请你让亚瑟做我现在的律师，汉弗莱斯一点儿用也没有，虽然莱文森付给他高额的报酬，但就我破产一事他竟一次也没来看我，以致使我毫无理由就破产了。[③] 如果亚瑟能做我的律师，他就可以向内政大臣申请在这儿的律师接待室见我一个小时，并且没有看守在场，这样我就可以就整件事情与他好好谈谈，然后就整件事给我妻子写封信。作为律师，他的建议是很有用的。如果他能在下两周内来，那

---

① 11 月 10 日，王尔德又给内政大臣写了一封信，要求在把他关满十八个月时释放他。这个请求几乎立即被驳回。

② 亚瑟·贝拉米·克利夫顿（1862—1932），他本是个律师，后来又做了艺术品商人。1900 年和罗伯特·罗斯、莫尔·阿迪一起开过画廊。

③ 1895 年 9 月 24 日，王尔德被从监狱里带到破产法院参加对其财产的公开拍卖活动，拍卖一直延续到 11 月 12 日，这天他被再次传讯到场。

就太好了。①

从温布尔登夫人信中摘录的几段话让我深受感动。她一直好心记着我,一直相信或希望我有一个美好的将来,在许多消沉、绝望的可怕日子里,是她的善良为我点燃了一盏希望的灯。我一直想靠回忆写下《佛罗伦萨悲剧》②,但我已记不起来多少了,我发现自己无法把它创作出来:寂静、绝对的孤独、远离一切仁慈和人道主义影响的独处,这一切完全可以摧毁一个人的大脑,大脑因此失去了生命,完全受制于单调乏味的痛苦折磨。但我还可以边读书边记笔记,还可以摘录诗人的诗句,能够写作对我确是一种帮助。人对监狱的恐惧完全是对野蛮的恐惧,这就是每天横亘在我面前的深渊,它每天都要在我脸上打上烙印,也在那些旁

---

① 1896年10月8日,亚瑟·克利夫顿在给卡洛斯·布莱克的信中说:

　　王尔德的外表让我大吃一惊,虽然我并不觉得奇怪。好在他穿着日常衣服;他的头发很长,看起来非常瘦。你可以想象见到他是多么令人痛苦。他很烦躁,不停地哭,他似乎很伤心,不停地说对他的惩罚是野蛮的。当然,我尽可能多地给他谈谈将来,谈他的朋友们的友谊,谈他的剧本,以及一切我想到的可以让他高兴起来的话题。他急于知道外面的消息,我尽己所能给他讲了最近发生的事情。我确实尽了最大努力。

　　至于财产处理事宜,他没表达确定的意见,只是表示他应该得到点儿东西,如果可能的话,我给他讲了我的计划,我认为这对他好,即他应该得到自己全部财产的三分之一;我告诉自己会尽我所能这样安排。

　　正如我所告诉你的,我见过王尔德后立刻去见了王尔德夫人,她深表同意,应该问题不大。

　　他最近在看佩特和纽曼的书,一周只能看一本。我不知道他做什么工作。

　　他极度沮丧,几次说到他认为自己不可能活着走出监狱了。

② 《佛罗伦萨悲剧》是一首无韵诗,王尔德最终也没能写完它。

观者的脸上打上烙印。我深深依恋着我的笔记本,是它帮助了我,在这之前,我的大脑整天转着可怕的圈儿。

我很高兴你与谢拉德又重归于好。我毫不怀疑他很轻率,但他很实在,是他阻止了那些别有用心之徒发表我的信。我知道,那些想发表我的信的人都是愚蠢的、病态的,但他们找错了对象。他们这样做纯粹是出于冷漠和毫无同情心的本性,出于低劣的贪婪欲望,但这也是他们的杂志声名狼藉的主要原因。现在我在历史耻辱柱上的位置已经够高的了,不再需要有人出于自己的虚荣心而使其更加可怕了。

我很高兴皮埃尔·卢维取得了这么大的成功。① 他是最有教养、最纯洁、最有绅士风度的人。三年前他告诉我说,我必须在他的友谊和与 A. D.② 的致命关系中选择其一,不用说我立刻选择了那个卑鄙的灵魂。我是跋涉在怎样一个疯狂的泥淖中啊!……③ 从你的沉默中,我可以觉察到他们拒绝交还我给他的礼物和信……他竟还有权力来伤害我,并从中获得某种奇异的乐趣,这真太可怕了……今天我不想多写他。他太邪恶了,窗外正有暴风雨……

至于衣服问题,我确实需要我的毛外套,其他的就等到国外后再说吧。不要费心了。我希望亚瑟会来,并带来你和罗比的好消息。

你永远的

奥斯卡

---

① 卢维的《阿佛洛狄忒》(1896)一书在法国引起了轰动。
② 指道格拉斯。下同。——译者
③ 这段话中的省略号都是王尔德原信中就有的。

48. 致阿尔弗雷德·道格拉斯 *

雷丁，H. M. 监狱，1897年1—3月

亲爱的波西：

在经过漫长徒劳的等待之后，我决定亲自给你写信，这既是为了你的缘故，也是为了我，我不愿想到在我被监禁的这漫长的两年里，除了使我痛苦的消息外，却得不到你的只言片语。

我们不幸的最可悲的友谊，已经在公众对我的漫骂声中毁于一旦了。但我仍然常常回忆起过去的友情。当想到憎恶、仇恨、轻蔑会永远占据我那一度充满爱的心灵时，我就不禁感到无限悲哀。我想你自己也不难想到，当我孤独地生活在监狱中时，你给

---

* 这封信是1897年1—3月间王尔德在雷丁监狱的最后几个月内写给阿尔弗雷德·道格拉斯的，但原信并没有直接交到道格拉斯手里，而是先由监狱长代为保管，在王尔德出狱时才又交给他，王尔德在第二天就把它交给了自己指定的遗嘱执行人罗伯特·罗斯，他后来再也没看这封信。在这之前，他早就写信告诉了罗伯特·罗斯怎样处理这封信。罗伯特·罗斯曾交给道格拉斯一份复写件，但后者拒绝接受。王尔德死后，罗伯特·罗斯于1904年打印了一份交出版社以 De Profundis（《自深深处》，亦译为《狱中记》）为名单独出版，但删去了信中谈到王尔德的灵魂痛苦和对道格拉斯及其母亲进行攻击的部分。1909年，罗伯特·罗斯把这封信的原件交给了大英博物馆，并规定这封信的原稿五十年后才能公开。这封信集中阐述了王尔德的艺术观、生活观，是王尔德最重要的一封信，在内容上也具有相对的独立性。这是王尔德在牢房里写的唯一一部作品，而且也是他用散文写的最后一部作品。——译者

我写信远比未经我的允许就公开我的信或献给我所不需要的诗好得多。虽然，无论你选择什么：悲哀或激情、悔恨或冷漠作为你的回答或要求，世人对你说过的任何话都会一无所知。

我毫不怀疑，在我写给你的这封信里，会涉及你我的生活，涉及过去与将来，涉及变成了酸涩的甘甜和可能会变成快乐的酸涩，但也有许多东西会戳到你虚荣心的痛处。如果真是这样的话，那你就一遍遍地读这封信，直到它消除了你的虚荣心。如果你发现这封信中对你的指责有不对之处，那你就要记住，一个人即使受到不该有的指责，也要心怀感激。如果信中有那么一段话能使你流泪，就像我们在监狱里日日夜夜都以泪洗面那样，这才是唯一能拯救你的东西。如果你去找你的母亲抱怨、诉苦，就像你向罗比抱怨我在信中嘲笑了你一样，让她可以奉劝你、安慰你，使你重新恢复原先那种自满或自负的心态，那你就彻底迷失自己了，而你一旦为自己找到一个错误的借口，不久就会再为自己找到一百个借口，那你就仍然是以前的你，没有丝毫变化。你不是在给罗比的回信中仍说我把毫无价值的动机强加给你吗？啊！你根本没有生活动机，你只有贪欲。动机是一种理智的目的。我们的友谊开始时你"很年轻"吗？你的错误不是你对生活所知甚少，而是你知道得太多了。你已把童年时期的曙光中所拥有的那种精美的花朵、纯洁的光、天真的希望的快乐远远地抛在后面了。你已迅捷地奔跑着经过了浪漫，进入了现实。你开始着迷于阴沟及里面生长的东西。这就是你寻找我帮助你解决的问题的根源。我，按照这个世界的智慧来看是如此不明智的一个人，却出于仁慈和同情帮助了你。你必须从头至尾读完这封信，尽管对你来说，每个字可能都会变成使柔嫩的肉体燃烧或流血的外科医生的手术刀。要记住上帝眼中的傻瓜与人眼中的傻瓜是有很大区别的。一个对革新中的艺术形式或发展中的思想情绪、对拉丁诗的华丽或元音化了的希腊语的丰富音乐性、对托斯卡纳的雕刻或伊丽莎白时代的歌曲一无所知的人,仍然可能充满着最甜蜜的智慧。真正的傻瓜,如上帝所嘲弄、毁灭的那些人,是不了解自己的人。我有很长一段时间就做了一个这样的傻瓜,你做这种傻瓜的时间比我还长。不要再做这样的傻瓜了。不要害怕,世上最大的罪恶是浅薄,凡认识到的都是对的。你也要记住:对你来说,读这封信时感觉到的任何悲哀,对我来说都是一种要写下来的更大的悲哀。他们允许你看到奇怪的悲剧性的生活形式,就像人在一块小晶体里看到了阴影。你只是获许在镜子里看到把死人变成石头的美杜莎的头①。你自己一直是在花丛中自由漫步的,而旋转着斑斓色彩的美丽世界却被人从我身边夺走了。

我首先要告诉你的就是我强烈地谴责我自己。当我这个耻辱的被摧毁的人,穿着囚服坐在黑暗的牢房里时,我谴责我自己;在一阵阵烦恼的痛苦的夜里,在漫长单调的痛苦的白天,我谴责的也只是我自己。我谴责自己容许了一种不理智的友谊、一种最初目的不是为了创造和沉思美丽的事物的友谊完全支配了自己的生活。我们之间从一开始就有一道宽阔的鸿沟。你在中学里一直是游手好闲的,到了大学后变得更坏。你没有认识到,一个艺术

---

① 希腊神话中三个蛇发女怪之一,原是凡界女子,因触犯雅典娜,头发被变成毒蛇,面貌也极为丑陋,凡看她一眼的人都会变成石头。——译者

家，特别是像我这样的艺术家，也就是说，一个自己创作的作品的质量取决于个性强度的艺术家，其艺术的发展需要思想、智慧的氛围，需要安静、平和与孤独。你崇拜我已完成的作品，崇拜我第一段悲伤时期的成功以及随之而来的辉煌的盛宴。你非常自然地为做我这样一个杰出艺术家的密友感到骄傲，但你不理解艺术作品产生所必需的条件和环境。我可以坦白地告诉你，我们在一起的那段时间内，我没有写出一个字，我这样说并非是修辞上的夸张，而是根据绝对的事实。不管是在托基、戈灵、伦敦、佛罗伦萨还是别的什么地方，只要你在我身边，我的生活就完全是枯燥乏味的，没有创造性的。遗憾地说，你几乎无时无刻不在我的身边。

比如说，我记得——这是从许多例子中选出的一个——1893年9月，我自己住了一套房子，这纯粹是为了不受干扰，因为我曾经答应给约翰·黑尔写一个剧本，但违了约，他当时正催逼着我写这个剧本。在第一周里，你一直没来，因为我们在你翻译的《莎乐美》的艺术价值上有不同的看法——这实际上是非常自然的——因此，你只就此给我写了些愚蠢的信，并为此感到扬扬自得。在那一周，我写完了后来上演的《理想丈夫》的第一幕，这一幕的任何细节都完美无瑕。第二周，你来了，我的工作就不得不中断了。每天上午十一点半，为了不受——尽管是安静的、平和的——家庭琐事所必然带来的干扰，我都要去圣詹姆斯广场，就是想有个机会思考和写作。但即便如此也只能是徒劳。十二点，你就来了，待在我房间里抽烟聊天儿，一直到下午一点半，而这个时间我又不得不带你到皇家咖啡馆或伯克利就餐。我们吃饭、喝酒常常要到下午三点半,然后你回怀特俱乐部待一小时。喝茶时间(一般在下午五点左右)你又来了,一直待到要穿礼服吃晚饭的时候。于是我与你一起在萨沃伊或泰特街吃晚饭。我们一般一起待到午夜后才分开,就像在威利斯举行的晚餐不得不在第二天黎明结束一样。这就是我那三个月所过的生活。除了你到国外的那四天以外,每天都是如此,当然我随后也不得不去加来把你带回来。因为我有一种既奇怪又带悲剧性的性格和气质。

你现在肯定认识到那一点了吧?你现在一定知道你不能忍受孤独。你的本性是如此急迫地需要别人的关注和陪伴,你缺乏集中思想的能力:这真是不幸的事!因为我乐于想到事情不会再这样了——在需要智力的事情上,你至今还没能获得"牛津气质",我的意思是说,你从未成为一个能够从容把玩思想的人,只是在亵渎观念——所有这些,加上你的欲望和兴趣不是在于艺术而是在于生活享乐,这一事实,对你自己修养的提高和对我们作为艺术家所创作的作品,不都同样只是具有破坏性的吗?当我把我与你的友谊同我与更年轻的约翰·格雷及皮埃尔·卢维的友谊对比时,我感到一种羞耻。我的真实生活、我的更高级的生活是和他们以及像他们一样的人在一起时得到的。

我现在且不说你与我的友谊带给我的可怕后果,我现在只想谈谈我们当时维持的那种友谊的性质。对我来说,那是一种思想上的堕落。你身上或许有艺术家气质的萌芽,但我与你相遇或是太早或是太晚了,因为我竟看不出来这种气质。你离开我时,我的一切就会恢复正常。在我一直提到的那年的12月初,当我成功地劝说你母亲把你送出英国时,我就能重新修补起我那已被撕裂、践踏的想象之网，把我的生活重又掌握在自己手里，不仅完成了《理想丈夫》余下的三幕，而且构思并几乎完成了另外两部完全不同类型的剧本，即《佛罗伦萨悲剧》和《神圣的妓女》，但就在这对我的幸福来说至关重要的情况下你又回来了，突然地，事先一点儿招呼也没打，就不受欢迎地回来了。自然我也就再也无法写完那两部未完成的作品，就那样将它们残缺不全地搁在那儿了，我再也找不回当初创造它们时的那种情绪。你也已经出版了许多散文，你现在也该承认我这里说的一切都是真话吧！不管你能不能认识到这一点，它们都是存在于我们友谊的心脏里的一个可怕的真理。你和我在一起时，你绝对是在毁灭我的艺术。我准许你一直站在我和艺术之间是我给予自己的最大耻辱和谴责。你无法知道，无力理解，也不会欣赏。我根本无权希望从你身上得到这些东西，你感兴趣的只在你的一日三餐和喜怒无常的情绪，你的欲望只在娱乐——低级的或连低级也算不上的快乐，它们就是你的性情或你当时的思想所需要的。我当时应该拒绝你进入我的房子，除非我特别邀请你，否则不准你接近我。我现在毫不留情地谴责我的懦弱，这一切都只是因为懦弱。与艺术相伴半小时所给予我的东西比与你在一起一年获得的东西还多。在我生活中的任何一个时期，与我的艺术相比，一切都是微不足道的。但就艺术而言，软弱就是犯罪，当软弱毁灭想象时更是如此。

　　我再次谴责自己曾任由你把我带到彻底的、有损信誉的破产境地中。我记得在1892年10月初的某个早晨，我与你的母亲一起坐在布拉克内尔黄叶渐染的树林里，我那时对你的本性还几乎一无所知。在牛津大学时，我曾经从星期六一直到星期一都与你待在一起，你也曾经在克罗默与我一起打了十天高尔夫球。与你母亲在一起时，我们的话题自然就转到你身上来，你母亲开始向我谈起你的性格。她说你有两大缺点，一是有虚荣心，二是爱奢侈挥霍。用你母亲的话讲，你"对钱的看法是完全错误的"。我清清楚楚地记得我是怎样因你母亲的话发笑的，我一点儿也不知道，你的第一个缺点会把我带进监狱，第二个缺点会导致我破产。我以为，虚荣心是年轻人佩戴的一朵优雅的花，至于挥霍——因为，我以为你母亲所指的挥霍无非就是挥霍而已——我的本性或我自己的家族中也从没有过勤俭节约的美德，所以当时我并未在意。但当我们的友谊持续还不到一个月时，我开始明白你母亲的话的真正含义了。你固执地追求一种完全不顾后果的奢侈生活。不管是否与我在一起，你都要不停地向我要钱，要求我负担你寻欢作乐的一切花费。这样过了一段时间后，你就使我陷入严重的经济困境。当你持续不断地、越来越过分地纠缠我的生活时，我越来越觉得你的挥霍是那么单调乏味，因为你只是把钱花在吃喝这类无聊的快乐中。饭桌上不时出现红酒和玫瑰当然是一件令人高兴的事，但你远远不是为了品尝美味，而你对此又总是毫无节制。你不知羞耻地索取，毫无感激地接受。你慢慢觉得，你有某种权力花我的钱过一种你从不适合的毫无节制的奢侈生活，结果，这种感觉又促使你的贪欲越来越大，最后，竟达到这样的地步：如果你在阿尔及尔的赌场输了钱，你只是在第二天早晨在伦敦给我打个电话，让我把钱转入到你的银行账户，还清你的赌债，根本想都不想自己在做什么事。

在1892年秋天和我被捕之前这段时间里，我曾经告诉过你，我与你在一起时花的钱加上我为你花的钱只现金就有5000多英镑，这还不算我开的账单，当时，你对自己坚持要过的那种生活一定会有某种想法。你以为我是在夸大其词吗？在伦敦，我与你在一起时，我们两人在一个平平常常的日子里的最普通的花费——早饭、午饭、晚饭、娱乐以及坐马车等——是12英镑至20英镑之间，每周的正常花费自然是80英镑至130英镑。我们在戈灵的三个月里，我共花去了1340英镑（房租当然除外），就这样我一步步成了破产者。我不得不认真思考一下我生活中的每一笔开支，这对我来说是一件可怕的事。"简单的生活，深刻的思想"① 当然不是你那时能够欣赏的理想，但这种浪费对你我来说都是一种抹不掉的耻辱，我记得自己吃过的一次最愉快的午餐是我与罗比在索霍区一家小咖啡馆的那一次，那次午餐花的先令大约与我和你一起吃饭花的"英镑"的数字一样。那次午餐还使我收获了平生第一次也是最好的一次谈话。② 我们谈到思想、标题、形式，而所有这些都是仅以3法郎50生丁茶饭钱的代价取得的，是套餐。我与你一起吃过的那么多午餐，留给我的记忆只是我们吃得太多、喝得太多。我对你的要求一再屈从对你产生了很坏的影响。你现在也知道了，我的屈从常常使你变得贪婪，有时简直是肆无忌惮，当然这一直是不体面的。在许多情况下，作为你的主人意味着要接受你太多的需要而享受太少的欢乐和特权。而你却忘记了对此表达感谢——我不是说礼节性的感谢，因为流于形式的感谢只会

---

① 华兹华斯，《在伦敦写的十四行诗，1802年9月》。
② 几乎可以肯定，这次谈话就是《说谎的衰退》。

伤害友谊——我只是想从你身上得到优雅、甜蜜的伴随，富有魅力的、愉快的交谈，希腊人所谓的"智慧的交流"[1]，以及所有那些使生活变得可爱起来的温柔的仁慈——这些都是生活的伴唱，就像音乐那样，使万事万物和谐一致，使嘈杂的或静谧的地方充满美妙的音乐。虽然你可能会觉得奇怪，像我这样一个处于可怕境地的人，还念念不忘要在这种和那种不体面之间寻找一种差异，但我仍能坦率地承认，那种把所有的钱都扔给你，让你浪费掉的做法，是既伤害了你也伤害了我的愚蠢行为。在我看来，我们的恣意挥霍就是造成使我备感耻辱的破产的原因。我是为其他东西而生的。

但我最该谴责自己的是我纵容你让我陷入彻底的道德堕落。性格的基础是意志力，而我的意志力则完全受你的意志力支配，这听起来好像很奇怪，但是千真万确。你沉迷于持续不断的肉体享乐，你的思想连同肉体都被扭曲了，你慢慢变成了一个看起来和听起来都同样可怕的东西：你从你父亲身上继承了那种可怕的躁狂症，疯狂地写了一封又一封令人厌恶、憎恨的信；你完全不能控制你自己的感情，有时你会因为仇恨而长时间闷闷不乐，一声不吭，而有时又会突然爆发间歇性的、几如癫痫病似的狂想。你的所有这些病态的症状，在我给你的某一封信中都提到了，那封信被你随手扔在了萨沃伊或其他某个酒店里，后来在法庭上由你父亲的辩护人出示，作为控告我罪状的证明之一。我在那封信里恳求你，如果那时你能够认识到什么是怜悯或其他表示方式的话，那你就不会吝啬怜悯，我的意思是说，这些就是我那致命的、

---

[1] 出自欧里庇得斯，《希波吕托斯》，字面意思是"令人愉快的邪恶"。

屈从于你每天越来越多的要求的根源和原因。你是一个不可救药的人,你对我的胜利是小人物对大人物的胜利,是弱者对强者的专制,我在某个剧作中将这种专制描绘成"唯一存留的专制"①。

而且,我对你的屈从是不可避免的。一个人,在他与生活的每一种联系中必须找到某种"生存方式",就你的情况而言,人们或者是屈从于你,或者是放弃你,此外没有别的选择。就我来说,因为在你身上寄托了不该寄托的厚爱,因为对你的脾性和气质上的缺陷回报以伟大的同情,因为我自己众所周知的好品质和凯尔特人的慵懒成为艺术家对粗俗争吵和丑言恶词的宽容,因为我当时的性格还无力忍受对任何人的憎恨,因为我不愿意生活因我而变得酸苦和不美好,也因为我当时的注意力在别的事情上,所以你的所作所为在我看来只是小事一桩,最多也只能引起我瞬间的注意或兴趣——也就是因为这些,尽管这听起来很简单,我才一直屈从于你。因此,自然地,你对我的要求、你要支配我的努力、你对我的挑剔也越来越不合情理了。你的最卑下的动机、最低级的欲望、最世俗的激情,对你来说都成了至高无上的法则,根据这种法则,别人的生活都要受你支配,如果必要,你可以毫无顾惜地牺牲掉别人的生活,因为我知道,你的坏脾气可以让你一直按照你自己的生活方式走下去,所以,非常自然地,我也几乎是无意识地就相信了你应该继续按你自己的方式沉迷于每一种过于粗俗的欲望。这样下去,最后你会不知道自己这样忙忙碌碌到底是为了什么,或者说,你根本看不到自己活着有什么目

---

① 语出《一个无足轻重的女人》。

的。你已经从我的天才、意志力及财产中获得了你自己所需要的,但你还因为一种盲目的无穷的贪婪,而要求整个儿占有我。你确实如愿以偿了。在我一生中的一个高贵而悲剧性的关键时刻,就在我开始采取那悲惨的愚蠢的行动之前,一方面是你父亲在俱乐部留下恶毒的明信片攻击我;另一方面是你用同样令人厌恶的信攻击我。那天早晨我收到你的一封信,信中,你可笑地让我去警察局,要求他们保证逮捕你父亲,那是你写过的最坏的、出于最可耻动机的一封信。夹在你们两人中间,我不知道该怎么办才好,我的判断力离我而去,只剩恐惧占据我的整个头脑。坦率地说,我找不到任何一种可能使我逃离你们两人中任何一个人的方法。我像一头跑进屠宰场的牛一样到处乱撞。我犯了一个巨大的心理上的错误。我一直认为,我在小事情上屈从于你是无所谓的,而一旦发生重大的事,我就可以重新获得我那天生优越的意志力。事实并非如此,因为在那种重大时刻,我的意志力常常彻底背叛了我,在生活中确实没有什么大小之分,一切事物都有同等的价值和大小形状。我养成的对你百依百顺的习惯——刚开始主要是由于不在乎——已经不适当地成为我性格的一部分,在我毫无察觉的情况下,它已把我的气质定型为一种永恒的、致命的情绪。这就是佩特[①]为什么在他的第一本散文集的优美后记中说"失败会形成习惯"。他说这句话时,愚钝的牛津人还认为这句话只是对亚里士多德那篇有点令人厌烦的《伦理学》的一种巧妙的改写,但这句话却隐藏着一个奇妙的、可怕的真理。我曾允许你把我的性

[①] 英国文艺批评家、散文作家,主张"为艺术而艺术"。——译者

格力量消耗殆尽，对我来说，这种习惯的形成已经不仅证明了我的失败，而且还证明了我的毁灭，你在道德上对我的破坏性比在艺术方面还大。

当我们获准控告你父亲，你理所当然地开始指挥一切。在我应该留在伦敦找一个精明的律师，静心思考我允许自己陷进去的那个可怕的陷阱时——现在你父亲称之为"傻瓜陷阱"——你却坚持让我带你到蒙特卡洛①，这是一个汇聚了上帝创造的这个世界上的一切丑恶的地方。你没日没夜地赌博，只要赌场的门开着，你就从不停手。至于我——赌博对我毫无吸引力——却被孤零零地留在赌场外边。你甚至不愿意用五分钟时间谈谈你和你父亲把我带进去的那种处境。我的使命只是为你付酒店费，替你还清赌输的钱。哪怕我只是最轻微地暗示你我正面临着可怕的折磨，你也会感到厌烦。你对别人向我们推荐的一种新牌子的香槟酒更感兴趣。

当我们回到伦敦时，那些真心希望我幸福的朋友恳请我到国外去，不要面对一个不可能取胜的判决。你却说他们这样劝我是出于卑鄙的动机，说我如果听他们的话就是怯懦。你迫使我留下来厚着脸皮应付这件事，说如果可能，你可以在证人席上发那种混乱的、愚蠢的假誓。最后，我当然是被捕了，你的父亲成为那一时刻的英雄：实际上他不仅仅在那一时刻成了英雄，你的家族现在也因他而奇怪地跻身于"不朽"之列。因为这件事具有了那种奇怪的、似乎成了历史上的哥特式因素的，并使克利俄②成了所

---

① 在摩纳哥公国，濒临地中海，世界著名赌城。——译者
② 希腊神话中九位主管历史的缪斯神之一。——译者

有缪斯神中最不严肃的一个神的效果，你的父亲将会一直生活在"星期日学校"①作业里描写的那种仁慈、心地纯洁的父亲中间。你的地位等同于婴儿撒母耳，在马勒博尔格②最卑贱的泥潭里，坐在吉尔·德·莱斯③和萨德侯爵④之间。

当然，我早应该摆脱你，我应该像人们掸掉衣服上的刺那样把你从我的生活中清扫出去。埃斯库罗斯在他的一部最奇妙的剧⑤中告诉我们，万能的上帝在自己的房里抚养了一只幼狮，他很爱它，因为他一呼唤，它就会欢快地跑到他面前，为得到食物而摇尾乞怜。但它长大后就露出了兽性，不但吃掉了主人，也毁灭了他的房子及他所有的一切。我觉得自己就是万能的上帝那样一种人。但我的错误不在于我没有与你分开，而在于我过于经常地与你分开，因为往往是每隔三个月我就决定结束我们的友谊，这已形成了一种规律，而每次一旦我这样做了，你就不断请求，发电报、写信，让你的朋友出面干涉，也让我的朋友进行干涉，从而设法诱使我同意你回来。1893年5月底，你离开我在托基的房子时，我已决心再也不与你说一句话了，或无论如何再不准许你与我在一起了。你在离开我之前的那天晚上，曾大吵大闹了一场。你是

---

① 指星期日对儿童进行宗教教育的学校，大多附设于教堂。——译者
② 但丁《地狱篇》中的第八层。
③ 吉尔·德·莱斯（1404—1440），法国元帅，曾从事撒旦崇拜，被宗教法庭斥为异端，世俗法庭以谋杀罪将其处死。
④ 萨德侯爵（1740—1814），法国作家、虐待狂，多次被捕入狱，多次被判处死刑但又幸运逃脱，后死在了疯人院。
⑤ 指《阿伽门农》。

多么令人厌恶啊！你很快就从布里斯托尔写信、拍电报，请求我的宽恕，让我答应与你见面，你的老师——他没同你一起走——告诉我，他认为你有时对自己说过的话、做过的事是非常不负责任的。大多数认识你的人，尽管不是所有人，都有相同的看法。但我还是同意见你，当然也就宽恕了你。在回托基的路上，你请求我带你去萨沃伊，而对我来说，那实际上是一次致命的访问。

三个月后，即6月，我们已在戈灵了。你在牛津大学时的一些朋友来找你，一直从星期六待到星期一。他们离去的那天早晨，你又大发脾气。你是那么可怕！那么令人伤心，以至于我不得不告诉你我们必须分开。我记得很清楚，当时我们站在棒球场的平地上，周围簇拥着美丽的青青碧草，我向你指明，我们在伤害彼此的生命，你绝对是在毁灭我的生活，而我也明显没有使你感到幸福，我们所能做出的唯一不可避免的、明智合理的选择就是分开，彻底分开。午饭后你带着一脸愤怒离开了我的房子，并且留下一封恶毒的、令人厌恶的信，让男仆在你走后交给我。三天还不到，你就从伦敦发来电报，请求我宽恕你，让你回来。我已成了供你取乐的工具，成了随时听从你吩咐的仆人。我一直为你有那种可怕的脾性而感到深深遗憾，因为你实际上是这种脾性的牺牲品。我喜爱你，所以我又让你回来了，并且宽恕了你。但竟然又是在三个月后，即9月，你又多次大吵大闹，起因是我指出你试图把《莎乐美》译成法语是小学生式的错误。你现在已是一个相当好的法语专家了，你一定也知道了翻译不值得你去做，就像不值得任何一个普通的牛津学生去做一样，因为这是一部寻找自我表现的作品，你当时当然不会理解它。你就这个问题给我写了一封措辞激烈的信，说你对我没有"任何思想方面的义务"。我记得当我读到这句话时，我感到这是你在我们交往的全过程中给我写的信中的唯一一句实实在在的话，我明白了，你实际上更适合与文明程度较低的人交往。我这样说没有一点儿怨恨的意思，我只是说出我们友谊中的一种事实。我总以为，归根结底，一切交往中的义务——不管是在婚姻中还是在友谊中——都是一种交流，而交流就必须有一种共同的基础，而在两个教养迥然不同的人之间，唯一可能的共同基础必然是在最低层面上的。在思想和行动方面，微不足道的事是有其魅力的，这也是我在剧本和论文中表述的那种卓越哲理的基石。但我们生活中的空谈和蠢事常常令我感到非常厌烦：我们只能在"泥坑"里才能达成一致。尽管你在交谈中谈论的一个中心话题很吸引人，确实非常吸引人，但对我来说，久而久之，与你一直不变的交谈话题就变得单调乏味了，我常常为此厌烦至死，感觉接受你的这种谈话就像必须接受你去音乐厅时的那种激情，或在吃喝上那种疯狂浪费的癖好，或你身上的任何对我毫无吸引力的性格一样，我只是把这种谈话当作一种东西，也就是说一种我不得不忍受的东西，是为认识你而必须付出的昂贵代价中的一部分。我们离开戈灵后，我单独去迪纳尔住了两星期，你非常恼怒我不带你一起去，并且在我离开那儿之前，又为这件事在阿尔比马尔酒店大发了几次脾气，令我很不高兴。甚至，你还把一些同样令我不愉快的电报送到我只暂住几天的乡下房子里。我记得我曾告诉你：你有责任与自己的亲朋一起待上一小段时间，因为整个一季你都没与他们在一起。我现在可以完全坦白地告诉你，实际上，我当时是无论如何不能让你与我在一起了，我们在一起的时间已有好几个星期了，我需要摆脱你的陪伴给我带来的紧张，我需要休息和自由。独处一段时间对我来说是完全必要的，也是我思想上必需的，因此，我承认，从我谈过的你信中的那些话里，我看到了一个结束我们之间那种致命友谊的绝好机会，而且可以毫无怨恨地结束，就像我早在三个月前，在戈灵的那个明媚的早晨想做的那样。坦率地说，我的一个朋友——他理解你的困境，你也向他谈起过你遇到的困难——曾对我说，如果你的译文[①]像一个小学生做的练习那样被送回去，那会对你造成很大的伤害，或许会使你感到耻辱；他说我当时对你思想上的期望值太高了，而且，不管你写什么、做什么，都是绝对、完全地献给我的。我不想在你刚在文学之路上蹒跚学步时成为你的第一个障碍或使你丧失信心的人。我非常清楚地知道，没有任何译文——除非是诗人翻译的——能够充分表达出我作品中的色彩和节奏，但对我来说，不管是在过去还是在现在，敬献都是一种奇妙的事，是不能漫不经心就扔掉的东西，因此，我就接受了你的译文，并让你又回到我身边。整整三个月后，在经过了一系列争吵之后，终于有一次，当你在星期一晚上带着你的两个朋友来到我这里时，我们之间爆发了那次比以往任何一次都更令我厌恶的争吵。第二天，我发现自己为了逃避你们，实际上是飞一样地跑到国外去的。我向家人编造了一些奇怪的理由说明我为什么要突然离开他们。我还唯恐你乘下一列火车尾随追来，就给仆人留了一个假地址。我记得在那天下午，我坐在驶向巴黎的火

---

① 指《莎乐美》的法文译本。——译者

车车厢，想着我的生活已经到了怎样一种不可能的、可怕的、完全错误的状态：我，一个享誉世界的名人，竟然被迫逃离英国，以试图摆脱无论从思想还是道德角度看都是毁灭我身上一切美好东西的友谊，而我正在逃离的人，不是一个从阴沟或泥坑里站起来走进现代生活的、与我的生活完全纠缠在一起的动物，而是你，一个与我处于同一阶层、同一地位的年轻人，一个与我一样在牛津大学读过书、频繁出现在我家里的客人。而正当我思考着这些问题时，通常那种恳求的和抱怨的电报就又跟踪而至了，但我根本看都不看它们。最后，你威胁说，除非我同意见你，否则你无论如何都不会同意到埃及去。（在你知情并同意的情况下，我自己曾请求你母亲把你送到埃及去，让你远离英国，因为你在伦敦所过的生活对你来说是毁灭性的。）我知道，如果你不去埃及，你母亲一定会极其失望，为了她，我同意见你，并在一种巨大感情的影响下——你不会忘记这种感情的——我宽恕了你的过去，虽然我对我们的未来只字未提。

第二天，当我回到伦敦时，我记得自己坐在房间里，悲哀地、严肃地试图弄清楚你是否真的就是我看到的那样——身上有着那么多对你我与别人都具有彻底的毁灭性的错误，即使认识你或与你在一起都会致命。整整一个星期，我都在思考这个问题，不知道我对你的估计究竟是不是不公正的、有误解的。在周末，有人送来了你母亲的一封信，她信中所说的都是我也曾有过的那种感觉。她在信里谈到，你有盲目的、过度的虚荣心，这使你看不起自己的家，把你的哥哥——那个坦率的人——当作一个"平庸之辈"。她也谈到，因为你的脾气，她不敢与你谈你正在过的那种生活，那种她所感觉到的、她所了解的生活。她说，你在用钱方面的许多行为都令她很失望。她也谈到了你身上已经出现的堕落和变化。她当然也明白，你身上遗传了那种可怕的家族特征，并且坦率地、恐惧地承认，你是她的一个"继承了那种致命的道格拉斯气质的孩子"。在信的末尾，她说她感到应该向我说明，在她看来，我们的友谊实际上已经强化了你的虚荣心，而这种虚荣心已经成为你所有错误的根源。她真诚地请求我不要在国外接见你。我立刻给她回信，告诉她我完全同意她所说的每一个字，我会尽可能远远地离开你。我告诉她，我们的友谊是在牛津大学时开始的，起因是你来请求我帮助你解决一个很特殊的人给你造成的严重麻烦。我还说，你的生活一直处于这种类似的、不断出现的困境中。我告诉她，你曾把自己去比利时的原因归结于你在那次旅行中的同伴的错误，你母亲曾因此责备我把你介绍给他，但我却认为，错误在你而不在他。我向她保证，我根本不想在国外见到你，并且请她尽量让你一直留在埃及，如果可能，可以让你以一种名誉专员的身份留在那儿，如果这种办法行不通，也可让你去学习现代语言。总之，不管她能找出什么理由，至少要让你在埃及住两三年，这既是为你好，也是为我好。

与此同时，在埃及你每到一个邮局就给我写信。我对你写的信一点儿也不在意，读过后就撕掉了，我已决心再不与你产生任何关系了。既然我决心已下，我就可以欣然地全身心专注于我的艺术——我已任凭你中断了我在艺术上的进步。

三个月眼看就要过去时，你母亲因为那种不幸的、意志薄弱的性格，那种在我的生活悲剧中成为与你父亲对我的侵犯一样的致命因素的意志薄弱，正式写信给我——当然，我毫不怀疑她受到了你的怂恿——她告诉我，你非常焦急地等着我的回信，而且，为了使我不至于有借口不与你联系，她还把你在雅典的地址告诉了我，我当然非常清楚这个地址。我承认，当接到她的信时，我感到非常震惊。我无法明白，在她12月给我写了那样一封信，我也给她回了信后，她怎么还会不顾后果地试图修复或重新开始你我之间那种不幸的友谊。当然，我告诉她说我收到了她的信，并表示感谢，同时劝她尽可能让你与一些国外大使馆取得联系，以便阻止你返回英国。但我没给你写信，也没有因为你母亲给我写了信而对你发来的电报稍加注意。最后，你竟然给我妻子发电报，请求她利用她对我的影响让我给你写信。我们的友谊曾一直是她悲伤的根源，不仅仅因为她本人从未喜欢过你，还因为你形影不离地陪伴我已大大改变了我，而且不是朝好的方面转变。然而，只是因为她始终对你是最仁慈、最温和的，所以她无法忍受我以任何不礼貌的方式对待我的任何朋友，因为在她看来，我对你似乎就是这样，虽然她想过并且确实知道我与你的交往是与我的性格不相容的。就这样，在她的要求下，我与你取得了联系。我清楚地记得我给你的电报上的每一个字。我说，时间已愈合了每一个伤口，但在以后的数月内，我既不会给你写信，也不会见你。你接到电报后立刻马不停蹄地出发来巴黎，一路上给我发了许多热情的电报，请求我再见你一次，无论如何要见一次。我拒绝了。你在星期六深夜到了巴黎，在下榻的酒店里见到了我写给你的一封信，告诉你我不会见你。第二天早晨，我在泰特街收到你一封大约有十页或十一页的电报，你说，不管你以前对我做过什么，你都无法相信我会绝对拒绝见你。你提醒我说，为了见到我，哪怕只见上一小时，你已经在欧洲穿行了六天六夜，路上一次也没停留。我必须承认，你这次的请求是我见过的最哀婉动人的。最后在电报结尾，你直言不讳地威胁说你要自杀。你自己过去常常告诉我，你的家族中有许多人都曾双手沾满自己的血：你的叔叔肯定无疑是自杀，你的祖父也可能是自杀，还有其他许多人发了疯。你来自一个邪恶的、不道德的血统。出于对你的怜悯以及过去对你的爱，也因为想到，如果你真的自杀了，你母亲会承受不住这样可怕的打击；想到你这样一个尽管身上有许许多多的邪恶特点，但仍蕴含着美的可能性的年轻生命，却要走到这样一种可怕的结局，总之，纯粹是出于仁慈——如果我必须找一种借口的话——我同意与你见最后一面。我赶到巴黎，又与你坐在一起。那天晚上，你的眼泪一次次涌流而出，像雨水一样流过你的面颊。我们先在沃伊津吃午饭，随后又在帕亚尔吃了晚饭。你见到我时表现出真心的欢乐：不管我们走到哪里，不管是在什么场合，你都紧紧握着我的手，像一个已悔过的温顺的孩子。你当时的悔悟是那样单纯和真诚，结果使我又同意恢复我们的友谊。两天后我们回到了伦敦，你父亲看到我们一起在皇家咖啡馆共进午餐，也过来坐到我们的餐桌旁，喝我的酒，并且就在那天下午给你写了一封信，开始了对我的第一次攻击。

可能有人会奇怪我会再次决定与你分手，这次分手不是出于偶然，而是离开你的义务迫使我这么做。我不必提醒你回忆起你从1894年10月10日到13日在布赖顿对我采取的一系列行为。对你来说，回忆三年前的事情确实太难了，因为你会觉得三年时间过于漫长了。但对我们这些生活在监狱中、生活中没有事件只有悲哀的人来说，就必须以痛苦的结来计算时间的长短，并标记下我们痛苦的时刻。除了痛苦，我们没有别的事情可想。痛苦——尽管对你来说这听起来很奇怪——是我们的生存方式，因为只有痛苦才能使我们意识到自己的存在。对我们来说，只有回忆过去的痛苦，才能保证和证明我们还有继续生活下去的必要。在我自己与快乐的回忆之间存在着一道同我自己和实际的快乐之间同样深的鸿沟。如果我们在一起时的生活确实如人们想象的那样，只有快乐、奢侈、笑声，我会一点儿也回忆不起来的。就是因为那种生活无时无刻不充满着悲剧性的痛苦、险恶、愚蠢或可怕的单调乏味的争吵和不体面的亵渎，我才能详细地看到或听到其中每一个彼此分离的事件，实际上我也已不可能看到或听到其他的什么东西了。生活在监狱里的人需要那么多的痛苦才能生活下去，结果迫使我每天都不得不把我们的友谊变换成各种不同的痛苦方式，尽管有时并不必要。不管我自己和别人是如何看待我现在的处境，我的生活似乎一直就是一首真正的"悲哀交响曲"，慢慢地经过以节奏连接的种种乐章走向注定的结局，并且带着在艺术中作为处理一切重大主题特征的那种必然性。

我刚才是不是已经说到三年前你在连续三天里对我的所作所为？我当时正准备一个人在沃辛完成我的最后一个剧本，中间你曾两次来访，打断了我的计划。第三次，你带着自己的一个朋友突然出现在我房子里，而且你还竟然建议他留在我房里，但被我断然拒绝了（你现在必须承认，我的拒绝是合情合理的）。当然，我可以容许你留下来，对此我一向别无选择，但我不能让你的朋友留在我房里，所以就把他安排在别处了。第二天是星期一，你的朋友去上班了，你留了下来。因为对沃辛感到厌烦，毫无疑问更主要的是，因为厌烦我徒劳地想出种种办法要把注意力集中在我的剧本上——当时唯一能真正吸引我的事情——你就坚持让我带你去布赖顿的格兰酒店。我们到达布赖顿的当天晚上，你就病倒了，得的是一向被愚蠢地称作流感的那种可怕的低烧，这次如果不是你第三次发烧，那就是第二次。我不必提醒你我当时是怎样照料你、安慰你的。我不仅给你买各种昂贵难买的水果、花、礼物、书等能用钱买到的东西，而且还用深情、温柔和爱等用钱买不到的东西来抚慰你。我每天除了早晨散步一小时和下午开车一小时外，从未离开过酒店。因为你不喜欢酒店提供给你的葡萄，我就特地从伦敦给你弄到一些特殊的葡萄。我还编出一些使你高兴的事，或是与你住在一起，或是就住在你隔壁的房间里。每天晚上我都陪你坐着，安慰你或是逗你快活。

过了四五天，你的病好了。我为了尽可能完成我的剧本，就租房住了下来，你当然是与我在一起了。在我们安顿下来的第二天早晨，我感到极其不舒服。你因事必须去伦敦，但答应我下午就回来，结果你在伦敦遇到了一位朋友，一直到第二天很晚你才回到布赖顿，而那时候我已严重发烧，医生说是从你身上感染了流感，没有什么能比一个人病倒在酒店里更使人不舒服了。我住的房子的客厅在一楼，而卧室却在三楼，没有仆人服侍我，甚至没有一个人能为我送张便条，或遵医嘱为我取来必需的东西。但你回来我就不害怕了。可是在随后的两天里，你却把我孤零零地留在酒店里，既不关心，也不照料，什么都没做。我不是想让你给我买什么葡萄、花、迷人的礼物，只不过想让你帮我解决一些必需品：我甚至连医生为我订购的牛奶都得不到，也喝不到柠檬汽水。而且，当我请求你从书店为我买一本书，或者，如果书店里没有我想要的书，就随便为我选一本其他什么书时，你竟然连书店都从未去过。结果，当我一整天都没书可读时，你却平静地告诉我你已为我买了一本书，书店答应很快就送过来，后来我才偶然发现，你说的这种话自始至终都全是谎言。这期间你当然全花我的钱。在星期六晚上——从早晨起你就把我一个人留在酒店里——没有一个人照料我，我请求你晚饭后回来，与我一起坐一小会儿，你用一种生气的腔调和不礼貌的方式答应了，可我一直等到晚上十一点，你都未露面，于是我就在你房间里留了张纸条，只是想提醒你别忘了自己的诺言以及你是如何履行诺言的。凌晨三点，我因为睡不着，又口渴得难受，就自己在又黑又冷的夜里顺着楼梯走到客厅，想在那儿找点水喝，而我却找到了你！你用一种只有冷酷的、没受过教育、没有教养的人才能说出的恶毒的话攻击我。你用利己主义这种可怕的炼金术把你本该有的悔恨化成了狂怒。你指责我要求你在我生病时陪着我是出于自私，谴责我阻碍了你寻欢作乐，试图剥夺你享乐的权利。你告诉我——我知道你说的是实话——你午夜回来只是为了换衣服，你还要去你希望可以找到新乐趣的地方，而我因为给你留了那张纸条，提醒你，你在这一天一夜里完全忘了我在生病，所以就剥夺了你想得到更多快乐的欲望，使你得不到更多新鲜的快乐。我带着厌恶回到楼上，直到天快亮时才睡着，而天亮许久后我才能设法压下发烧带来的干渴。十一点，你走进我房间。在刚过去的争吵中，我禁不住想到，我只以自己的一张纸条就在一个不寻常的晚上把你看透了。第二天早晨，你恢复了常态，我自然等着听你用什么借口来解释自己的行为，用什么方式来请求我的宽恕。你心里也知道，不管你做了什么，这种宽恕始终在等着你，而你确信我会一直宽恕你，这也是你身上存在着的我一直最喜欢的一点，或许也是你身上值得人喜欢的最好的一点。你不但没有向我道歉，反而开始以更激烈的语气和固执重复了与上次同样的争吵。最后，我忍无可忍，让你立刻离开我的房间，你假装走了，但当我从枕头里——我本是把头埋在枕头里的——抬起头时，却发现你仍站在原处。你残忍地笑着，歇斯底里地狂怒着，突然向我走过来。顿时，恐怖遍及我全身，我不明白这到底是因为什么，但我立刻跳下床，赤脚走下两层楼梯到了客厅，直到我摇铃叫来的房主向我保证你已离开了我的卧室，并且答应随时可以听从我吩咐时，我才离开客厅。一个小时后——这段时间里，医生来了，当然发现了我正处于一种绝对紧张的衰竭状态，并且发现我比开始时烧得更厉害——你一声不响地回来了，是为了钱，拿走了你能在衣柜里找到的一切以及披风，带着行李离开了房子，你还要我告诉你在你走后的两天里——悲惨、孤独、生着病的两天——我想到了你身上的哪些东西吗？还有必要让我说明，我当时清楚地意识到，哪怕再继续认识你这样的人都是对我的一种侮辱吗？还要我告诉你我当时意识到我们最后分手的时刻已经来到，并且意识到这是一种极大的解脱吗？还要我告诉你我知道自己将来的生活与艺术会在任何一种可能的方面都更自由、更好、更美吗？尽管我病着，但我感到很轻松。"我们必须分开"这个事实使我心里很平静。到星期二，我的烧退了，我生病后第一次下楼吃饭。星期三是我的生日，我的桌上堆放着电报和信，其中有一封信一看就是你的笔迹。我带着一种对自己的悲哀感打开了信，我知道，只要你说了一句漂亮话，表示你对我的爱，或者，只要你有一个字表示悔恨，我都会让那件不愉快的事成为过去，让你再次回到我身边。但我完全被你欺骗了，我过去低估了你。你在我生日这天给我的信里，精心地重新像前两次发脾气那样大耍无赖。你不分青红皂白地、狡诈地、耐心地攻击我，用低俗的玩笑嘲弄我。你说，你在这件事的全部过程中，唯一感到满意的是你在离开格兰酒店之前用我的钱吃了一顿午餐！你祝贺我突然离开病床逃到楼下去是明智之举。"对你来说，那是一个丑陋的时刻，"你说，"比你想的还要丑陋。"啊！是的，我很清楚地感到了这一点，但我不知道你说这句话到底是什么意思。是否当时你手里拿着那把为了对付你父亲而买的手枪？我想起来有一次我们在一家公共餐厅吃饭时，你曾开了一枪；是否你的手当时正慢慢移向一把碰巧放在桌子上的普通匕首？是否你盛怒之下只想到某种特殊的个人侮辱或攻击，而忘了自己身材矮小，即使我生病卧床也比你力气大？这些我都无从知晓，现在也不知道。我所知道的是自己当时有一种全身恐怖的感觉，我感到，除非自己立刻离开这间屋子，跑得远远的，否则你会做出，或试图做出某种即使对你来说也是一种终身耻辱的事。在我以前的生活中，我只体验过一次与此类似的恐怖感，那是在我位于泰特街的书房里，你父亲正处在一种癫痫病的狂怒状态，他在空中挥动着自己那双小手（他的一个走狗，或可称为他朋友的人站在我们之间），说着他那卑鄙的灵魂所能想起来的每一个卑鄙的词语,尖叫着对我进行令人厌恶的威胁,后来,他果真狡诈地将这种威胁付诸实践了。在当时那种情况下,当然是你父亲先离开房间的,因为是我把他赶出去的,但在你这种情况下,先离开的却是我。这已不是我第一次感到有责任将你从自身拯救出来了。

你在那封信的结尾说:"当你不在你的高位上时,你是引不起人的兴趣的。下次你生病时,我会立刻走开!"啊!这句话暴露了你的性格是多么粗鄙!你的想象力是多么匮乏!你的性情发展到那时已变得多么冷酷、多么低俗!"当你不在你的高位上时,你是引不起人的兴趣的。下次你生病时,我会立刻走开!"在我被监禁的各种监狱的悲凉、孤独的牢房里,那些话是多么经常地出现在我脑海里啊!我一遍遍地自言自语那些话,并且希望从那些话里——尽管这希望是不正当的——看出你那种奇怪的静默中隐含着的某种秘密。当我因为照料你而染上令我痛苦的热病时,你竟给我写那种信,它当然会因其粗鄙拙劣而令人憎恶了!但在这个世界上,任何一个人给另一个人写这样的信都会是一种罪恶,而且是不能原谅的罪恶,如果连这种事都可以原谅,那就没有什么罪恶了。

我承认,当我读完你的信时,我觉得自己几乎被它玷污了,似乎与你这样的人做朋友就已永远玷污、羞辱了我的生活。当然,我已经被你玷污了,这是事实,但直到六个月后我才知道自己在生活中是多么愚蠢。我当时决定星期五独自回伦敦,私下去见乔治·刘易斯先生,请他给你父亲写信,说我已决心在任何情况下都不准许你进我的房间,坐在我桌旁,与我一起谈话、散步,或者说，在任何时候、任何地方，我都不会与你在一起。一旦做好这件事，我就写信通知你我采取行动的全过程，你想必自己会明白我为什么这样做。我在星期四晚上把一切都安排好了，星期五早晨，在我坐下来开始吃早饭之前，我偶然翻开报纸看到上面有一条消息说，你的哥哥——家庭的真正领导、爵位继承人、家庭的支柱——被发现死在阴沟里，一把已发射过的手枪就扔在他的尸体旁边。这种悲剧事件——现在已知道是一次偶然事故，但当时却被认为有更复杂的背景——带来的恐惧；这样一个人见人爱之人的突然死亡——好像就在他新婚前夜——带来的悲哀；想到你会多么悲伤，你母亲将会承担什么样的痛苦，她一定会因为失去他这样一个唯一能在生活中给她安慰和快乐的儿子而痛不欲生，因为有次她亲口告诉我，她这个儿子从出生至今从没使她掉过一滴眼泪；想到你会孤立无助，因为你的两个哥哥都在欧洲，只剩下你一个男人来陪伴你的悲伤的母亲和妹妹，她们也只有从你身上寻找安慰，而且你也必须独自一人处理哥哥的死带来的各种烦琐的事务；想到制造出世界的泪水，想到所有人的悲哀——这些涌进我脑子里的各种想法和感情使我对你及你的家庭抱有无限的同情——我忘记了自己对你的抱怨和仇恨，在你失去亲人的情况下，我不能像你在我生病时对我那样来对待你，所以我立刻给你发电报，表达我最深切的同情，随后又写了一封信，邀请你尽可能到我这儿来。我感到，在那种特殊的时刻放弃你——并且是通过律师正式放弃你——对你来说将过于可怕了。

当你从被要求去的那场悲剧的发生现场回到城里来时，你立刻非常温柔、非常单纯地来到我身边，穿着丧服，眼里蒙着一层泪花。你像一个孩子一样来寻求安慰和帮助。我向你打开了我的房子、我的家、我的心,我把你的悲哀也变成我的悲哀,以为这样也许能帮助你承受住那种悲哀。我从没有——哪怕只一个字——提到过你过去是如何对待我的,也未提到你制造的几次让我痛心的争吵和写的信。你发自内心的悲哀,在我看来似乎使你比以前更接近我了。你从我这儿拿去放到你哥哥坟墓上的花,不仅是他生命之美的象征,而且象征着一切生命中都潜藏着的、可以呈现出来的美。

众神真是奇怪,他们不仅制造刑具来惩罚我们所犯的罪孽,而且还领着我们毁掉我们身上美好的、高贵的、仁慈的、爱的东西。要不是出于对你和你家庭的爱与怜悯,我现在也就不会在这种可怕的地方哭泣了。

当然,我在我们之间的一切关系中不仅发现了"命运",而且还找到了"毁灭"。"毁灭"一直是迅疾地奔跑着的,因为它要到流血的地方去。你通过你父亲成为你所属的那个家族的一员,而与这个家族成员的婚姻是可怕的,与这个家族成员的友谊是致命的,暴力的手掌或是伸向这个家族的成员们自己的生活,或是伸向其他人的生活。在我们的每一次相遇中,在每一个重大的或表面上微不足道的、你跑来向我寻求帮助或快乐的关口,在并不重要的场合,在从与生活的联系来看就像在光柱里跳舞的尘埃或从树上落下的树叶那样微小的偶然事件中,"毁灭"都会跟踪而至,就像痛苦呼喊的回声或追逐着猎物的野兽的影子一样寸步不离。我们友谊的真正起点,是你在牛津大学时给我写了一封最哀婉动人的信,请求我帮助你摆脱你当时正陷入的一种对任何人来说都非常可怕的困境，而对一个牛津大学的年轻人来说更是双重可怕的困境。我帮助了你，最终还因为你把我当作你和乔治·刘易斯先生的共同朋友而使我开始失去他的尊敬和友谊——保持了十五年的友谊！当我不再能从他那儿获得建议和帮助时，我感到自己被剥夺了生命中一个伟大的保护者。

你曾送给我一首很美的诗，一首属于校园派风格的诗，想得到我的认可。我以一种极大的文学自负给你回了一封信：我把你比作许拉斯①、雅辛托斯、琼奎尔②、那喀索斯③，或某个伟大的诗神用爱滋养并赋予荣誉的诗人。那封信像是从莎士比亚的十四行诗中摘录的一段，只是换成了一种未成年人的腔调，只有那些读过柏拉图的《会饮篇》或理解了希腊大理石雕像表现出的那种美丽的悲哀情绪的精神的人才能理解它。坦率地说，我给你的回信是我在幸福的——尽管是任性的——时刻会写给任何一个年轻优雅的、送给我他自己创作的诗的大学生的那种信，并且相信他有足够的才智或教养来正确解释它那奇异的语句。让我们回顾一下这封信的历史！当然，这封信先到了你手上，接着就传到了你一个令人讨厌的朋友手上，从他手上，又传到一群敲诈者手上，结果被复写多份送到我在伦敦的朋友、正在上演我的剧作的剧院经理手上，人们对它做出各种各样的解释，但无一正确，社会上充斥

---

① 在希腊神话中是赫拉克勒斯的密友。——译者
② 英语中也意为长寿花。——译者
③ 又意水仙花。希腊神话中，美少年那喀索斯因拒绝回声女神厄科的求爱而受到惩罚，死后化为水仙花。——译者

着各种混乱可笑的谣言，说我不得不为给你写这样一封有损名誉的信而付出昂贵的代价：结果这种议论成了你父亲对我进行最恶毒的攻击的基础。在法庭上，我出示了这封信的原件，想让人们看看这到底是一封什么样的信，但被你父亲的律师视作一种企图腐化无辜者的令人厌恶的险恶阴谋而断然拒绝，最终它成为我被控所犯罪行的一部分。国王也对它产生了兴趣。法官主要不是根据学识而是根据道德对它进行了判决；最后，我因它而进了监狱。这就是我给你写那封漂亮信的结果！

当我们一起住在索尔兹伯里时，你对你以前的一个朋友给你写的一封带有威胁性的信感到非常害怕，你请求我去见写信人并帮你解决这件事。我照办了，结果对我来说是毁灭性的：我被迫承担了本应由你承担的一切并要对此做出解释；当你没有拿到学位，不得不离开牛津大学时，你在伦敦给我发来电报，请求我去你那里，我也立刻照办了；你因为处于当时那种境况不愿意回家，就要求我带你去戈灵；在戈灵，你喜欢上了一座房子，我就立刻为你租了下来：无论从哪种角度看，这些事的结果都把我推向毁灭。一天，你找到我，请求我为一本牛津大学生杂志写点儿东西，作为爱你的一种表示，因为这份杂志是由你的几位朋友发起的，而我却从未听说过他们的名字，对他们办的杂志也一无所知，但为了取悦你——为了取悦你，我什么没做过呢？——我就给你们寄去一些本是为《星期六评论》写的短评；几个月后，我发现自己不得不站在老贝利法庭①的被告席上解释这份杂志的性质，结果

---

① 英国伦敦中央刑事法院的俗称。——译者

这也构成了国王指控我的一条罪状。我被要求为你朋友的散文和你自己的诗辩护，对前者，我无法掩饰，但对后者，因为我极其忠诚于你年轻的文学作品，就像忠诚于你年轻的生命，所以我就做了强有力的辩护，并保证你将来也不会做一个下流作家。尽管如此，我最后仍然进了监狱，既是因为你的朋友所办的大学生杂志，也是为了"不敢说出名字的爱"。在圣诞节，就像你在感谢我的信中所说的，我送给你一件你早就想要的"很漂亮的礼物"，最多也就值40英镑至50英镑，而当灾难降临，我被毁灭时，法警没收并卖掉了我的私人藏书，只是为了抵偿那件"很漂亮的礼物"，就是因为它，法院判决竟执行到我房里来了。在众人的辱骂、你的嘲笑的刺激下，我决定对你父亲采取行动，使他被捕。对我来说，那是一个最后的可怕时刻，为了可怜兮兮地抓住这最后可使我逃脱法律制裁的希望，我要花很大一笔钱。我当着你的面告诉律师我没有钱，我不可能支付那笔可怕的开支，因为我已没有了自己可以支配的钱。你知道我说的绝对是真话。在那个要命的星期五，如果我没有在汉弗莱斯的办公室有气无力地承认我的毁灭，我现在可能正在法国过着幸福、自由的生活，也就能远远地离开你及你父亲了，也可以不必再理会他那令人讨厌的明信片，也可以对你的信漠然置之了。如果我当时能离开埃文代尔酒店，也会这样，但酒店的人绝对不允许我离开。当时你已与我在一起住了十天，实际上，你也会承认，你也把你的一个朋友带来与我们同住，这使我非常愤怒、正义的愤怒，因为在这十天里我几乎花掉了140英镑。酒店老板告诉我，如果我不付清所有的欠款，我就不能把行李带走。这就是我无法离开伦敦的原因，如果不是因为欠酒店的钱，我在星期四早晨就会去巴黎了。

当我告诉律师我没有钱支付控告你父亲所需的那笔巨大开支时，你立即插话说，你自己的家庭会非常乐意为我提供所有必需的花费，因为对你们家庭的每一个人来说，你父亲都一直是一个妖魔，他每天都给你母亲和家里的其他人带来数不清的烦恼和绝望，你们经常议论着如果可能就把他送进疯人院，免得他再给家人制造麻烦，如果我能把他关进监狱，你们全家就会把我当作英雄和恩人，你母亲有不少富有的亲戚，他们也会非常乐意为此提供必要的开支。听了你的话，律师立刻就商定了这件事，我也就急忙去了警察局，因为我已没有借口不去了，我是被迫走进去的。当然，你的家庭并没有支付这笔钱，并且逼我破产的就是你父亲，是他逼得我拿出最后剩下的不足700英镑来偿付打官司花掉的钱。现在我妻子也疏远了我，主要是因为我每星期连维持生活的几英镑都拿不出，并且她正准备着离婚起诉，当然，要申请离婚就必须找全新的证据，进行全新的审判，或许还要经过更严肃的程序。我自然对其中的具体细节一无所知，我只知道给我妻子的律师提供证据的证人的名字，这个人就是你在牛津大学时的仆人，在你的特别要求下，我曾把他带到戈灵，服侍了我们一夏天。

实际上，我不必举出更多的例子来说明你在一切大大小小的事情上带给我的奇怪的"毁灭"，我有时感到，你自己就好像一个被某种神秘无形的手支配着的傀儡，由你把各种可怕的事归结到一种可怕的主题。但傀儡还有自己的感情，他会把一种新的情节带进他们正在表演的故事中，并且可以改变既定的、多变的主题来适应他们自己的某种奇思妙想或趣味。我们每时每刻都能意识到，完全自由同时还要完全受法律支配是人类生活的一种永恒的矛盾，我常常想，这是对你本性的唯一可能的解释，如果我们确实可以解释人的灵魂那深不可测的可怕神秘的话。当然，这不包括那种使心灵的神秘更不可思议的解释。

当然，你有自己的幻想，确实也是生活在这种幻想里的，你就是通过这些幻想的变幻不定的薄幕和涂色的面纱看到一切都已变了样。我记得非常清楚，你以为忠诚于我、完全置身于你的家庭和家庭生活之外，就证明了你对我有奇妙的理解和伟大的爱。毫无疑问，对你来说好像事实就是那样。但我想的是，你与我在一起可以得到奢侈、高层次的生活，无节制的快乐，以及无限制的钱。你的家庭生活使你感到厌烦，用你自己说过的一句话说就是："索尔兹伯里冰凉廉价的酒"不合你的胃口。而在我这边，它则是埃及寻欢作乐的场所，当然也因为我的思想对你有吸引力。当你找不到我陪你时，被你选作我的替身的朋友总是不能令你满意。

你以为，你给你父亲送去一封律师的信，说你要放弃每年250英镑的年金——我估计这些钱本是用于偿还你在牛津大学所欠的债务的——而不中断我们永久的友谊，你父亲就会让你获得那种最高贵的自我牺牲的好名声——你当时正实践着骑士般的友谊。但你放弃自己那一点点年金并不表明你准备放弃哪怕一种你最不必要的奢侈或最不必要的浪费，事实正好相反，你对奢侈生活的欲望从没那样强烈过。在巴黎时，我、你及你的意大利仆人八天内共用去近150英镑，光是吃牛肉就用了85英镑。以你希望过的这种生活水平看，你全年的所有收入，即使你在选择花钱比较少的享乐方式时也特别节省，即使只你一个人吃饭，也不够用三个星期的。事实上，你放弃自己的年金只不过是一种虚张声势的假象，它只是为你提供了一种似乎合理的，或你自以为合理的借口，使你能光明正大地靠我的钱生活。你在许多场合都是很认真地利用这一点，并对之做出最完美的解释。你造成的持续的紧张——当然主要是对于我，但在某种程度上，我知道也是对于你母亲——从未像那样令人难以承受，因为，至少对我来说，你从未说过一句哪怕是最微不足道的感谢话，或想到过对自己的行为要有所节制。

你还以为，用恐吓信、侮辱电报和嘲弄的明信片攻击你父亲就真的是为维护你母亲而战了，你就真的成为她的英雄了，你就必然可以报复她在婚姻生活中那些可怕的错误和痛苦了。实际上这只不过是你的一种幻想，而且是你最坏的幻想。如果你认为自己因为母亲的错误而报复父亲是做儿子的责任，那么你应采取的方式是更好地做你母亲的儿子，不要让她害怕与你谈些严肃的事情，不要再花掉应该用来赡养她的钱，对她更温柔些，不要把悲伤带进她的生活。你的哥哥弗朗西斯在他短暂的、像花一样的一生中，用他的温柔和善良弥补了她遭受的许多痛苦，你应该以他为榜样。如果你以为，你通过我设法把你父亲关进监狱就能给你母亲带来绝对的欣喜与欢乐，那你就大错特错了，我敢肯定你想错了。如果你想知道，一个女人，当她的丈夫、她孩子的父亲，穿着囚服被关在监狱时，她到底是怎么想的，你不妨给我妻子写信，问问她，她会告诉你的。

我也有自己的幻想，我以为生活是一出辉煌的喜剧，你会成为其中许多高贵人物中的一个。我后来才发现，生活是一出令人悲哀、厌恶的悲剧，只有在发生了重大生活灾难，在目的的集中性和意志力的狭隘程度方面都很险恶时——导致灾难的就是你自己——才能撕破一切欢乐和欣喜的假面具，你与我都曾受到这种面具的欺骗而误入歧途。

你现在能稍微理解一点儿我正在遭受的痛苦吗？——你能吗？有家报纸，我想是《帕尔摩报》，在描述我的一部正在排演的剧作时，说你就像影子一样跟着我。现在我对我们友谊的回忆就是一个与我日夜相伴的影子，一个似乎永远不会离开我的影子。夜里，它会把我叫醒，一遍遍地告诉我同一个故事，它令人乏味的叙述令我彻夜难眠，直到天快亮时才能睡着。而一到黎明，它就又重新开始活动了：它随着我走进监狱院子里，在我茫然地游荡时让我自言自语；它迫使我回忆起每一个可怕时刻的每一个细节，在我那盛满了悲哀和绝望的脑子里，又浮现了在那不幸的几年里发生的一切；你声音的每一个不自然的腔调，你那紧张的双手的每一次颤动和手势，你说出的每一个怨恨的字、每一句恶毒的话，都重新回到我的脑中；我回忆起我们一起去过的街道或河流，我们周围的墙或林地，表盘上的指针正指向哪一个数字，风的翅膀向哪一个方向飞去，以及月亮的盈亏和颜色。

我知道，只有一种答案能解释我给你说的这一切，那就是你爱我。在命运把我们彼此分离的生命之丝织成一个罪恶的图案的两年半时间内，你是真爱我的，是的，我知道你爱我，不管你如何对待我，我一直感到你内心确实是爱我的，虽然我清楚地看到，使你依附于我的还有我在艺术世界的地位、我的个性激发出的趣味、我的钱、我生活中的奢侈，以及无数构成我所过的那种那么迷人、那么奇妙、那么不可思议的生活的东西；然而，除去所有这一切，对你来说还有某种奇怪的吸引力，那就是比起爱其他人，你更爱我！但你像我一样，在自己的生活里上演了一出可怕的悲剧，虽然你与我的悲剧具有完全相反的特征。你想知道这出悲剧是什么吗？我可以告诉你，那就是你身上的恨始终比爱强烈！你对你父亲的恨是那么强烈，完全超出了、推翻了、遮盖了你对我的爱。你对我的爱与对你父亲的恨之间没有冲突，或只有一点点冲突；你恨的范围那么广，并且是以那样一种可怕的速度增长着。而你却没有认识到，同一个灵魂里是不能同时容纳这两种感情的，它们不能在那个精心雕刻的房子里和睦相处。爱是靠想象滋养的，因为爱，我们变得比我们所知道的还聪明，比我们感觉到的还好，比我们的实际情形更高贵；用爱，我们可以把"生命"看作一个整体；靠爱，而且只靠爱，我们就能按照理想的方式理解处于现实关系中的其他人。只有美好的和精心想象出来的东西才能滋养爱，但一切都能滋养恨。你在那些年里喝过的每一杯香槟酒、吃过的每一道价格昂贵的菜，无不滋养了你的恨，并把它养肥。因此，为了满足它，你就用我的生命押赌，就像你漫不经心、不顾后果地用我的钱赌博一样。如果你赌输了，你就想：反正输的不是自己的东西；如果你赢了，赢的属于你。你知道，你会获得胜利的狂喜和优越。

恨使人盲目，你没有意识到这一点。爱能让人读到写在最遥远的星球上的文字，但恨使你如此盲目，你只能看到自己狭隘的、用墙封闭起来的、已经被贪欲烧枯了的平庸欲望的花园。你的想象力缺乏得可怕——这是你性格中一种真正致命的缺陷，它完全是你身上的恨所结的果实。恨微妙地、静静地、秘密地啮吃着你的本性，就像苔藓紧紧咬住某种灰黄色植物的根，直到你慢慢地除了最低俗的私利和最渺小的目的外什么也看不到。爱滋养你的才能，恨却毒害它，使其完全枯萎。你父亲刚开始攻击我时，他是以你的私人朋友的身份，在给你的私信中进行的。我一读完那封充斥着可恶的威胁和粗鲁的辱骂的信，就立刻明白一种可怕的威胁正慢慢逼近我那已是困难重重的生活。我告诉你，我不愿做你们这两个都带着从远古遗传下来的仇恨的人之间的工具。对他来说，在伦敦的我自然是比在洪堡的外务部秘书还大的猎物；但对我来说，即使把我置于这种地位的时间只有一分钟也是不公平的，我生活中还有比与一个醉鬼、落魄者、傻瓜纠缠更好的事等着我去做。你不可能懂得这一点，恨使你变得什么也看不见了。你坚持说，你们与我没有什么关系，你不会允许你父亲对你的私人友谊指手画脚，并认为把我卷进去是最不公平的。在你看到我已与这件事有了牵连之前，你已经给你父亲送去了一封愚蠢、粗俗的信作为你的回答，这封信自然又把你拖入你后来采取的一系列愚蠢、粗俗的行动。人们在生活中所犯的致命的错误不是由于人的不理智——不理智的时刻也许是人最美好的时刻——而是因为人是有逻辑性的，它们之间是有很大不同的。那封信决定了你后来与你父亲的全部关系，因此也决定了我的全部生活。这件事的奇怪之处在于：那封连最普通的街头小儿都会为之感到羞耻的信，竟出自你之手。从你给你父亲写不体面的信到由律师正式给他写信是事情的自然发展，而你的律师写给你父亲的信的结果，当然是逼着他走得更远。你使他除了继续下去别无选择,你迫使他面临着要么是名誉的要么是不名誉的两难选择。你的逼迫无疑对他产生了较大的影响,因此,当他再次攻击我时,就不再以私人信件和你的私人朋友的身份了,而是在公开场合以一名普通人的身份进行了。我不得不把他从我的房子里撵出去。他一个餐馆又一个餐馆地寻找我,目的是想在整个世界面前侮辱我。他气势汹汹,大有如果我还击就把我消灭,即使我不还击,也要把我消灭的架势。接着,无疑该你出场了。你说,你不会让我因为你而受到这样阴险的攻击、这种不体面的困扰。但为了你自己的利益,你会立刻放弃对我们友谊的要求吗?我想你现在可能想到了那个问题,但当时你从未想到过。恨使你盲目,你当时能想到的(当然除了给他写侮辱性的信和电报之外)只是买了一把可笑的、在伯克利还走了火的手枪,并且在当时那种情况下,你又制造了一个比以前更坏的谣言。实际上,想到你自己成了发生在你父亲和我这样地位的人之间的争吵目标,你似乎很开心,我自然想到,这可以满足你的虚荣心,也能满足你的狂妄自大。如果你父亲得到了你的肉体(我对此不感兴趣),而把你的灵魂(他对此不感兴趣)留给了我,对你来说,这种解决方式会使你觉得寡然无味、失望无趣。你每当嗅到一个公开制造谣言的机会,就会猛扑上去紧紧抓住,一想到那种你会在其中很安全地战斗的前景,你就感到高兴。在我与你的交往中,我从未见过你像在那个季节剩下的时间内那样情绪饱满高涨。你唯一感到失望的似乎是什么也没有真的发生,我与你父亲之间也没有发生进一步的遭遇和争执。你为了安慰自己,就不断给他发电报,这些电报的性质可想而知,因为最后那个可怜的人给你写信说，他已令他的仆人不许以任何借口再把任何电报——不管这些电报是如何伪装的——交给他。但这并没有吓住你，因为你看到公开的明信片给你提供了大量的机会，于是你就充分利用了这些机会，对他进行了更多的追击。我并不认为他已真的放弃了这件事，他身上强烈的家族本能使他对你的恨与你对他的恨一样持久、强烈，我只是你们俩的工具、借口，既是你们的一种攻击方式，也是你们彼此躲避的方式。他对罪恶的热情不只是个人性的，而且也是家族的。如果他对这件事的兴趣刚有一点点消退，你的信和电报就会很快又把他的兴趣刺激起来，使其恢复源于远古时期的热情。你的信和电报确实成功地起到了这种作用，你父亲自然也就进一步与我较量下去。他曾私下里攻击我是一个与世隔绝的绅士，而在公开场合他又攻击我只是公众中的普通一员，但他最后决定把我作为一个艺术家来实施他的最后的强大攻击，并且计划在正演出我的剧作的剧院进行。他计划在我的一部剧本上演的第一天晚上，设法弄到一个座位，并且策划一个阴谋来中断演出，向观众发表一个关于我的卑鄙演说，侮辱出演我剧本的演员，并且当我在演出结束被叫到幕前时，向我投掷一些侮辱性的不体面的东西。这完全是一种想通过我的作品来摧毁我自己的阴险诡计。纯粹是出于偶然，在极度狂喜的陶醉状态下，他得意忘形，在别人面前夸口说出了他的计划。警察知道了这个消息后，就把他赶出了剧院。当时你就有可能、有机会解决这个问题，难道你现在还没认识到你早就应该明白这一点，并且站出来说你无论如何不会为了自己而毁灭我的艺术？你知道艺术对我意味着什么，它是我凭以首先向我自己，然后向全世界揭示出我自己的伟大的最根本性的记录。艺术是我生活中的真正激情；艺术是爱，把她与其他形式的爱相比，就像把红酒与沼泽地的水，或把月亮这面神秘的镜子与沼泽地上的萤火虫相比一样。难道你现在还不明白缺乏想象力是你性格中一种真正致命的缺陷吗？你必须做什么已非常简单也非常清楚地摆在了你面前，但恨使你盲目了。我不可能向你父亲道歉，因为他已用最令人厌恶的方式侮辱、谩骂我达九个月之久。我也不能把你清除出我的生活，因为我已经一次次地试验过了，也曾离你远远的，实际上是离开英国去了国外，希望以此能摆脱你，但一切都归于徒劳。你是唯一一个可以为这件事做点儿什么的人，解决这种局面的钥匙完全掌握在你的手中，而且，对你来说这也是一个你可以稍微回报一下我给过你的一切爱、情、仁慈和慷慨照顾的重要机会。即使你能理解我作为艺术家的价值的十分之一，你也会这样做的。但恨使你盲目。那种"靠爱，而且只靠爱，我们就能按照理想的方式理解处于现实关系中的其他人"的才能在你身上已死去了，你只想到如何把你父亲送进监狱，就像你常说的那样，看到他"站在法庭的被告席上"。这就是你唯一的想法，这句话成了每天挂在你嘴上的许多陈词滥调中的一种，每次吃饭时都能听到。好吧，你满足了你的欲望，恨给了你想要的一切，恨是一个溺爱你的主人，实际上也是所有服从于它的人的主人。整整两天，你与行政司法长官一起坐在高位上，心满意足地看着你父亲站在中央刑事法院法庭的被告席上。但在第三天，我就站在了他原先站的位子上。这一切究竟是怎么发生的？在你们父子玩的这场险恶的恨的游戏中，你将我的灵魂当作赌本，结果你偶尔失了手，仅此而已。

你知道，我不得不向你写出你所过的生活，而且，你也不得不了解你自己的生活。截至目前，我们彼此相知的时间已四年多了，这四年里，有一半时间我们是一起度过的，另一半时间我则不得不为我们的友谊而在监狱里度过了。如果这封信确实能送到你手上，我不知道你会在哪儿收到它，但我肯定你会在罗马、那不勒斯、巴黎、威尼斯这些美丽的海滨或河边城市。你如果没有沉浸于像与我在一起时的那些无用的奢侈中，那么你至少也正在周旋于各种各样的感官快乐之间（一切悦于耳、爽于口、炫于目的快乐）。对你来说，生活太可爱了，然而，如果你聪明到希望用一种不同的方式找到更可爱的生活，你会从阅读这封信中知道——我知道会是这样的。你读它与我写它都是我们生活中的一种重要的决定性时刻和转折点。你那苍白的脸过去常常很容易因为快乐而变红，当你读着我正在这儿写着的这封信时，如果它能不时使你因感到羞耻而痛苦、好像被熔炉的火烧烤着一样，那它就会对你起到很好的作用。世上最大的罪恶是浅薄，凡认识到的都是对的。

我当时被远远地送到拘留所，不是吗？我是在警察局过了一夜后被运货车送到那儿的。你是最殷勤、最仁慈的。在你出国前，几乎每天下午，尽管实际上并不是每个下午，你都不辞辛苦到霍洛韦来看我。你也给我写过很甜蜜漂亮的信。但把我送进监狱的不是你父亲，而是你，你自始至终都应对此事负责，我是通过你、为了你、靠了你才到那儿的。但你从未有过片刻的醒悟，即使我在木制囚车的栅栏后被展览示众也无法激活你那僵死的、毫无想象力的本性。你只有像看一出悲剧的观众所有的那种同情和感伤。你是创作出一部没有发生在你身上的可怕悲剧的真正作者。我知道你对自己过去做过什么一无所知，我也不希望充当那种把你怕心灵应该告诉你的东西告诉你的人，而如果你没有让恨磨钝了你的心灵，使其失去感觉的话，它确实会告诉你这些东西。一切皆须归于人自己的本性来认识，把一个人没有感觉到或不理解的东西告诉给他是没有什么用的，我现在之所以给你写这样的信，是因为在我漫长的监狱生活中，你自己的沉默和行为促使我必须这样做，除此之外，还因为，就像事情已经证明的那样，打击只落到了我头上。痛苦是我快乐的一个源泉，我有许多理由甘愿受苦，不过，在我观察你时，我常能从你那彻底而固执的盲目中看到许多卑鄙的东西。我记得你曾绝对骄傲地拿出一封你在一家小报上发表的关于我的信。你这种表现手段是很精明的、适度的，实际上也是你常表演的一种把戏。你曾以"一个潦倒的人"的身份呼吁英国式的"公平竞争"，或类似的令人厌烦的事情。你发表的这种信往往是你在一个受人尊敬的、你根本不了解的人受到讨厌的指控时才会写的，但你却认为你的那封信奇妙极了，你把它看作堂吉诃德式的骑士的信物。我注意到你也给其他报纸写了一些信，但都没有发表，它们的内容千篇一律都是说你父亲的。没有人关心你恨不恨你父亲。你必须明白，恨，在思想上被看作是一种"永恒的虚无"，而从感情上看则是一种"官能萎缩症"的形式，它会杀死除了它自己之外的一切。给报纸写信说自己恨别的某个人，就好像是给报纸写信说自己有种羞于让人知道的隐病。事实是：你恨的人是你父亲，而且你父亲也恨你，所以，你的恨无论如何也不会因为你的信而变得高贵或美好。如果说它能说明某种东西，那它也只表明这是一种遗传。

我记得，当法庭判决执行到我房里来、我的书和家具都被没收并发表消息要拍卖掉①、我的破产迫在眉睫时，我自然要写信把这一切告诉给你。我在信里并没提到这都是为了抵偿我送给你的一些礼物，以及法警已经去过你常在那儿吃饭的房间，我想——或对或错——这种消息会使你有点儿痛苦。我只告诉你一些无法掩饰的事实，我认为你应该知道这些事实。你从布洛涅②给我回了信，信中带着一种几乎是抒情诗般的狂喜的口气。你说，你知道你父亲"在用钱上很吝啬"，并且被要求拿出1500英镑支付审判费用，所以我的破产真是一种"绝妙的使其出丑"的方式，因为这样他就不能从我身上得到任何补偿了！现在你能认识到恨会给人造成怎样的盲目了吗？你现在是否承认，当我把恨描述成毁灭除它之外的一切的"官能萎缩症"时，我是在科学地描述一个真实的心理事实？我所有迷人的东西都要被卖掉了：伯恩·琼斯③的画，惠斯勒的画，我的蒙蒂切利的画、西蒙·所罗门的画、瓷器、我丰富的私人藏书——收藏了我们这个时代的几乎每一个诗人的作品：从雨果到惠特曼，从斯温伯恩到马拉美，从莫里斯到魏尔伦，还包括装订考究的各种版本的我父母的作品，一排排奇妙的、排列整齐的我在中学和大学得的奖品，以及各种豪华版本。

---

① 1895年4月24日，王尔德泰特街16号住所里的所有物品被强制拍卖。
② 法国北部港口城市。——译者
③ 英国画家和工艺设计家，其绘画体现了拉斐尔派的风格。——译者

这些对你来说绝对是无所谓的，你只会说这件事真令人讨厌，仅此而已。你从这件事中真正看到的只是你父亲最终可能失去几百英镑！就是这种可鄙的念头使你充满了狂喜。至于审判费用，你感兴趣的可能只是知道了你父亲曾在"奥林斯俱乐部"公开声称，为这件事即使花去他两万英镑也是值得的，因为他已从中获得了快乐、欣喜和胜利。事实是，他不仅能把我送进监狱两年，而且也能带我出去一个下午，让我当众破产。他刚开始并没敢希望还能使我公开破产，所以这对他来说真是一种额外收获的快乐。这是我耻辱的顶点，也是他取得彻底胜利的顶点。即使你父亲没有要求我补偿他在审判中花掉的钱，我也完全知道，你至少应该对我完全失去私人藏书表示一种最大的同情，因为这种损失对一个从事写作的人来说是不可弥补的，对我来说，也是我所有的物质损失中最令我心痛的。如果你还记得我在你身上慷慨地花掉了多少钱，以及在那几年你是如何依靠我生活的，你可能就会费心为我买几本书送到监狱里来，最多也花不掉你150英镑，这也只是我在平平常常的一星期内为你花掉的钱的数目。但一想到你父亲从钱包里拿不出几便士，你就获得了一种卑鄙、渺小的快乐，就使你完全忘记了你还应该给我一点儿小小的回报，而这种回报又是这么微不足道、这么容易做到、这么便宜、这么明显、这么受我欢迎！我说"恨使你盲目"这句话对吗？你现在能明白这句话的意思吗？如果你还没有明白，那就试试看。

我不必告诉你，当时，就像现在一样，我是多么明白这句话的意义！但我对自己说："无论如何我要把爱埋在心里。如果我进了监狱而失去了爱，我的灵魂会发生什么样的变化呢？"那时我从霍洛韦给你写的信就是想努力把爱作为自己本性中的主要因素保存下来。如果我愿意，我早就用恶毒的谴责把你撕成碎片了。我也会用诅咒撕裂你，我也可以在你面前举起一面镜子，让你看看自己是一种什么形象。你自己是认识不到这种形象的，只有等到你发现镜中的形象在模仿你那种恐怖的手势时，你才能明白那原来就是你自己！这样你就会永远恨镜中的你和现实中的你。实际上我并没有那样做，因而另一个人的罪孽就要由我来承担。如果我选择了那种做法，在任何一次审判中我都可以以你为代价救出我自己，实际上，不仅可以使我免遭羞辱，而且还可免牢狱之苦。如果我愿意向法官指明，法庭上的证人——三个最重要的证人——已经被你父亲和他的律师精心训练过了：什么时候保持沉默、什么时候断然起誓、什么时候要绝对一致地把别人的行为和做过的事栽赃到我头上，这一切都是蓄谋好、排练好的，那么我就可以让法官将他们一个个地撵出证人席，甚至比撵那个可怜的做伪证的阿特金斯①还要快，我也就可以作为自由人一边挖苦、一边轻松自如地走出法庭。一种极其强大的压力迫使我这样做，那些只对我的财富、我的房子感兴趣的人热切地规劝我、乞求我、恳求我这样做，但都被我拒绝了。我没有选择那样做，我也从未为自己的选择有过片刻的悔恨，即使在我被监禁的这段最辛酸的日子里也没有过，因为这样做有损我的身份。肉体的罪恶无足轻

---

① 全名弗雷德里克·阿特金斯，是当时一个弹子戏的记数员和赌注登记经纪人的雇员，在对王尔德的第一次审判时，他出庭做证，审判员将他描述成一个"最鲁莽、最不可靠、最不谨慎、最不可信的证人"。王尔德承认自己在一次去巴黎途中曾带着阿特金斯。法庭最终判决这个证人对王尔德的指控不成立，王尔德被宣布无罪。

重，因为它们是该由医生治疗的病症，如果它们需要治疗的话；只有灵魂的罪恶是可耻的，若我以那种手段来保证自己被宣判无罪，那我会受到一生的折磨。但你真的以为你值得拥有我当时给你的爱，或以为我有片刻认为你值得我爱吗？我知道你不配得到我的爱，但爱是不能在市场上公开买卖的，商贩的天平对之也毫无用途。爱的快乐，就像思想的快乐一样，在于感觉到它自己的存在。爱的目的就是爱，不多也不少。你是我的敌人：一个从未有人有过的敌人。我把我自己的生活交给你，以满足你那种人的感情中最低级、最卑鄙的部分：恨、虚荣心和贪婪，而你却毫不顾惜地浪费掉我的生活。在不到三年的时间里，从任何一种角度看你都彻底地把我毁掉了。就我自己来说，除了爱你我也没别的事情可做。我知道，如果我允许自己恨你，那么，在我已经跋涉过、现在仍须跋涉的干燥的"存在"的沙漠里，每一块石头都会失去自己的影子，每一棵棕榈树都会枯萎，每一眼井的水都会被人从源头下毒。你现在开始理解一点儿了吗？你的想象力从你那种漫长的、无精打采的状态中苏醒过来了吗？你已经知道什么是恨了，你是否开始明白什么是爱、什么是爱的本质？对你来说，要学会爱还不太迟，尽管我为了教会你爱不得不走进牢房。

在对我的那场可怕的判决之后，当囚服已经穿在身上、囚房已经关闭时，我坐在自己曾拥有的美好生活的废墟上，几乎被痛苦摧垮。我因恐惧而不知所措，因痛苦而茫然，但我不会恨你。每天我都对自己说："今天我必须把爱留在心里，否则我怎么活过这一天？"我提醒自己说，你不意味着罪恶，至少对我来说是如此；我让自己想到，你只是冒险拉开了弓，箭是从铠甲的连接处射穿"国王"的①。我感到,将你与我最渺小的悲哀、最微不足道的损失相权衡是不公平的。我决定也把你看作我的一种痛苦。我强迫自己相信:你眼上的翳障终究会从你那长期被遮盖的眼睛上掉下来的。我常常痛苦地想,当你想到自己做过的可怕的事时,你一定会有怎样的痛苦。也有些时候,即使在那些黑暗的日子里,我的所有生活中那些最黑暗的日子里,我竟然渴望去安慰你。我是那么相信你最终会认识到自己做过什么事。

当时我确实没想过你会有很大的罪恶和浅薄。实际上,我真正的痛苦是我不得不让你知道,我不得不把第一次收信的机会留给家族事务。但我的姐夫写信告诉我,哪怕我只给妻子写一封信,她也会为了我和孩子而不采取离婚的行动。我感到我有责任这样做,其他原因不说,单是想到要与西里尔被迫分离,我就觉得难以忍受了。他是我美丽的、可爱的、会表示爱的孩子,是我所有朋友中最好的朋友,所有同伴中最好的同伴。对我来说,他那颗金色小脑袋上的一根头发都比你——我不仅是说比你全身,从头到脚,而且指比全世界的一切昂贵的橄榄石——还要珍贵。显然,我很晚才理解到这一点,但对我来说,他确实一直就是这样的。

在收到你的信两周后,我得到了你的消息。罗伯特·谢拉德——一切优秀人物中最勇敢、最具骑士风度的人——来看我。谈话中他告诉我,在那个可笑的《法兰西信使报》上——充斥着混乱的、装模作样的文章,是文学堕落的真正中心——你准备发表一篇关于我的文章,以我的信为样本,他问我这是不是真的出

---

① 指无意的伤害。——译者

自我的本意。我非常震惊，也很愤怒，命令这件事必须立刻停止。你把我给你的信随手丢得哪儿都是，好让你那些喜欢敲诈的同伴、酒店仆人偷走，让女佣拿去卖钱。你不顾后果地那样做，只是想让别人知道我给你写了信，好让别人羡慕你，但我难以相信你会认真地从你仅剩下的我的信中挑出一些发表。你想要发表的是我的哪些信？我对此一无所知。这就是我第一次得到的关于你的消息，使我生气的消息。

不久，我又得到关于你的第二个消息。你父亲的律师在监狱里出现了，他亲自给我送来了破产通知。征税后我只剩下了不足700英镑！还被用来抵偿审判费用了。我被依法宣布公开破产，并被命令到法庭上听取判决。我过去一直最强烈地感到，现在仍然觉得，并且忍不住还要旧话重提的是：这笔费用本应由你的家庭支付，因为你已亲口承诺了这个责任，说你的家庭会这样做的。也就是因为你说了那句话，律师才接了这个案子。你是绝对应承担责任的，即使不考虑你是代表全家做出承诺的，你也应该感到，由于我的毁灭是你带来的，你至少应该能使我从破产这种额外的耻辱中节省出一点点绝对少得可怜的钱吧！这点儿钱还没有我们在戈灵时，我在夏天的短短三个月内为你花的钱多。然而，事实并非如此。我完全承认，我确实通过律师的助手得到了你谈这个问题的消息——或者说至少与这个问题有关。那天，他来接受我的证词和陈述，他从桌上探出身子——狱警也在场——从口袋里抽出一张纸条，扫一眼后低声告诉我："夫勒尔·德·利斯王子向你致意！"我盯着他，茫然不解。他又重复了一遍，我仍弄不懂他到底是什么意思。"这位绅士现居国外。"他又神秘地补充了一句。我立刻全明白了。我记得,在我整个监狱生活中,我第一次,也是最后一次大笑起来,笑声里包含着我对整个世界的全部嘲弄。"夫勒尔·德·利斯!"我明白了——后来发生的事也证明我的看法是对的——已经发生的事情并没能使你有一点点醒悟!在你自己的眼里,你仍是一出平庸喜剧中的一位体面的王子,而不是悲剧表演中的悲伤角色。已经发生的一切只是给罩在一颗又小又扁的脑袋上的一顶光彩的帽子插上了一根羽毛,一朵装饰你那包藏着一颗恨心的紧身上衣的粉花!你那颗心只有吮吸了恨的乳汁才能温热起来,而爱只会在其中感受到阴冷。啊,夫勒尔·德·利斯王子!毫无疑问,你用假名与我联系是非常正确的。我自己当时根本没有名字,在我被监禁的那所伟大的监狱里,我只是长长的走廊里一间小小的牢房上的一个数字和字母,一千个无生命的数字中的一个,也是一千个死气沉沉的生命中的一个。但你确信在真实的历史上一定会有许多真名字会非常适合你,而我可以立刻毫不费力地辨别出那个假名字就是你吗?我不会在只适用于那种寻欢作乐的化装舞会的华美面具后面寻找你。啊!如果你的灵魂曾经——即使只为它自己的完美,也应该——因悲哀而伤痛、因悔恨而垂首、因不幸而谦卑,那你就不应选择这种假面具并在它阴影的遮护下寻找进入"伤心之国"的途径!生活中伟大的东西都是浮于表面的,也因此——尽管对你来说这听起来很奇怪——常常难以对它们进行解释。但生活中渺小的事情是象征,我们最容易通过它们得到悲伤的教训。你表面上随随便便找个假名字就是,也将一直是象征的,它使你原形毕露。

六个星期后,我得到了第三个消息。我曾因重病住在沃德医院，一天有人把我叫出去，监狱长向我通报了你送来的一个特殊消息。他大声读出你寄给他的信，信中说，你打算在《法兰西信使报》（你还特别补充说，它是与我们英国的《双周评论》齐名的杂志）发表一篇文章，以"论奥斯卡·王尔德先生的案件"为题，急于想让我允许你发表我给你写的信的摘要或选段。你要发表的是什么信呢？是我从霍洛韦监狱写给你的那些信！那种本应成为你在世界上最神圣、最秘密的东西的信！而你为了满足那些轻佻浪子的好奇心，为了让贪婪的专栏作家去记述，让拉丁区的名人们去借此大做文章，竟要发表这种信！如果你自己内心没有什么东西来抵制对我的这种如此低俗的亵渎，你至少可以记得我写过的一首十四行诗，这首诗是我在伦敦看到济慈的情书被公开拍卖时带着悲哀和嘲弄写下的。你最终会理解其中这几句诗的真正含义的：

我想
那些把诗人心灵的水晶面打碎的人
不爱艺术。①

你的文章想说明什么？说我曾过于喜爱你了？连巴黎的流浪汉都很清楚这个事实，他们都读报纸，大多数还为报纸写稿。说我是一个天才？法国人比你还能更好地理解这一点，以及我作为天才的特殊性。说天才常伴有一种奇怪的激情和欲望的罪恶？真

---

① 这是王尔德的十四行诗《济慈情书的公开拍卖》前八行的最后几行诗句。

是妙极了！但这种题目应该由隆布罗索去做，而不是由你来做。除此之外，我们正在谈论的病态现象在那些不是天才的人身上也存在。说在你与你父亲之间因恨引发的战争中，我对你们每个人来说都既是盾又是矛？说在你们之间的战争结束时、在你父亲对我的生活进行的可怕追逐中，如果不是你结的网已经缠绕住我的双脚，他是不会如愿以偿的吗？对极了，但据我所知，亨利·鲍尔已经把这件事做得非常好了①。除此之外，如果你的目的只是想印证他的观点，你也没必要发表我的信，至少不能发表我在霍洛韦监狱给你写的信。

在回答我的问题时，你会说，我在霍洛韦给你写的一封信中不是曾亲自请求你尽可能努力使这个世界上的一小部分人能公正地对待我吗？当然，我那样说过，但在这种时候，你要记住我为什么到了这儿，我是怎么到这儿的。你以为我之所以在这儿是因为我与出庭做证的证人的关系吗？我与那种人的关系，不管是真的还是想象出来的，都引不起政府或社会的兴趣，人们对他们一无所知，也不太关心。我之所以在这儿是因为我过去试图把你父亲送到这儿。当然，我的努力失败了，我自己的律师放弃了辩护，你父亲把罪责完全推到我身上，结果把我送进了监狱，现在仍待在这儿。这就是为什么会有人蔑视我、鄙视我，这也就是我为什么不得不一天天、一小时、一分钟地度过我那可怕的监狱生活。你是唯一一个在任何方面都没有受到讽刺的危险或责备的人，

---

① 1895年6月3日，亨利·鲍尔在《巴黎回声》上发表了一篇有影响力的文章，攻击对王尔德判决的残暴、惩罚同性恋者的愚蠢和英国的虚伪。

而你本可以改变整个事件的色彩，给整个事件以一种不同的解释，可以在某种程度上向人们表明事情究竟是怎么发生的。我当然不会期待、实际上也不会希望你去说明你在牛津陷入困境时是以怎样的方式、出于什么目的——如果你有目的的话——在三年内实际上几乎没有离开过我；这里我也不必精确地一一罗列我是如何一次次试图终止我们之间那种对我这样一个艺术家、一个有地位的人，即使只对一个普通的社会成员也具有毁灭性的友谊的；我也不希望你去描述你过去常常制造的一次次单调、反复的争吵；我也不会去复制你给我写的那一封封奇怪地把浪漫激情与金钱混杂在一起的电报；我也不会再从你的信里挑出那些很令人厌恶的或无情的段落了，尽管我曾被迫这样做过。然而，我以为，如果你能稍微抗议一下你父亲对我们友谊的描述，不论对你还是对我都是有好处的，因为他的描述既奇怪又恶毒，对你我的看法都同样是荒谬不堪的，其中对我的描述还是侮辱性的，而对你的描述则是荒谬的。可怕的是，那种描述现在实际上已载入严肃的历史：它会被人引用、被人相信、被人转述，牧师会用它作为教材，道德家会拿它作为他空洞说教的主题，我这样一个为各种年龄的人所喜爱的人不得不接受猿猴和小丑对我的判决。在这封信中我曾说过——我承认自己是带着怨恨说的——令人感到可笑的是，你父亲将会成为"星期日学校"的宣传小册子中的英雄，你的地位将会等同于婴儿撒母耳，而我的位置则会在吉尔·德·莱斯和撒旦之间，我敢说这对我来说已是最好的了，我不想抱怨。一个人在监狱中学会的许多教训中，有一条就是：事情就是它们现在这个样子，并且将成为它们将会有的样子。我只怀疑中世纪的麻风病人和《贾斯廷》的作者①会被证明是比桑福德与默顿②还好的同伴。

但当我给你写信时,我感到,为了我们两人的缘故,我不把你父亲通过他的律师提出的陈述作为平庸世界的教诲来接受是一件好事、一件合适的事、一件正确的事,这就是我为什么要求你想清楚并写出某种更接近事实真相的东西的原因,这至少比你给法国报纸涂画一些关于你父母的家庭生活的文章要好。法国人会关心你父母是否过着幸福的家庭生活吗?没有人会想出比这更令他们感到乏味的题目了。他们真正感兴趣的是:我这样一位杰出的艺术家、一个通过学校和以自己为化身的运动来对法国思想方向施加了明显影响的人,怎么会采取那样一种导致自己毁灭的行动。如果你准备在自己的文章中发表这些信——这些信恐怕多得数不清了——那就请你发表那些我提到是你毁灭了我的生活,说到你容许那种既伤害你也伤害我的疯狂、愤怒的情绪支配着你的信,以及谈到我希望而且决心要终止我们之间那种从各个方面看对我都具有毁灭性的友谊的信。尽管我不会允许你发表这样的信,但我可以理解你为什么要这样做:当你父亲的律师想让我陷入困境而在法庭上突然出示了我在1893年3月写给你的信时,我真正感到悲伤的是,我与你的友谊的那一面会被附带着置于众目睽睽之下。我在那封信中说,我与其一再忍受你引发的、似乎可以使

---

① 指萨德侯爵。——译者
② 《桑福德与默顿的历史》中的主人公,是18世纪的托马斯·戴(1748—1789)为儿童创作的一部非常流行的作品。

你获得某种可怕的快乐的争吵,我还不如欣然同意"让伦敦的每一个男妓敲诈"。但你明白得那么晚、那么缺乏敏感,在理解珍贵的、优雅的、美丽的东西时是那么迟钝,以至于竟然要发表那些我试图在其中表达并借以保存我们爱的灵魂和精神的信,而在漫长的肉体耻辱中,唯有爱仍可驻留于我的肉体内——对我来说,这就是,而且仍然是我最痛苦的、最强烈失望的根源。至于你为什么要这样做,恐怕我自己知道得相当清楚。如果说恨使你盲目,那么虚荣心就会像铁丝一样把你的眼睑缝合在一起。那种"靠爱,而且只靠爱,我们就能按照理想的方式理解处于现实关系中的其他人"的才能,已被你狭隘的自我主义磨钝了,并且因为你长期不用已使之变得毫无用途。我在狱中的想象力与在狱外时一样丰富。虚荣心已经封闭了你心灵的窗户,看守的名字叫"恨"。

所有这一切都发生在前年的11月初。生活的激流在你和这个如此遥远的日期之间流动,你无力看到——即使确实想看到——这条如此宽广的河流的对岸,但对我来说,这样的事似乎从未发生过。我不说昨天,只说今天。痛苦是一段漫长的时间,我们是无法用季节把它分开的,我们只能记录它的各种状态,以及这些状态什么时间出现。时间本身并不是与我们一起前进的,它是旋转的,环绕着一个痛苦的中心。生活中充满了令人窒息的静止,其中的每一件事都受一种不变的模式操纵,因此我们都是根据严酷的程式和法则来吃、喝、走路、睡觉、祈祷或跪下祈祷:这种静止性使我们生活中的每一天中的每一个最可怕的细节都和过去的一模一样,而且似乎也把它自己传送到那些以不停地运动为存在本质的永恒力量之中。我们不知道什么时候播种或收获,不知道俯身在谷物上的人或穿梭在葡萄架间的采葡萄者，也不知道被吹落的花瓣装点成白色的或散落着熟透的果实的果园里的绿草。对我们监狱中的人来说，只存在一个季节，那就是悲哀的季节。月亮和太阳似乎远离我们而去。在监狱外面，白天可能是蔚蓝的、金灿灿的，但从犯人头上方那个小小的、用厚厚的玻璃遮挡着的铁栅栏窗透过来的阳光却是灰暗的、吝啬的。囚房里始终是黄昏，就像人心里一直是午夜一样。在思想领域里，与在时间领域里一样，一切都是静止的，你自己很久以前已经忘掉的，或可以很容易忘掉的东西，现在正降临到我头上，而且明天会再一次降临到我头上。记住这一点，你就稍微可以理解我为什么现在给你写信，以及我为什么用这种方式给你写信了。

一周后，我被转送到这里。三个月过去了，我的母亲也死了。没有人比你更能了解我是多么爱她、尊敬她。她的死对我来说是如此可怕，以致我这个语言的主人居然无法用言辞来表达我的痛苦和羞愧。即使在我发展成为艺术家的那些最美好的日子里，我也从未得到过适于承受这样一种可敬的重负，或适于伴着十分庄严的音乐慢慢走过我那无法表达的、悲哀的华美庆典的言辞。她和我父亲把一个不单在文学、艺术、考古学、科学上，而且在我们国家的发展历史上都是高贵的、受人尊敬的名字给了我，我却永久地玷污了这个名字，我已经把它弄成了一个下等人之间的低级的笑柄了，我已经把它拖到泥淖中去了，我把它给予了那些可能使其变得野蛮的野蛮人了，给了那些可能把它变成愚蠢的同义词的傻瓜了。我那时所受的痛苦，并且现在仍在忍受着的痛苦，不是能够用笔写下来或记在纸上的。我的妻子那时对我又和善又温柔，否则我就会从一个冷漠、陌生的嘴唇里听到这个消息，她为了这件事特意带病从热那亚径直来到英格兰，亲口告诉我这样一个无法补救、无法补偿的损失。所有仍在爱着我的人也都对我表示了同情，就是那些本人不认识我的人，听到我已经破碎的生活中又新添了这样一种悲哀，也给我写信表达他们的同情和安慰。只有你站得远远的，既不给我消息，也不给我写信。你这样的行为，最好用维吉尔在对但丁谈到那些在高贵的冲动和浅薄的目的中空度生命的人时说的话来解释："我们不要说他们了，我们只是看看，然后继续前行。"

三个月过去了，挂在我监房门外边的、写着我的名字和罪名、记着我每日的行动和劳役的案件日程表告诉我已经是5月了。我的朋友们又来看我了，我按惯例向他们打听你的情况，他们告诉我你正住在那不勒斯的别墅里，正要出版一本诗集。在会面快结束时，他们偶尔提到你要出版的那些诗歌是要献给我的。这个消息似乎使我对生活产生了某种憎恶情绪，但我当时什么也没说，只是静静地走回牢房，心里带着对你的轻蔑和嘲弄。你怎么可以不先经我同意就梦想着把一本诗集献给我呢？梦，我是在说梦吗？你怎么敢做这样的事呢？你能回答说，在我伟大的、荣耀的日子里，我曾同意接受你把你早年的作品献给我吗？当然，我接受过你的敬献，就像接受那些刚刚开始走上艰难而美丽的文学艺术之路的年轻人对我的忠诚一样。对一个艺术家来说，一切忠诚都是令人愉快的，当这种忠诚来自年轻人时，它就更是双重甜美的。当老年人摘取月桂树叶时，它们就会枯萎，只有年轻人才有权利戴上艺术家的花冠，这就是年轻人的真正特权，要是年轻人懂得这一点就好了。但囚禁、羞辱的日子与伟大、著名的日子不同。你必须明白，所谓荣华、快乐和成功可能会有粗糙的果实和低劣的质地，但悲哀才是天地万物间最敏感的东西（在整个思想界中，没有什么不是悲哀以一种可怕且微妙的跳动震动着的）。人眼看不到的、标示着力量方向的敏感的金箔，假如与悲哀相比，也是粗糙的。它始终会是一个流血的伤口，除了爱的手之外，任何一只手碰到它，它都会流血，即使这样，它也会再次流血，尽管不是因为疼痛。

你曾给旺兹沃思监狱的监狱长写信，请求让我准许你在《法兰西信使报》（你曾说它与英国的《双周评论》齐名）上发表我的信，那你为什么不给雷丁监狱的监狱长写信，要求我准许你把诗献给我呢？不管你的这些诗选择了什么样的奇思怪想的描写方法。这是否因为：一方面，我已禁止《法兰西信使报》发表我的信件，你当然完全清楚，这些信的合法版权过去是、现在仍是掌握在我手里的；另一方面，你以为可以利用你自己的聪明使我对你所做的事一无所知，等到我知道也太晚了，因而也无法干涉了？我是一个不体面、被摧毁的囚犯，这种纯粹的事实应该能使你明白：如果你想把我的名字写在你作品的扉页上，你要把我的允诺当作一种恩惠、一种荣誉、一种特权来接受，这才是人们接近那些处于悲哀和羞辱中的人的方式。

有悲哀的地方就是神圣的所在，总有一天你会认识到这句话的含义。除非你了解了这句话的含义，否则你就会对生活一无所知。罗比和本性与他一样的人能理解这句话。当我在两个警察的挟持下从监狱到破产法庭时，罗比等在阴沉沉的长廊里，在众人面前，恭恭敬敬地对我脱帽致礼，这样一种可爱和单纯的举动使当时在场的所有人都安静下来。我手上戴着镣铐低着头从他身边走过去。人们因为比这还要微不足道的事都已经进了天国了。就是以这种精神、这种爱的方式，圣者跪下来去洗贫穷人的脚，或弯身亲吻麻风病人的脸颊。我对他做过的这件事从没说过一句话，直到现在我仍不知道他是否意识到我曾注意到他的举动，这不是人们能用几句客套话来在形式上表示感谢的事，我把它深藏在我心灵的宝库中，我把它藏在那里，作为一笔秘密的、我想自己永远不可能偿还的债务，我为此感到高兴。我只能用不尽的泪水的没药和肉桂保持着它的芳香。当智慧对我已毫无用途，哲学也变得空洞乏味的时候，当那些试图安慰我的人所用的谚语和格言在我的嘴里成了尘土和灰烬的时候，只要我想起那个微小的、谦恭的、娴静的爱的举止，我就会感觉到它为我打开了一切怜悯的泉源，使沙漠像玫瑰一样开花，把我从孤独流放的痛苦中解放出来，使我与这个世界上受到伤害的、破碎的、伟大的心灵相和谐。当你能够理解罗比的行为为什么不仅如此美丽，而且还对我具有这么多的含义，并且会一直这样的时候，或许你才会理解你应该以什么方式、用什么精神来接近我，使我允许你把你的诗献给我。

老实说，在任何情况下，我都不会接受你的敬献，虽然在其他情况下我可能会乐于被人请求这么做，但就因为你，我也会拒绝这种要求，不管我对你有什么感情。一个年轻人在他如花的青春时期献给这个世界的第一本诗集，应该像马格达伦那草地上白色的荆棘、春天的一朵花，或卡姆诺尔原野上的樱草一样，它不应背负上令人厌恶的、可怕的悲剧和可怕的、恶毒的谣言。如果我允许我的名字出现在你的诗集上，那将是一个严重的艺术错误，这会给你的整部作品带来一种错误的艺术氛围，而在现代艺术中，作品的氛围又是那么重要。现代生活是复杂的、相对的，它有两种独有的特征：第一个，我们要求作品的氛围要有精细的暗示、奇异的透视；第二个，我们要求作品要有背景。这就解释了为什么雕刻艺术不再是代表性的艺术，为什么音乐成为代表性的艺术，以及为什么文学现在、过去、将来都是最高级的有代表性的艺术。

你那本小书应该带有西西里式和阿卡狄亚式的情调，而不应有刑事法庭被告席上那种有传染性的粗鄙或囚房那种郁闷的气息。你计划的这种敬献也不仅仅是艺术品味的错误，从其他角度看，它也是完全不体面的，看起来像是你在我被捕前后那种行为的继续。它会给人这样一种印象，即你现在的努力只是一种愚蠢的、虚张声势的行为，只表明了在耻辱市场上贱卖的那种所谓的勇气。就我们的友谊来说，复仇女神已把我们像苍蝇一样压碎了。当我在监狱里时，你给我献诗看起来会像是一种想做出聪明的反驳的愚蠢尝试，一种在你写那些可恶的信的逝去的日子里——我诚实希望那种日子永不再来——你常据以公开夸耀的所谓成就，而夸耀这种成就曾给你带来很大的快乐。它也不会产生你所预想的——我确实相信你会这样想的——那种严肃、美丽的效果。如果你与我商量过，我会劝你推迟一段时间再出版你的诗，或者，如果你不愿意推迟，也可以先匿名发表，然后，当你的诗已经赢得了崇拜者时——指那些确实值得赢取的崇拜者——你就可以站出来对众人说："你们喜爱的那些鲜花是我浇灌出来的，现在我把她们献给一个你们蔑视、遗弃的人，作为表达我对他的爱、尊敬和崇拜的信物。"但你却选择了错误的方式和错误的时机。爱是有策略的，文学也是有策略的，但你对两种策略都不敏感。

我已把自己对这个问题的看法详细地告诉你了，目的是让你充分理解它的意义，理解我为什么立刻用嘲弄和轻蔑的语气给罗比写信说明我绝对不允许你将它献给我，同时希望他把我谈到你的话认真抄写一份送给你。我感到，使你对自己做过的事有所理解、承认和认识的最后时刻终于到来了。盲目可以达到稀奇古怪的程度，一种毫无想象力的本性如果不受到某种东西的激发，就会僵化成绝对的麻木，因此，虽然肉体可以吃喝，可以有自己的快乐，但它包容的灵魂却可以像但丁书中的布兰卡·多利亚的灵魂一样是完全枯死了的。我的信似乎到的正是时候，我可以断定，它就像一声响雷落到了你头上。你在给罗比的回信中称你"被剥夺了一切思想和表达的能力"。确实，你很明显想不出比给你母亲写信抱怨更好的办法了，当然，由于她对你真正的优点一无所知——这也一直是她与你的不幸命运——她也会想尽一切办法安慰你，接着，我想，她就会把你哄着回到你从前的那种闷闷不乐、无聊的状态；但对于我，她则让我的朋友们知道，她对我用那样激烈的言辞谈论你感到"非常愤怒"。实际上，她不仅向我的朋友们表示了她对我的厌烦之情，而且还向那些不是我朋友的人——用不着我提醒你，那种人非常多——表达了同样的意思。现在，通过对你和你母亲都抱有善意的人之口，我已经知道，由于你母亲的宣传，过去因为我杰出的天才和可怕的痛苦而缓慢但持续增长着的对我的大量同情现在已完全被剥夺殆尽了，人们说：

"啊,原来他开始想把那位善良的父亲送进监狱,结果失败了。现在他又因自己的失败站出来谴责他那无辜的儿子!我们真是应该轻视他,他是多么值得被人轻蔑啊!"在我看来,如果人们提起我的名字时,如果你母亲在场,她对自己在我的毁灭中应负的责任——非常大的责任——没有一句悲哀或悔恨的话,那么她保持沉默会更合适些;而对你来说——难道你现在不认为,从各个方面来看,你直接给我写信、有勇气对我说出你必须要说的你已有的或想象出的一切,比你给母亲写信抱怨更好吗?从我给你写信至今几乎已一年了,在这段时间内,你不会一直"被剥夺了一切思想和表达的能力"。你为什么不给我写信?你从我的信中可以看出,你的全部行为对我造成了多深的伤害,使我愤怒到什么程度。不仅如此,你还会看到你与我的全部友谊最终以其真实的面目,以一种不会被人误解的形式出现在你面前。在逝去的日子里,我曾经常对你说,你在毁灭着我的生活,每在这种时候,你就发笑。当埃德温·利维在我们的友谊刚刚开始时就看到你的行为正在加快使我遭受你那个不幸的"牛津灾难"——如果我们必须这样称呼它的话,而我们曾就这件事寻求过他的建议和帮助——带来的打击、烦扰和浪费,因而他用整整一小时时间警告我不要与你结识。但当我在布拉克内尔向你描述我和利维的那次给我留下深刻印象的长谈时,你却大笑不已。当我告诉你,甚至那个不幸的年轻人——他最后也与我一起站在被告席上——如何不止一次警告我说,你会比任何一个我愚蠢地结识的最普通的朋友更彻底地把我带向致命的毁灭,你听后又大笑不已,尽管这种话并没有什么可笑的地方。当我那些比较谨慎或不太赞同我与你交往的朋友因为我与你的友谊警告我或离开我时,你又带着嘲弄大笑不止。在你父亲给你写第一封攻击我的信之际,当我告诉你我知道自己纯粹是你们之间可怕的争吵工具,并会激醒你们之间的某种罪恶时,你竟笑得喘不过气来。但每一件事都已像我说的那样发生了,事情的结果也已经证明了这一点。你没有借口不看这一切都是怎么发生的。你为什么不给我写信?是出于怯懦?还是出于冷漠?到底是因为什么?我生你的气,并且表达了我的气愤,这是事实,但因此你更要给我写信:如果你以为我信里说的是对的,那么你也应该写信;如果你认为我说的有一点点不对的地方,你也应该写信。我等着你的一封信,我确信,你最终会明白,如果过去我对你的感情、对你保护性的爱、对你数以千次未偿还的债对你来说都不值一提,那么,仅仅出于责任——人与人之间最空洞的一种联系——你也应该给我写信。你不会说,你经过认真思考认为我只有责任收到我家里人写来的事务性的信。你非常清楚,每隔十二周,罗比就会给我写一封周详的通报文学消息的信,没有什么能比他的信更迷人了:它们洋溢着才智、充满机智的批评、轻松的格调——这才是真正的信,它们就像一个正在与我交谈的人,它们具有法国那种"私人交谈"的性质。他那优美的对我表示尊敬的方式,有时吸引我的判断力,有时吸引我的幽默感,有时又吸引我对美的直觉或我的教养,并且用一千种微妙的方式提醒我:对许多人来说,我曾一度是艺术风格的主宰者,而对有些人来说则是最高的主宰者。他的信显示出他是如何拥有爱的机智和文学的机智的,并且一直是我和那个我一度做过国王的美丽的不真实的艺术世界之间的小小使者。实际上,如果我没有被诱入由粗鄙的不完整激情、千篇一律的欲望、无限无形的贪婪构成的不完美的世界,我现在仍是艺术世界的国王。然而,当该说的一切都已说过了时,你肯定无论如何能够理解或自己想象到,即使只基于纯粹的心理好奇,收到你的信一定比听说阿尔弗雷德·奥斯丁[①]正在努力出版一册诗集,或斯特里特[②]正在写激动人心的文章批评《每日记事》,或梅内尔夫人靠一个连演说都结结巴巴的人[③]的帮助已被宣布为新的"风格的西比尔"等更令我感兴趣。

啊!如果你曾在监狱里住过——我要说不是因为我的错,因为那种想法对我来说太可怕了,令我难以忍受,而是因为你自己的错误、你自己的过失,譬如相信了某个不值得信任的朋友,陷入感官的泥淖,滥用了信任或滥施了爱,或以上原因都有或都没有——你会认为我对黑暗和孤独吞噬你的心无动于衷(不管我的力量多么微不足道),用某种方式帮助你忍受你的耻辱带给你的痛苦重负吗?你会以为我不会让你知道,如果你痛苦,我也痛苦;如果你哭泣,我的双眼也充满了泪水;如果你躺在囚牢里被人蔑

[①] 1896年,四年空缺后,阿尔弗雷德·奥斯丁(1835—1913)最终继丁尼生之后成为英国桂冠诗人。1887年,王尔德在《帕尔摩报》撰文说:"奥斯丁先生既不是奥林匹斯山上的神,也不是提坦神,佩特诺街一起吹气,也不能把他吹送到帕纳索斯山上去。"1895年,当被问到谁将是下一位桂冠诗人时,王尔德在4月号的《懒人》杂志上撰文说:"在官方向读者确认斯温伯恩先生的诗坛地位不可撼动之前,他就已经是英国桂冠诗人了。他也是所有诗人都热爱的桂冠诗人。"

[②] 乔治·斯莱特·斯特里特(1867—1936),记者,著有《一个男孩的自传》等。

[③] 指诗人考文垂·帕特莫尔(1823—1896),1895年他给《星期六评论》写信,支持爱丽丝·梅内尔夫人(1847—1922)成为空缺的"桂冠诗人"。

视，我会用自己的悲伤建造一所房子等你回来住，我会建造一个宝库，聚集起一切成百倍增加的人们拒绝给予你的东西来医治你的痛苦吗？如果令人辛酸的贫穷或谨慎阻止了我亲近你，夺去了你在我身边的快乐，那么我也会一年到头给你写信，希望信中的某句话、某个词、某种哪怕是被中断的爱的回应能对你产生一点儿作用。如果你拒绝接受我的信，我也照写不误，以便你知道至少有信一直在等着你。许多人就是这样对待我的，每隔三个月就有人给我写信，或打算给我写信，他们的信都被监狱长保存起来，当我出狱时就会交给我。知道它们就在那儿，我知道那些写信人的名字，我知道他们对我充满同情、爱和善良，对我来说这已经足够了，我不需知道得更多了。你的沉默是可怕的，你不仅沉默几个星期和几个月，而是一沉默就是几年，这几年又出现了许多像你一样敏捷地生活在幸福之中，迈着几乎抓不住流逝时光的金色双足来上气不接下气地追逐欢乐的人。你的沉默是没有借口、没有辩词的沉默。我知道你有致命的泥足[①]，谁还能比我更清楚呢？当我写到——我的一句警言——只有泥足才能使金像变得真正珍贵时，我想的只有你，但你没有从自身制造出一个有泥足的金像。不管我有什么秘密的欲望，我现在都不能对你有任何轻蔑和嘲弄，也不会对我自己有轻蔑和嘲弄的感情。我们且不管所有其他原因，只你的冷漠、你世俗的聪明、你的无情、你的胆怯或你的情感，在我潦倒的过程中或我毁灭之后的特殊情况下，就给我造成了双倍的痛苦。

---

① 指缺点。——译者

其他不幸的人，当他们被投入监狱时，如果被剥夺了享受世界上的美的权利，他们至少在某种程度上不会遭受世界上最足以致人于死地的投石和最可怕的箭的打击，他们可以藏身于囚房的黑暗之中，用自己的耻辱建造一个圣殿。世界有自己的意志，是按自己的轨道运行的，他们却被留下来不受干扰地受苦。对我则不同，悲哀一个接着一个来敲打着我监狱的门寻找我，它们已经把门敞开，让自己进来。我的朋友很难来看我，但我的敌人却能一直畅通无阻地来到我的身边。我两次公开出现在破产法庭上，也两次被公开从一个监狱转押到另一个监狱；我曾在无法言说的羞辱状态下被公开示众，受人盯视和嘲弄。死亡的使者传给我死亡的消息后就自顾走了。在绝对的孤独中，在远离一切能安慰我、同情我的东西的情况下，我不得不承受难以忍受的悲伤和悔恨。当我妻子通过她的律师寄来那些激烈、痛苦、严厉的信时，时间还没有抚平、治愈我的那个伤口，我立刻因为贫穷受到嘲笑和威胁。我可以忍受这些，而且还可以承受比这还糟糕的事，但我的两个孩子却根据合法程序，从我身边被带走了，这才是，并且永远会是我无穷的悲哀、无限的痛苦、无限的忧愁的根源。法律自行判决我不适合与自己的孩子在一起，这对我来说是某种非常可怕的事情。我羡慕那些与我一起在监狱的院子里行走的其他犯人，我相信他们的孩子在等着他们，盼望着他们的归来，他们想到这些一定是非常甜蜜的。

穷人比我们更聪明、更慈善、更好心、更敏感，在他们眼里，牢狱是人生中的一种悲剧、一种灾难、一种不幸、一种能在别人心里引发同情的东西。他们偷偷地把牢狱中的人说成是"患难"

中的人，这是他们常常用的句子，这种用语隐藏着爱的完美智慧，而对我们这个阶层的人来说就不同了。对于我们来说，牢狱是把人变成下等人的地方，我，以及像我这样的人，几乎没有呼吸空气、享受阳光的权利。我们的存在玷污了他人的欢乐，当我们重新出现在众人面前时，我们已成了不受欢迎的人。我们不能再看到月亮的闪光，我们的孩子已被人家领走了，我们与人类联系着的那些可爱的环节已被斩断了。我们命中注定是孤独的。尽管我们的儿子仍活在世上，我们却得不到可以抚平我们的创伤、帮助我们、给我们受伤的心带来安慰、给痛苦的灵魂带来安静的东西。

　　除了以上所说的这些，还有一件事更令我难以忍受，那就是你用自己的行为和沉默、你已做过的和尚未做过的事使我本已漫长的监狱生活中的每一天都更加漫长难挨。你的行为改变了我在监狱里所吃的面包、所喝的水的味道，使它们一个对我来说太苦而另一个又使我恶心。你应该分担的悲哀被你加倍，你应该尽力减轻的痛苦被你刺激成一种折磨。我相信，你并未准备这样做，这只是由于你性格中一个真正致命的缺陷，以及你完全匮乏的想象力的缘故。

　　这一切的最终结果是我宽恕了你。我必须宽恕你。我写这封信不是要使你痛苦，而是要除去我的痛苦。我为了自己也必须宽恕你。一个人不能每天都在胸膛上放一条小毒蛇并让它以自己为食，也不能每天夜里都起来在自己灵魂的花园里播种荆棘。对我来说，如果你能稍微帮助我，我都可以毫不困难地消除我的痛苦。不管你过去对我做过什么，我一直是很快就宽恕你的。当然我这样做对你并没有好处。只有生活里没有任何污点的人才能宽恕罪恶。但现在，当我带着羞辱坐在这儿时，情况就不同了，我现在对你的宽恕对你来说应该意味着许多东西，你将来会认识到这一点，但不管你是早认识到还是晚认识到、很快认识到还是根本认识不到，我的路都清清楚楚地摆在我的面前。我不能允许你心里带着因毁灭过一个像我这样的人而产生的负担度过一生，那种思想可以使你无情地冷漠或病态地悲哀。我必须把那种重负从你肩上拿过来放到我自己的肩上。

我一定要对自己说，哪怕这样的话我已经说过几千次了，你和你父亲都不可能摧毁像我这样的人：是我毁灭了我自己。而且，我还要说，不管是伟大的人还是渺小的人，除了用自己的手毁灭自己之外，没有什么别的东西能够毁灭他。我一直是想这么做的，而且一直在试图这样做，虽然目前你不会想到这一点。如果我把这种无情的控诉强加到你身上，想想看我是怎么毫不怜悯地把这样的控诉加到我自己身上。虽然你所做的对我来说是可怕的，但是我对自己所做的远比你做的可怕得多。

我是一个站在我们这个时代的文化和艺术的象征性关系中的人物，我刚成年时就认识到了这点，随后就迫使我的时代也认识到这一点。几乎没有人能在自己的一生中占据这样一种地位并使之为人承认，常常要等到某人及其所处的时代都过去了许多年之后，才会有历史学家或批评家认识到这一点——如果他们能认识到的话。我则不同，我自己能感觉到这一点，也能让别人感觉到这一点。拜伦是一个象征性的人物，但他与时代激情和他所处时代对激情的厌倦产生了关系，而我与时代的关系却是某种更高贵、更持久、范围更广的东西。

众神几乎给了我一切。我有天才、有一个杰出的名字、有上层社会的地位，我名声煊赫、思想大胆；我把艺术变成一种哲学，把哲学变成一种艺术；我改变了人的思想和事物的颜色；我所说所做的一切从未使人疑惑过；我采取了戏剧这种艺术中最客观的形式，并且把它变成一种个人表达方式、一种抒情诗或十四行诗，同时我还扩大了它的范围、丰富了它的性格描写。戏剧、小说、韵律诗、散文诗、微妙的或奇异的对话，无论我涉及哪种形式，我都会用一种新的美的形式使其变得美妙。

对真理本身来说，我既把假的，也把真的东西作为它存在的适当的领域了，并且表明假和真只是思想存在的两种方式。我把艺术视为最高的真实，把生活视作一种纯粹的假设形式。我唤醒我所处的这个时代的想象力，以便它在我周围创造出神话与传说：我可以用一句格言概括一切体系，用一个警句概括一切存在。

除了这些东西，我还拥有其他与众不同的东西。我让自己被毫无意义的长久的诅咒和肉欲的享乐诱惑，以做一个怠惰者、游荡者、纨绔子弟而感到快乐。我把自己置于各种各样卑鄙、低贱之人的包围之中，我成了我自己的天才的浪费者，并且浪费一种永存的青春使我得到一种奇怪的快乐。因为厌倦于站在社会的上层，我故意到社会底层去寻找刺激。对我来说，奇论逆说存在于思想领域，邪恶则成为感情领域的事。欲望，归根结底是一种热病，或是一种癫狂，或两者都是。我变得不再关心别人的生活。我在那些能使我快乐的地方获得快乐并一直这样过下去。我忘了，日常的任何细节足以创造一个人的品格或破坏一个人的品格，因此，人在密室内做的事过一段时间后就会被人从屋顶上高声叫喊出来。我不再做我自己的主宰者,我不再是自己灵魂的船长了,并且也不懂得自己的灵魂了。我准许你支配我,让你的父亲恐吓我,结果我落到这种可怕的耻辱田地。现在我只有一件东西:绝对的人性,你同样也只有一件东西,也是绝对的人性。你最好也走进尘埃之中,在我的身边学会这样。

我在狱中待了快两年了。我的本性产生了狂暴的绝望,一种对社会怜悯的悲哀的拒绝,可怕而无力的暴怒,痛恨和侮蔑,高声哭泣的怨恨,无声的忧苦,沉默无语的悲哀。我经历了每一种可能有的痛苦情绪。当华兹华斯说道:

> 痛苦是永久的、模糊的、黑暗的
> 并且还具有永恒的品性。[1]

我比他自己还更能理解这句话的意义啊!但是,虽然我有时会因为想到自己的痛苦将是无限的而感到欣喜,但我却无法忍受它们成为没有意义的存在。现在我在自己的本性深处找到了某种隐藏着的东西,它告诉我在这个世界上没有什么是毫无意义的,特别是痛苦。那种东西隐藏在我的本性中,就像宝藏深埋在田野里,它就是人性。

这是我身上最后残留的东西,也是最好的东西,是我所能做到的最后的发现,是一种新发展的起点;它直接产生于我自己的心里,因此我知道它来得正是时候,既不早,也不晚。如果有人

---

[1] 华兹华斯的戏剧诗《边界人》,第三幕。

向我讲到它,我可能就会拒绝它;如果它是被带到我面前的,我也会拒绝它;因为它是我自己找到的,所以我愿意保存它。我一定要这样做,这是一种本身就蕴含着生命或新生命的、蕴含着可以促成我的"新生"的各种要素的东西,在所有的东西中,它是最不可思议的,你既不能把它送给别人,别人也不能把它交给你,任何人,除非他放弃自己的一切,否则绝不会获得它。只有当一个人失去一切时,他才会知道自己拥有这种东西。

既然我认识到它在我自己的身上,我就很清楚地明白我应该去做什么,实际上是我必须做什么。当我用"非做不可"这样的句子时,我没有必要告诉你我并不是受了任何外界的命令或许可才去做的,我根本不承认什么命令或许可。我比以前更是一个个人主义者了,除了产生于自己身上的东西,其他一切对我来说都几乎没有任何意义。我的本性是寻找一种新的自我认识的方式,我只关心这件事。我必须做的第一件事是把自己从对你的任何可能的怨天尤人的感情痛苦中解放出来。

我现在彻底身无分文了,也绝对是无立身之处了,但世界上比这还糟糕的事多得是。我坦诚地告诉你,当我从这所监狱被释放出来时,我的内心不会带着对你或世界的怨恨,我会快乐地、欣然地挨家挨户求乞。如果我在富人门前一无所获,我会在穷人门前得到些东西。富人常常是贪婪的、吝啬的,而那些穷人常常是愿意施予的。但只要我心中有爱,那么,即使夏天在冰冷的草丛中安睡,冬天在温暖和密实的草堆里蔽身或躲在大房子的廊下,我也毫不在意。对我来说,生活的外在东西似乎一点儿也不重要。你可以看到我的个人主义已经达到或正达到什么样的程度,这是因为，道路是漫长的，而且"我们所经之处长满了荆棘"。

当然，我知道自己不会沿途求乞，即使我晚上躺在冰冷的草地上，我也会对着月亮写诗。当我离开监狱时，罗比将会站在插着铁门的大门对面等着我，他不但是他自身的爱的象征，也是他身边其他许多人爱的象征。我相信自己无论如何会有能维持大约一年半的生活的资金，因此，如果我写不出美丽的书，至少我可以读到美丽的书，还有什么能比这更使我快乐？之后，我希望能够恢复自己的创作才能，但万一事情并非如我想象的那样，万一我在世界上一个朋友也没有了，万一出于怜悯给我住的房子一间也没有了，万一我不得不接受赤贫者的褴褛之衣，只要我能够继续摆脱所有的憎恨、冷酷和嘲弄，我就会比我身穿华丽的紫袍和漂亮的亚麻衣，而灵魂却被憎恨缠绕更能平静地、充满信心地面对生活。我真的是毫不费力地就宽恕了你，但必须是当你感到需要宽恕时，这才能使我感到快乐，当你真的想得到宽恕时，你会发现它正等着你。

我不必说我的任务仅止于此，如果真是这样的话倒还相对容易些。在我面前还有很多事情需要我去做，我还要去爬更陡峭的山峰，要穿过更黑暗的峡谷。这一切都只能靠我自己来完成，无论是宗教、道德还是理性，都帮不了我！

道德无法帮助我。我生来就是一个反道德论者，我是那些为例外而创造的人中的一个，而不是根据法则创造出来的。但是，尽管我明白人所做的事没有什么不对的，但我也懂得错误在于一个人变成了什么东西。这是我们最好学会的。

宗教也不能帮助我。别人信仰看不见的东西，我信仰人可以触摸、看到的东西。我的神居住在手造的宫殿里。在实际经验的范围内,我的信仰变得完善和完美:它可能是太完美了,因为,就像许多或所有在大地上建造自己天堂的人一样,我不仅从中找到了天堂的美,而且也发现了地狱的可怖。当我完全沉浸在宗教中时,我感到自己似乎想为那些不能相信宗教的人建立一种团体,人们可以称这种团体为由"没有父亲者"组成的"互亲互善"团体。在这儿,在没有燃着蜡烛的祭坛上,一个内心没有和平的牧师,可能用没有被祝福过的面包和没有葡萄酒的圣杯来举行庆祝仪式。凡是想成为真理的东西必须变成宗教。不可知论也应该与信仰一样有自己的仪式。既然它已经播下了殉道者的种子,它就应该收获"圣者"的果实。我们每天都要赞美上帝,因为他永远不会让人看到他的容颜。但不管是信仰还是不可知论,都一定不是我身外之物。它的象征一定是我自己的创造,只有精神的东西才能创造自己的形式。如果我不能在自己身上发现它的秘密,我就永远不会发现它。如果我不是已经得到它了,它将永不会到我这里来。

理性也不会帮助我。它告诉我:判断有罪的法律是错误的、不公正的,使我忍受痛苦的体制是一种错误的、不公正的体制,但我能用某种方法使它们对于我是公正的、正确的。就像在艺术中,人只能在对自己来说的一种特殊的瞬间关注于某种特殊的东西,一个人性格的伦理发展也是如此。我已把自己所经历的一切变成对我有益的东西。硬板床,令人恶心的食物,要被撕成麻絮、使人的手指疼得麻木的粗硬的绳子,每天从早到晚乏味的工作,使例行工作成为必须做的工作的严酷命令,看起来使悲哀也变得怪异的可怕囚服，沉默，孤独，羞辱——我必须把这每一种以及所有这些东西变成心灵的体验，我必须去尝试每一种肉体的羞辱并以之净化我的灵魂。

我想达到这样一种境界，即我应该能很单纯地、毫不掩饰地说，我的生命中有两个转折点：一是我父亲把我送到牛津大学，二是社会把我送进监狱。我不会说牢狱生活是我所能遭际的最好的事情，因为这种话使我自己太痛苦了。我愿意说或听到人家谈到"我是一个典型的时代产儿"，我要用自己的堕落——也是因为那种堕落——把自己生活中好的变成恶的，恶的变成好的。然而，无论我说的还是别人说的都不太重要，重要的事、摆在我面前的事、我不得不做的事，或是为了不使我的余生陷于残废、损伤或不完善的事，是把我经历的一切吸纳进我的本性中，使其成为我的一部分，毫无怨言、恐惧或厌恶地接受它。世上最大的罪恶是浅薄，凡认识到的都是对的。

当我刚被送进监狱里的时候，有些人劝我试着忘掉自己从前是一个什么样的人。这种忠告是毁灭性的，因此我只有认识到我是谁，才能找到一种安慰。现在，还有许多人劝我出了牢狱就把从前在牢狱里的生活全部忘掉，我知道这同样是致命的，这就意味着我会一直被一种无法忍受的羞辱感追逐着，那些对我与对他人一样有意义的东西——日月的美丽、四季的美观、黎明的音乐、深夜的静谧、从树叶间垂落的雨滴或悄无声息地伏在草上使其变成银白色的露珠——都将会被我玷污了，并且会丧失它们医治我创伤的力量和传达欢乐的力量。拒绝或放弃自己的经历就是阻止自己的发展，否认自己的经历就是对自己撒弥天大谎，这无异于否定灵魂。因为，就像肉体吸收各种各样的东西——既有平常的不洁净的东西，也有被牧师或一种幻觉净化过的东西——并把它们化为敏捷的力量、化为健美的肌肉的活动和清丽的肉体的结构、化为头发的曲线与色彩、化为唇、化为眼睛，灵魂反过来也会有营养功能，也能把本身是卑下的、残酷的、屈辱的东西变成高尚的思想情调和有重大价值的热情，不仅如此，它还可以从中发现最严肃的自我肯定方式，也常常能通过带有亵渎或破坏倾向的东西，最完全地把自己显现出来。

事实上，我曾是一所众所周知的监狱里的一个众所周知的囚徒，我必须坦率地接受这个事实，尽管这对你来说似乎有些奇怪，我不得不教会自己的一件事，就是不为此感到羞耻。我必须把它作为一种惩罚接受下来，如果一个人为自己受到的惩罚感到羞耻，那他最好根本不要受到惩罚。固然，许多事我根本没做过也被定了罪，但我被控告的许多事我确实做过，在我的生活中，还有更多的东西根本从没被控告过。鉴于我在这封信里所说的，如神是奇怪的，他不仅因为我们身上的邪恶与堕落惩罚我们，而且还会因为我们身上的美德与仁慈惩罚我们，等等。我必须接受这样的事实：人既会因为做过的坏事受到惩罚，也会为他做过的善事受到惩罚。我毫不怀疑，这样做是非常对的，这有助于我，或也应该有助于别人认识到这两点，并且不对其中的任何一点过于自负。如果我并不为自己受到的惩罚感到羞耻——我希望将来也不会——那么我将能够自由地思考、漫步、生活。

有许多人，在他们被释放之后，会背负着他们在监狱的这段经历到社会上去，把它作为一种秘密的不光彩的事情隐藏在内心深处，最后，像可怜的中毒的动物那样爬进某个洞穴死去。他们这样做是悲惨的，也是错误的。这是可怕的错误，是社会迫使他们不得不这样做的，社会赋予自己对个体施以严酷惩罚的权利，但社会也有极大的浅薄的罪恶，它不知道自己做过什么。当一个人所受的惩罚结束时，社会却让他孤独一人，这就是说，就在它应该开始承担对那人的最大义务时，它却抛弃了他。社会确实是为自己的行为感到羞耻的，所以才避开被自己所惩罚的人，就像不能偿还债务的人要避开债主，或是像对一个人犯了不可补救、无可挽回的过失而要躲开那人一样。我可以在我这方面主张，假如我了解了我曾受过的痛苦，社会也应了解它曾施加于我身上的惩罚，任何一方都不应该有怨恨或冷酷。

当然，我知道，从某种观点看，事情对于我会比对别人更为困难，就从事情的性质上来说，确实也必须这样。与我关在一起的可怜的小偷和流浪汉在许多方面都是比我幸运的，能看到他们所犯罪的灰色城市或绿色田野间的狭窄小路，他们如果要找到那些对他们做过的事一无所知的人，不必走出像一只小鸟在黄昏和黎明所飞行的范围那样的距离之外；但对我来说，"世界已缩小成手掌般大的天地"，无论我到什么地方去，我的名字都是用硬铅刻在岩石上的，因为我不是从一名无名小卒成为现在这样一个臭名昭著的罪犯，而是从一种永恒的名誉堕入一种永恒的污辱，而且我自身有时候已经表明——如果确有表明的必要——名誉与不名誉之间只有一步之遥，如果有这样的一步的话。

况且，无论我走到哪里，都会有人认出我、了解我的全部生活。从我在生活中做过的蠢事中，我可以发现某种对我有益的东西，这种东西将迫使我必须重新肯定自己是一个艺术家，并且越快越好。如果我能创作出哪怕一部更美好的作品，我将能从恶人手中夺去他的毒药，从怯懦者那里夺去冷笑，连根拔出诅咒者的舌头。如果生活对我来说确实成为一个问题，那我也是生活的一个问题。人们必须对我采取某种态度，用这种态度来评价我，也评价他们自己。不用说，我不是在说某个特殊的人，我现在只想与艺术家和有过痛苦的人在一起，与那些知道什么是美的人以及那些知道什么是悲哀的人在一起，除此之外我对任何人都不感兴趣，我也不会对生活提出任何要求。总之，我已说过，我只关心自己对整个生活的精神态度！我感到，不为自己受过的惩罚感到羞耻是我必须达到的第一步，这是为了完善我自己，因为我是如此不完美。那么，我就必须了解怎样才能幸福，我曾一度本能地知道了，或以为自己知道了。我的内心曾一度沐浴着春天明媚的阳光，我的性情与快乐相亲相伴。我给自己的生活中注满了欢乐，正像一个人给杯子注满葡萄酒一样。现在，我是从一种全新的起点接近生活的，对我来说，甚至想象幸福也常常是极其困难的。我记得在牛津大学的第一学期，我在佩特的《文艺复兴》中的某篇①——那本书对我的一生产生了这样一种奇怪的影响——读到但丁如何把那些固执地生活于忧郁中的人放到地狱的底层，我于是便跑到大学图书馆，翻到《神曲》里描写在荒凉的草泽下躺着那些"在甜蜜的空气里忧郁着"的人的那一段，他们永远叹息着说：

---

① 论《米开朗琪罗的诗》的文章。

在太阳制造出的快乐的甜蜜的空气里,

我们只有忧郁。①

我知道,教会是谴责"浮荡"的,但这种思想对我来说似乎是很奇怪的,我想,这也许只是那些对生活一无所知的牧师发明出来的一种罪恶吧!我同样也不理解,说出"悲哀重使我们归于神"②这句话的但丁,怎么会对那些沉迷于悲哀中的人——如果真有这样的人——那样冷酷。我当时不知道有一天这也会成为我生活中一种最大的诱惑!

当我被囚禁在旺兹沃思监狱的时候,我渴望去死,当时这是我唯一的愿望。在病房里消磨掉两个月之后,我被转送到这儿,发现自己的身体状况逐渐变得好起来了,这使我心里充满了愤怒,我决定在自己离开监狱的那一天自杀。当这种恶劣的情绪过去以后,我决心要生活下去,但就像国王穿着紫袍一样,我也罩上了一层忧郁的外衣,绝不再微笑了,无论走入什么房子,我都把它变成一座悲悼的所在,让我的朋友带着悲哀陪着我慢慢行走,教会他们知道,忧郁是生活的真正秘密,我是在用别人的悲哀刺伤他们,用我自己的痛苦去伤害他们。现在我的感觉就很不同了,我明白了,当我的朋友来看我时,如果我拉长了脸显出忧心忡忡的样子,而他们为显出对我的同情会将脸拉得比我还长,或者说,如果我想使他们高兴起来,邀请他们沉默地坐在苦草上和对着只

---

① 但丁,《地狱篇》第七篇。
② 但丁,《炼狱篇》第二十三篇。

有在葬礼上才吃的食物,这都是不知情理、太不仁慈了。我必须学会如何去快乐和幸福。

在最后两次我被允许接见我的朋友的时候,我尽可能显得快乐一点儿,并且用这种表现出的快乐来使这些从城里远道跋涉来看我的朋友得到些许快乐和补偿。我知道这种回报是微不足道的,但我敢肯定,这是最使他们高兴的回报。① 我在星期六与罗比在一起待了一个小时,我尽力把我见到他时真切感受到的快乐全部表达出来,就这样,我用自己在狱中形成的思想和观点,使我自己自入狱以来第一次产生了生活下去的真实愿望。事实证明我的尝试是对的。

我面前还有那么多的事等着我去做,如果我在被允许完成这些事情中的一小部分之前就死掉了,那才是一种可怕的悲剧。我看到了艺术和生活中的新进展,其中的每种发展都是一种新的完美的形式。我渴望生活下去,这样我才能去探索对我来说已是全新的世界。你想知道这个新世界是什么吗?我想你能猜出它是什么,因为它就是我一直生活于其中的世界。

悲哀,以及悲哀教会人的一切,就是我的新世界。我过去全然只是为了快乐生活,我回避任何一种悲哀和痛苦,这二者我都憎恨。我决心尽可能忽视它们、对付它们,也就是说,把它们看作不完美的样式。它们不是我生活计划的一部分,在我的哲学中也无立足之地。我的母亲懂得生活的全部意义,她常常引用歌德的一句话让我听——这句话写在几年前卡利勒送给她的一本书

---

① 可能是指罗斯和阿迪来探望王尔德,时间在1897年2月27日,星期六。

中——我想也是他自己翻译的:

> 永远不在悲哀中吃面包的人,
> 永远不在哭泣和对明天的期待中
> 度过午夜时光的人,
> 天上的神力啊,他们是不知道你的。①

受到拿破仑粗暴残酷的迫害的高贵的普鲁士王后,在流亡和羞辱中也常常引用这些话。我母亲在晚年生活的愁闷中,也常引用这些话,而我那时是绝对不愿意承认和接受这些话的含义。我记得很清楚,当时我是如何常常告诉她我不想在悲哀中吃自己的面包,或在哭泣和等待苦楚的黎明中过夜的。

我不知道这是命运为我储备的一件特别的东西。实际上,在这整整一年的生活里,除了悲哀之外,我什么也没有做,但我已经得到了自己应该有的一份。在最近的几个月里,经过了可怕的困难和抗争之后,我已能够理解痛苦的心灵里隐藏着的一些教训了。教士们以及空谈的人,有时把痛苦说成一种神秘的东西,其实痛苦只是一种启示,只有经历了痛苦,人们才能发现自己以前从未发现的东西,才能以一种不同的出发点来接近历史的全部。就艺术来说,从前人们通过本能模糊地感觉到的东西,现在不论是在感情上还是理智上,都能用完全清晰的理念和绝对强烈的感悟去认识到了。

---

① 卡莱尔翻译的歌德《威廉·迈斯特的学习年代》。

我现在悟到，悲哀是人所能表现出的最高贵的感情，同时也是一切伟大艺术的典型和试金石。艺术家一直在寻找的是灵与肉既合又离的存在模式，在这种模式里，外是内的表现，形式则自我表现，这样的存在模式并不多见。青春以及以青春为主的艺术有时可以成为我们的榜样，我们可以想见，在对印象的微妙和敏感方面，在对外界事物内部隐藏的灵的表达方面，在为地球和大气、雾气、城市裁剪彩衣方面，在对情绪、声音、色彩的病态同情方面，现代风景艺术都形象地为我们揭示了古希腊人创造的这种造型艺术的完美达到了什么程度。音乐，这种容纳并表达了一切不可分的主题的艺术形式，就是一个复杂的例子，能传达我想表达的意思的简单例子是一朵花、一个幼童，但生活和艺术的最终形式是悲哀。

在欢乐和欢笑的后面，或许还有粗暴、生硬和无感觉的东西，但在悲哀之后始终只有悲哀。痛苦与欢乐不同，它不戴面具。艺术中的真理不是本质的观念和偶然的存在之间的任何对应，它也不是形式与阴影的相似或镜子上映出的形式与形式自身的相似；它不是空山的回声，也不是峡谷中以月映月、以那喀索斯映那喀索斯的清泉。艺术中的真理是物与物自身的相一致，是内部的外在表现，是灵魂的化身，是肉欲本能的灵化。因为这个缘故，没有任何真理能与悲哀相比。很多时候，我都觉得悲哀对我来说是唯一的真理，其他东西则可能是眼睛或贪欲的幻觉，只是用来使这个人盲目，使另一个人吃得腻饱，但世界却是从悲哀中创造出来的，所以在婴儿诞生或星辰被创造出来时便有痛苦存在。

不仅如此，悲哀还有一种强烈的、异同寻常的真实。我曾经说过，我自己是一个处于与我的时代的艺术和文化的象征联系中的人，可是与我一起住在这不幸地方的不幸的人，没有一个不是和人生的秘密处于象征的关系中的，因为人生的秘密就是痛苦，这痛苦潜藏在万事万物的背后。当我们开始生活时，甘甜的东西对我们来说是如此甜蜜，酸苦的东西又让我们如此辛苦，所以我们不得不把所有的欲求都指向欢乐，不但只寻找以甜蜜为食的一个月或两个月，而且要在一生中都不再品尝别的滋味，以致完全忘记了某个时候我们的灵魂也会感到饥饿。

我记得曾有一次我就这个问题与一个我所知道的有着最美的人格的人谈过，她是一位妇人①，她在我入狱的悲剧前后对我的同情和仁爱，实在是我无力描写出来的。她自己虽然不知道，但她确实比世界上的其他任何人都更真心实意地帮助我承担了我的困苦。从她的存在这个简单的事实，从她一直保持着本色的样子，即一半是理想，一半是影响的样子，就可以暗示出一个人应该成为什么样的人，并且能真正帮助人成为这样的一种人。她的灵魂能使平淡的空气变得甜蜜，使精神的东西变得像日光和海水一样简单和自然，对她来说，悲哀和美是一双孪生姐妹，具有同样的意义。当我现在思考的时候，我清晰地记得我是怎样告诉她说：伦敦的一条狭窄的小巷内就有着无限的悲哀，能表明上帝是不爱人的。凡是有悲哀的地方，哪怕仅是一个小孩子在一个花园里因为他犯过的或没犯过的过失哭泣时的一点点悲哀，创造物的整个面貌都会受到损伤。她说我完全错了，但我不相信她，我当时的

---

① 指阿德拉·舒特，在王尔德陷入困境时，她对他一直是仁慈而慷慨的。

处境使我还不能相信她的话。现在，对我来说，只有某种爱才能解释世界上存在着的那么多的痛苦，我再也想不出还有其他的东西了。如果世界就像我说的是由悲哀创造出来的，那么，建造这世界的一定是一只爱的手，因为人的灵魂——世界就是为它们而创造的——不可能有其他的途径来达到其充分完美的境地。快乐是给美的肉体的，但痛苦是给美的灵魂的。

当我说我相信这些东西的时候，我带着极大的骄傲。人们可以看见，在遥远的地方有着一座上帝居住的城市，它就像一颗完美的珍珠。它是如此奇妙，似乎孩子们在夏日伸手就可以够到，是的，小孩子是可以够得到它的。人们可以在刹那得到某种东西，但在以后铅一样沉重的漫长时光里，我们却失去了它，因为人们要维持住"灵魂能够到达的顶点"是那样的困难。我们是在"永恒"里思想的，但我们却是慢慢地度过"时光"的。对我们躺在监狱里的人来说，时光是怎样缓慢地过去的啊！我也不必再说倦怠和绝望是如何渗透进监牢里、进入人的心房里，并且带着某种奇怪的固执的要求，好像人们为了它们的到来还必须装饰和打扫自己的房子，就像对待一个不速之客、一个冷酷的主人、一个碰巧或选择做了奴隶的奴隶一样。而且，虽然目前你可能发现这是难以相信的事，但对我来说它再真实不过了。生活于自由、空虚和舒适之中的人，比弯腰屈膝洗濯牢房地板的我更容易得到人性的教训。无休止的缺乏和受限制的监狱生活，可使人变成叛逆者。最可怕的事不是在于它撕碎了一个人的心——心本就是为被打碎而造的——而是把人的心变成石头。一个人常常觉得，只有用了铜一样的颜容与嘲骂的嘴唇，才能把一天挨过去。用一句教堂里非常喜欢用的——我敢说确实是喜欢用的——话来说，处在叛逆状态中的人是不能接受优雅的，因为，在生活中与在艺术中一样，反抗的情绪关闭了灵魂的通道，并且隔绝了天堂的空气。然而，如果我要到什么地方去学习这些教训的话，我必须就在这儿——在监狱里——学习。尽管我多次陷入泥淖，并且常常误入迷雾之中，但只要我的双脚站在了正确的道路上，我的面孔正对着"名叫美的大门"，我的内心就会充满快乐。

这种新生——因为出于对但丁的爱，我有时喜欢这样称呼——当然根本不是什么新生，只是依着我的发展和进化而继续我的旧生活罢了。我记得在牛津大学时，我曾对一个朋友说——那是6月的一个早晨，我拿到学位之前，当时我们正在绕着马格达伦那狭窄的猎鸟道散步——我想吃尽世界的花园里所有树上的果子，并且我就是带着灵魂里的那种热情跑进世界中去的。果然，我是这样跑出去了，也是这样地生活过了，我唯一的错误，在于我过于把自己限制在花园里被阳光照射到的那一面，而忽视了有阴影和黑暗的另一面。失败、羞辱、贫穷、悲哀、绝望、痛苦，甚至眼泪，痛苦的唇里泻出的破碎的言辞，使人行走在荆棘上的悔恨，使人谴责自己的良心，使人惩罚自己的自卑，使人自我折磨的、把灰放在自己头上的悲哀，以粗麻布为衣、把胆汁放进自己所饮的水中的苦闷，这一切都是我所恐惧的，尽管我已决心不想再知道它们了，但我还是被迫挨个儿地品尝它们。实际上，有一个时期我完全是以它们为食的，我根本不吃别的食物。

我一点儿也不悔恨自己曾经为快乐而生活，就像一个人完全做到了他应该做的一切事情一样，我那时也是把自己应该做的完全做到了。我体验所有的快乐，我把自己的灵魂之珠投进酒杯中了，我伴着轻曼的笛声走向导致我堕落的放荡生活。我是以蜂蜜为食粮的。但只继续着同样的生活是错误的，因为它是有限的。我不得不转换一种方式，花园的另一面对我来说也是有秘密的。

当然，所有这些都在我的艺术中预示过、预想过了。其中一些体现在《快乐王子》[①]中，也有一些体现在《年轻的国王》中，主要体现在一个主教对一个跪着的男孩所说的一句话中："创造悲哀的上帝不是比你更聪明吗？"在我写这句话的时候，似乎觉得它也仅是一句话而已，而其中的大部分则潜藏在命运所说的话中，这命运像紫色丝线一样被织入道林·格雷的金色衣服里；在《作为艺术家的批评家》里，它也用各种色彩表现出来；在《人的灵魂》中，它是用简单的文字写出来的，而且因为过于简单而使人读不出它来；它是许多叠句中的一句，这些叠句重复现出的"动机"使《莎乐美》像一曲音乐，并把它贯串起来成为一首民谣；它也存在于散文诗里，那个不得不从"瞬间的快乐"的青铜色幻象中创造出"永远悲哀"的幻象的人所创作的散文诗里；它不可能再是别的什么东西。在一个人的生活中的每一瞬间，人都只能是他将要成为的人，而不是曾经成为的人。艺术是象征，因为人是象征。

如果我能完全得到它，那就是我的艺术生活的终极实现，因为艺术生活不过是一种自我的发展。艺术家的人性表现在他坦白地接受所有的体验，就像艺术家的爱不过是把爱的灵与肉显示给

[①] 指《快乐王子及其他故事》。——译者

世界的美感。在《享乐主义者马利乌斯》中，佩特想用深沉的、甜蜜的、庄严的语句来实现艺术生活与宗教生活的和谐，但马利乌斯不过是一个旁观者罢了——确实是一个理想的旁观者，一个用"适当的感情熟虑人生的景观"的旁观者（华兹华斯将此视为诗人的真正目的），然而也只是一个旁观者而已，所以他只是徒然地目眩神迷于圣殿中的器皿的华丽，而不知道他所注视的就是悲哀的圣殿。

在基督的真生活和艺术的真生活之间，我看到了一种更密切和直接的关系，所以我非常快乐地想到；在悲哀还没有把我的时光当作它自己的，并把我束缚在它的轮子上之前，我在《人的灵魂》中已经写下了这样的话："凡想过基督式生活的人，一定要完全绝对地是他自己，并且不仅把山坡的牧羊人和监狱的囚犯，而且也把将世界当作一个陈列物的画家和以世界为一首歌的诗人当作他的典型。"我记得有一次我和安德烈·纪德一起坐在巴黎的一家咖啡馆里，我对他说，虽然我对玄学几乎不感兴趣，道德对我也是绝对没有意义的，但是我觉得，不论是柏拉图还是基督所说过的话，都可以直接移用到艺术世界里，在那里找到自己的完全的实现。这是一种像小说一样深奥的概括，它不只指我们在基督身上能够找到的那种人格与完美的密切统一（这能形成古典艺术和浪漫艺术之间的真正差异，并使基督成为生活中的浪漫运动的真正先驱），还指我们可以发现其与基督的本性基础是一样的，都是一种强烈的、像火一样的想象力。他在人类关系的所有领域实现他那种在艺术领域里作为创造的唯一秘密的、想象出来的同情。他理解麻风病者的麻风病、盲人的黑暗、为快乐而生活的人们的可怕悲哀、富人的奇怪贫穷。你现在可以明白了——你能明白吗？——当你在我不幸时给我写信说"当你不在你的高位上时，你是引不起人的兴趣的。下次你生病时，我会立刻走开"时，你已经远离了艺术家的真实品性，也远离了马修·阿诺德所谓的"宙斯的秘密"，而不论是艺术家的品性还是宙斯的秘密都会教你知道：凡是发生在另一个人身上的事都会发生在你自己身上。所以，如果你想要一句在黎明或夜间，为快乐或痛苦都适用的座右铭，那么你可以在自己家的墙壁上，用遇到阳光则呈金辉色、月光照上去则呈银白色的文字写上："凡是别人遭受的，自己也都会遭受。"如果有人问你这句话是什么意思，你可以回答说，它是指"基督的心和莎士比亚的脑"。

基督的地位实际上是与诗人一致的，他对人性的全部理解都是出于想象，而且只有依靠想象才能实现。上帝对于泛神论者，正如基督对于人，他是第一个把分裂的种族想象为一个统一体的人，在他的时代出现之前，已有人类和众神存在。他独自看到在生活的山顶上只有神和人，并且通过同情的神秘感受到他们在自己身体内部，各自都已化身成形。他根据自己的情绪把自己称作"人之子"或"神之子"，他比历史上的任何人都更能在我们中唤醒"浪漫"常常感兴趣的奇妙的性情，但在想到一个年轻的加利利农人时，我觉得仍有某些东西几乎是令人难以相信的，因为这个农人想象着能把全世界的重负放在自己的肩上：包括所有已做过的和经受过的，以及所有将要去做和经受的痛苦；尼禄、恺撒·博尔吉亚、亚历山大六世、罗马皇帝和太阳神的祭司们的罪恶；那些名为百姓而以坟墓为住所的人的痛苦，被压迫的民族，工厂里的儿童，窃贼，囚犯，无赖之徒和在压迫下沉默不语、只有上帝听到了他们的沉默的那些人的痛苦，并且不只去想象，还要去实现。因此，目前世界上的所有与他的人格有接触的人——尽管他们可以既不躬身于他的祭坛之下，也不跪在他的牧师面前——都会不知不觉地发现自己的罪恶已经被拿去，而只看到自己悲哀的美。这种理想在我看来还是几乎令人难以相信的。

我已经说过，基督是与诗人同列的，这是真的，雪莱和索福克勒斯就是他的同伴。但他的全部生活也是最奇妙的诗歌。所有的希腊悲剧中都没有触及"怜悯与恐惧"。剧中主人公的绝对纯洁，使整个构思提高到浪漫艺术的高度，而底比斯和人的后代的痛苦则被他们自己的恐惧摒除在浪漫艺术之外，并且还表明，当亚里士多德在其论戏剧的文章中说人们不可能容忍对一个痛苦无罪的人的示众时，他是犯了多大的错误！就是在严肃的、温柔的前辈，如埃斯库罗斯和但丁的作品内，在一切大艺术家中最纯粹的莎士比亚的作品内，在所有通过眼泪织成的雾显现出世界的美，把人的生活当作花的生活一样看待的凯尔特人的神话和传说中，有着某种能把与悲剧效果的庄严性及悲哀的纯粹的单纯性融而为一的东西，这可以说是与基督受难的最后一幕相等或接近的。基督与其使徒的最后的晚餐（其中一个使徒已经为一袋金币出卖了他）；寂静的、洒满月光的橄榄树花园里的痛苦；走近来用一吻出卖了他的伪友；仍然相信他，并且希望在他身上像在岩石上那样为那些在鸡叫之时就抛弃了他的人建造一座避难所的朋友；他自己全然的孤独；他的服从；他对一切的接受；同时还有在狂怒中撕碎他衣服的正教派高僧和徒劳地叫着"拿水来"，希望洗净手上所沾的、使其成为历史上一个有污点的人物的那个无辜人的鲜血的地方行政长官[1]；作为有史以来最奇异的一件事的悲哀的加冕式；在他所爱的母亲和弟子眼前作为无辜者所受的酷刑；为争夺他的衣服掷骰子和赌博的士兵；使其能给予世上最永久的象征的可怕死亡；他在富人的墓穴里的最后葬礼，肉体用涂满了昂贵的香料和香油的埃及细麻布包裹着，好像他是一位王子一样——当我们只从艺术的角度思考这一切时，我们应该感谢教会把表演不流血的悲剧作为自己的最高使命，通过对话、服装、手势神秘地表演出他们的主的受难。并且，当我想到，艺术，在别的地方失却了的希腊合唱的最后遗物，将要在做弥撒时仆人回答牧师的话中找出来时，我就既感到惊喜，又觉得恐怖。

然而，基督的全部生活——悲哀和美在其意义和表现方面可以变得完全统一——真是一首牧歌，虽然其结束时圣殿的帷幕已被撕裂，黑暗已遮盖了地面，石块已被推到墓穴门口。人们常常把他想成一个与同伴在一起的年轻的新郎，就像他有时把自己描绘成的那样，或是想象成一个带着羊群慢慢地穿过山谷寻找青草和清凉小溪的牧羊人，或是一个试图用音乐建造天国的围墙的歌者，或是一个世界与他的爱相比都显得渺小的情人。他创造的奇迹对我来说就像春天来临那样奇妙。当然，我毫不怀疑，他的人格魅力在于他的存在能够给痛苦中的灵魂带来和平，在于触到他的长袍或手的人就会忘掉他们的痛苦；或因为他在人生的大道上

---

[1] 指彼拉多，传说他在基督受难后，幻觉自己手上尽是基督的血，最后因此而死。——译者

走过的时候,那些丝毫没有看到人生的秘密的人就很明了地看到了,那些除了快乐的声音以外听不到一切的人也就能听到爱的声音了,并且觉得这种声音就像"阿波罗的琴奏出的音乐"那样美妙;或者因为他的到来,丑恶的情欲都逃开了,过着像死人一样的空虚的毫无想象力的生活的人好像也从坟墓中苏醒过来了;或者因为当他在山坡上讲道时,群众就忘了饥渴,忘了人间的烦恼;或者因为当他坐下吃饭时,听他说话的朋友觉得粗糙的饭食也变得美味可口,清水也有了美酒般的滋味,并且整座房子里都充满了甘松的香味和甜蜜。

勒南[①]在其《耶稣传》中——那优美的"第五福音书",我们也可以根据圣托马斯的说法称它为"福音书"——说基督最大的成就在于他在一生中使自己成为一个在生前和死后都受到同样尊敬的人。并且,毫无疑问的是,如果他处于诗人之列,他必是所有情人的领袖。他看到,爱,是这个世界上的聪明人一直在寻找的那个失去的秘密,只有通过爱,人才能接近麻风病患者的心和上帝的脚。

而且,基督首先是一个最高的个人主义者。就像艺术家接受一切经验一样,人性不过是一种表现方式罢了。基督一直在寻找的只是人的灵魂,他称之为"上帝之国",并在每一个人身上都找到了它。他把灵魂比作细微之物,比作细小的种子,比作一把发酵粉、一颗珍珠,这是因为人只有摆脱所有异己的激情,既定的

---

① 欧内斯特·勒南(1823—1892),法国哲学家、历史学家,以历史观点研究宗教,主要著作有《基督教起源史》,尤以该书第一卷《耶稣传》最为著名。——译者

文化和所有外在的无论好坏的财产，他才能认识到自己的灵魂。

在我失去我在这世界上所拥有的除西里尔之外的一切之前，我用坚强的意志和本性的叛逆反抗一切。我已经失掉了我的名字、我的地位、我的幸福、我的自由、我的财富，我是一个囚徒、一个乞丐，但我仍然剩下一件美丽的东西——我自己的长子。但突然之间，法律就把他从我身边夺走了，这对我是一个怎样的打击啊！我不知如何是好，因此，我双膝跪倒，低着头，哭着说："一个孩子的身体就像上帝的身体一样，我都没有资格得到啊！"这一瞬间似乎拯救了我，我于是领悟到，我所能做的唯一一件事就是接受一切。从那时起——尽管你听起来肯定会感到奇怪——我觉得更幸福了。

当然，我到达的曾是我灵魂的终极本质，在许多方面我都曾是它的敌人，但我发现它像一个朋友一样在等着我。当人们接触到自己的灵魂时，它就会使你像一个孩子那样单纯，就像基督说过人应该的那样。使人感到悲哀的是，几乎没有人能在死亡之前就已"拥有自己的灵魂"[①]。爱默生说："对任何人来说，最可贵的是他自己的行动。"这话是很对的。大多数人都不是他自己，他们的思想是别人的思想，他们的生活都是一种模仿，他们的激情也都是借用别人的。基督不仅是最高的个人主义者，他也是有史以来第一个个人主义者。人们都试图把他当作一个普通的博爱主义者，就像19世纪的那种博爱主义者，或是把他归入非科学的感伤的利他主义者之列，但他确实不属于这二者。固然，他怜悯穷人、囚

[①] 马修·阿诺德《南方之夜》中的诗句。

犯、低贱的人和不幸的人，但他更怜悯富人、无情的享乐主义者、浪费自由成为物的奴隶的人，以及那些穿着柔软的衣服、住在王宫里的人。富足和快乐对他来说比贫穷和悲哀更像一出不折不扣的悲剧。至于利他主义者，则比他更理解决定着我们命运的是神命而不是我们的自由意志，一个人不可能从荆棘里采出葡萄，或从蓟里摘出无花果。

将为别人而活作为明确的自觉目标不是基督的教义，也不是他教义的基础。当他说到"宽恕你的敌人"时，他不是为了敌人，而是为了自己，而且，更是因为爱比恨更美丽。他在请求那个他一见就爱上的年轻人时说："卖掉你所有的，分给穷人。"他当时想的不是穷人的境况，而是那个年轻人的灵魂，那颗正被财富损伤着的可爱的灵魂。在他的生活观中，他和艺术家是一致的，他们知道，根据自我完善的必然法则，诗人必然歌唱，雕刻家必然用青铜表达思想，画家必然把世界变成他的情感的一面镜子，就像山楂在春天一定开花，谷物在收获时一定是金黄色，月亮一定要依既定的运行法则从盈到亏、又从亏到盈一样是必然的、确定无疑的。

但是，虽然基督没有告诉我们"为他人生活"，但他指出了他人的生活和自己的生活没有任何区别。用这种方法，他赋予人以扩大的、泰坦式的人格。自从他出世，每一个独立个体的历史都是，或被变成世界的历史。当然，教养也强化了人的性格。艺术把我们变得多思多虑。那些具有艺术家气质的人与但丁一起流亡了，并且知道了盐如何成为别人的面包[①]，以及他们的阶梯是怎样

---

① 意即良心如何养育了别人的灵魂。——译者

陡险!他们暂时理解了歌德的平和与安静,并且太了解波德莱尔为什么要向上帝喊道:

> 啊,主啊!请给我力量和勇气
> 不要带着厌恶沉思我的身心。①

他们从莎士比亚的十四行诗中取出——这也许是他们自己的伤痛——基督的爱的秘密,并使之成为他们自己的秘密。他们用新的目光看待现代生活,因为他们曾经倾听过肖邦的一首小夜曲,或是把玩过希腊式的美,读过一些死去的妇人所作的悲情故事。但是,艺术家气质的同情必然是与已经找到表达方式的东西在一起的。用语句或色彩,用音乐或大理石,在埃斯库罗斯式剧作的假面后面,或通过某个西西里的牧羊人的尖利有力的芦笛,人与人的使命必然已经显明。

对艺术家来说,表达是他用以想象生活的唯一形式,对他来说,哑的就是死的。但对基督来说则不是这样,因为他具有几乎使人感到恐惧的宽广、奇妙的想象,他能把整个无法表达的世界和无声的充满痛苦的世界当成自己的王国,并且把自己变成自己的永恒的代言人。他把我说过的那些因压迫而不语的人和那些"只有上帝才能听到他们的沉默"的那些人选作自己的兄弟。他要使自己成为盲人的眼睛、聋者的耳朵、哑者口中的叫喊。他的愿望,是要成为那数百万不能发言的人的喇叭,他们可以用这种

---

① 《恶之花》(1857)中"西堤尔之旅"中的诗句。

喇叭向天堂呼唤。他用一个能通过悲哀和痛苦的方式实现自己美的概念的人才有的艺术天性感觉到：一种思想只有等到它成为一种具体的形式并成为一种形象时才有价值。他把自己变成悲哀者的形象，并以此迷醉、支配着艺术，而希腊的神也不曾做到这样。

对希腊诸神来说，尽管他们有着红或白的头发和迅捷的四肢，但他们实际上并不是他们常常显现的那样。阿波罗弯曲的额角，就像黎明时小山上露出的太阳的圆面，他的双脚就像早晨的双翼，但他对玛息阿①却是残酷的，并且夺去了尼俄柏②的孩子；在握着钢盾的帕拉斯眼里也没有对阿拉喀涅③的怜悯；赫拉的华丽和矫饰完全是为了她自己的高贵，而众神之父④自己也很喜欢人间的女子。希腊神话中有两个有深刻象征意义的神，一个是宗教方面的得墨忒耳，她司农事，不属于阿尔卑斯山神系；一个是艺术方面的狄奥尼索斯⑤，他诞生之时就是他母亲死亡之时。

但生命自身却从自己最低下、最羞辱的地方产生出一种远比

---

① 希腊神话中与阿波罗竞技失败的吹笛者，他所流的血变成了河，河名就叫玛息阿。他所吹的笛是女神雅典娜丢弃的，因为里面有女神吹入的气息，所以能吹出很好听的声音。——译者

② 希腊神话中的底比斯王后，她有十二个孩子，因此很自夸，并且辱骂勒托只有两个孩子，即阿波罗和狄安娜，勒托就命自己的一子一女去复仇，杀死了尼俄柏的所有孩子，尼俄柏因悲哀而死，尸体化为石头。——译者

③ 希腊神话中善裁剪的女子，她和雅典娜斗技失败，便自缢而死，女神把她变成蜘蛛。——译者

④ 指宙斯。——译者

⑤ 希腊的酒神，宙斯和塞墨勒之子。——译者

珀耳塞福涅①或塞墨勒之子②更了不起的人。从拿撒勒③的木匠铺里竟产生了明显比神话传说臆造的任何人还要伟大的人格,更令人感到奇怪的是,他命中注定能把酒的神秘意义和田野里百合花的真美完全向世界显示出来。这种事,不论在西塞隆④,还是在恩纳⑤,都没有人能做到这一点。

以赛亚的歌曰:"他被蔑视、被人厌弃、备受折磨和悲哀:在我们面前犹如掩面的人。"这首歌对他来说似乎就是他自己的一种预兆,在他身上,这种预兆竟变成了现实。我们没必要害怕这样的一句话。每一件独立的艺术品都是一种预言的完成,因为每一件艺术品都是由思想到形象的转化,每一个人也应该是一种预言的完成,因为每一个人都应该是"神之心"或"人之心"的一种理想的完成。基督发现了这种典型,并且把它固定下来了。而耶路撒冷或巴比伦的维吉尔式的诗人⑥的梦,在数世纪漫长的进化中,在世界正在等待着的他自己身上具体化了。"他的脸比任何人的脸都毁坏得厉害,他的形体不像'人之子'的身体",这是以赛亚记过的区分新理想的标志,并且,一旦艺术理解了自己意味着什么,它就会在一个身上体现着一种以前从未有过的艺术真理的人面前像花一样开放,因为,如我所说,外在是内在的表现,灵

---

① 得墨忒耳之妻。——译者
② 狄奥尼索斯。——译者
③ 西南亚巴勒斯坦地区北部古城。——译者
④ 在亚梯枷国内,是最崇拜酒神的地方。——译者
⑤ 珀耳塞福涅为普鲁托所诱之地。——译者
⑥ 指以赛亚。——译者

魂被赋予血肉，肉体本能被赋予精神，形式表现一切等等，都不是艺术中的真理。

在我看来，历史上最令人悲哀的是：基督复活产生了沙特尔大教堂①、亚瑟王的系列传说、圣方济各②的诞生、乔托③的艺术、但丁的《神曲》，但它却不能按照自己的方式发展，而是被给了我们彼特拉克的诗歌、拉斐尔的壁画、帕拉第奥的建筑、拘于形式的法国悲剧、圣保罗的大教堂、蒲柏的诗歌，以及根据僵死的法则创造出来，而不是通过体现着它的某种精神、从内部产生的一切东西阻碍和损害了。但无论在哪儿出现一种艺术浪漫运动，基督或基督的灵魂都会以某种方式或某种形式出现：他在《罗密欧与朱丽叶》里、在《冬天的故事》里、在普罗旺斯人的诗里、在《古舟子咏》④里、在《无情的美人》⑤里、在查特顿⑥的《仁慈之歌》里。

种种最复杂的人和事都是因他才来的。雨果的《悲惨世界》、波德莱尔的《恶之花》、俄国小说里的怜悯基调、被伯恩·琼斯⑦和莫里斯⑧的弄脏的镜子与挂毯及15世纪的作品、魏尔伦和他的

---

① 法国哥特式教堂。——译者
② 12—13世纪的意大利修士。——译者
③ 13—14世纪的意大利画家、雕刻家。——译者
④ 柯勒律治的诗。——译者
⑤ 济慈的诗。——译者
⑥ 查特顿是一位夭折的天才诗人，《仁慈之歌》是他最后的诗篇。——译者
⑦ 19世纪英国画家和工业设计家，其绘画体现了拉斐尔前派的风格，设计过金属、石膏等浮雕和挂毯图案。——译者
⑧ 19世纪英国诗人、画家、工艺美术家。——译者

诗、乔托的《钟楼》、兰斯特洛①与吉尼维尔②、唐豪瑟③、米开朗琪罗悲哀浪漫的大理石雕塑、有尖顶的建筑物、孩子的爱和花的爱,这些都是属于他的。确切地说,孩子与花在古典艺术里是几乎没有什么地位的,古典艺术里是没有成长的游戏的,但从12世纪至今,孩子和花却以各种各样的形式在各种各样的时代断断续续但固执地出现在艺术作品里。春天一直还是那个春天,花儿似乎都躲藏起来了,只有太阳出来时才出现,因为它们害怕长大的人会不耐烦寻找它而放弃追求,孩子的生活仅仅像一个为了水仙的开放才有雨也有阳光的四月天。

基督自己本性中的想象性使他成为跳跃的浪漫的中心。诗剧和传说中奇怪的人物都是别人的想象创造出来的,但拿撒勒的耶稣从自己的想象中创出的只是他自己。以赛亚的呼号与他的来临实际上没什么关系,就像夜莺的歌与月亮的升起没有什么关系一样。他是预言的肯定者,也是预言的否定者;每当他成就这种期待,他就毁灭那一种期待。培根说"在一切美中,存在着某种奇怪的比例",所以,那些由精神而生的人——也就是说,像他自己一样充满活力的人,基督说他们就像风一样"吹到自己喜欢的地方,并且没有人能说出它是从什么地方来,到什么地方去",这就是他为什么对艺术家有那么大魔力的原因。他具有生活的一切

---

① 英国亚瑟王传奇中的圆桌骑士。——译者

② 传说中亚瑟王的王后,兰斯特洛的情妇。——译者

③ 唐豪瑟(1200?—1270?),德国吟游诗人,曾被诱至维纳斯宫廷寻欢作乐,后又请求教皇赦罪。王尔德多次谈到唐豪瑟的人生历程,特别是他最后的忏悔。瓦格纳根据唐豪瑟的传说写成歌剧《唐豪瑟》。

因素：神秘、奇异、悲哀、暗示、狂热、爱，他吸引了奇异的性情，并且创造出那种人们凭以理解他的情绪。

对我来说，令我快乐的是：想到如果他是从"完全坚实的想象"①中产生出来的，那么世界自身也是从同一种物质中产生出来的。我在《道林·格雷的画像》中说过，世界上的大罪恶发生在头脑里，但一切都是发生在头脑里的。我们现在知道，我们并不是用眼去看、用耳去听的，它们不过是适当或不适当地传达感觉印象的通道。我们就是在头脑里知道了罂粟是红色的，苹果是香的，云雀会歌唱。近来，我很用心地研究了有关基督的四首散文诗。在过圣诞节时，我设法得到了一本希腊语的《圣经》，每天早晨，我在打扫完自己的牢房、擦亮了自己的餐具之后，就读一点儿福音书和随手翻到书中的某一处找到的十多首诗。这是用来开始一天生活的一种愉快的方式。对你来说，你过着混乱无序的生活，你也想这样做，这也会是一种很好的事，对你会有无穷的益处，并且希腊语也很简单。一年到头无休止、重复又重复的宣讲已经损害了福音书的新鲜和单纯的魅力，我们听到人们读它们的次数太多了，也读得太糟糕了，所有重复宣讲都是反精神的。当人们重回到希腊语中时，就像从一座狭窄、黑暗的房子走进开满百合花的花园。

当我想到我们极有可能得到"ipsissima verba"②，即基督用过的原文时，我就能获得双倍的快乐。人们常常想象，基督讲的是阿

---

① 《仲夏夜之梦》第五幕第一场。

② 拉丁语，意为"作者的原话"。——译者

拉姆语①，甚至勒南也持这种看法，但现在我们知道了，加利利的农夫，就像我们今天的爱尔兰农夫一样是说两种语言的，而且希腊语是巴勒斯坦人通用的交际语言，实际上也遍及了整个东方世界。我从不喜欢主张我们只有通过翻译来理解基督的话。至于他的对话，查米德斯②也许会倾听，苏格拉底也许会和他讨论，而柏拉图也许会理解他吧！他确实说过的是："我是一个好牧人"；当他想到野地里的百合花以及它们如何既不吐丝也不劳作时，他绝对说过的话是"想想野地里的百合花是怎样生长起来的，它们既不劳作也不吐丝"；当他喊道"我的生命已经完成，已经达到成就，已经完美"时，他最后的话正像圣约翰告诉我们的，是"成了"，仅此而已。每当我想起上面的这些事，我就感到非常快乐。

当我读福音书时——特别是《约翰福音》或早期的诺斯替教徒借他的名字和风格写成的任何东西——我看到，对想象的持续肯定成了一切精神和物质生活的基础；我也看到，对基督来说，想象只是一种爱的形式，而且，对他来说，爱在其最充分的意义方面就是天主。大约六周前，医生准许我不吃监狱里常吃的那种黑色或茶色的粗面包，而吃细白的面包。这真是非常好吃的东西，对你来说，你可能会对干面包会成为什么人的美味佳肴觉得奇怪，但我向你保证，对我来说确实是这样的。在每次吃完饭后，我都

---

① 属闪米特语族，公元前9世纪通用于古叙利亚，犹太人文献及早期基督教文学多以此语写成。——译者

② 柏拉图对话集《查米德斯篇》的中心人物，是一位漂亮的年轻人，象征着对话的中心主题：适度。王尔德创作过同名长诗，讲的是一位想象的人物。

很仔细地吃那落在我的锡器餐具中或者落在用来防止桌子污秽的粗布上的所有面包屑。但我这样做并不是因为饥饿——因为我现在的食物很充足——而只是为了不至于浪费别人给我的东西。人也应该这样来看爱啊！

基督像所有令人迷醉的人一样，不仅有能力说出他自己身上的美好的东西，也有能力使别人向他说出自己身上的美的东西。我很喜欢圣马可告诉我们的关于一个希腊妇女的故事：当基督试验她的信仰时，他对她说，他不能把以色列孩子的面包给她，她回答说，桌子下面的小狗在吃孩子们掉下来的面包屑。大多数人都是为爱和赞美而生的，但我们也是应该用爱和赞美来生活的。如果有人给我们爱和赞美，我们应该承认自己非常不够格接受它们。没有人值得被爱。"上帝爱人"这个事实表明，在理想物的神圣法则中写着：永恒的爱是给那些永远没价值的东西的，或者说，如果觉得这句话有点儿刺耳，我们可以说，除了自以为配得上爱的人之外，人人都配得到爱。爱是应该跪受的圣礼，并且接受它的人要在嘴上和心里说："主啊，我们都不配得到你的爱啊！"

如果我将来还能写作，就是说还能创造出艺术作品，那我希望能用两个主题表现我自己：一个是作为生活中的浪漫运动先驱的基督，另一个是被放在其与行为的关系中来思考的艺术生活。前者是很有吸引力的，这自不必说，因为我在基督身上不仅看到了最高的浪漫典型的本质要素，而且还看到一切产生于浪漫气质的偶然事件，甚至包括任性。他是第一个宣讲"人应过如花岁月"的人，他固持这句话。他把孩子作为人们应该努力成为的人的模型，他把孩子作为他们的长者的范例，这也是我常想到的孩子的主要作用，如果完美的东西都要有一种用途的话。但丁描写人的灵魂在从上帝之手出来时"像孩子一样又哭又笑"；基督也看到，每个人的灵魂应该"像边哭边笑做游戏的小姑娘"①。他感到生命是变化的、流动的、活泼的，如果把生命铸成一种形式，那就等于它的死亡。他说过，人们不应过于关注物质的、世俗的利益，创造非实用的东西就是创造伟大的东西。一个人不应该过于烦扰于世俗之事。"鸟尚且不这样，人为什么反倒要这样呢？""不要想到明天，难道灵魂还不及肉身，肉身还不及衣服吗？"②当他这样说的时候，他确是迷人可爱的。一个希腊人可能会说出后面那句话，因为它充满了希腊人式的感情，但是只有基督能够说出上面这两句话，并且为我们完美地概括出生活的规律。

他的道德，就像道德应该是的那样，是完全的同情。如果他曾说过的唯一一件事是"她的罪被赦免了，因为她爱得多"，那么，说这样的话，即使去死也是值得的。他的正义都是诗的正义，正像正义应该是的那样。乞丐因为曾经不幸而到了天国，我想不出他被送到天国里去还能有其他更好的理由。在清凉的晚上，在葡萄园中做了一小时工作的人所得到的报酬与在烈日下劳作一天的人一样。他们为什么不应该这样呢？可能没有一个人有资格得到什么东西，或者他们也许是一种与众不同的人。基督是无法容忍把人当物看待，以及把一切人都一样看待的——好像任何人或任何事物都和世界上的其他东西一样——沉闷的、无生气的、机

---

① 但丁，《炼狱篇》第十六篇。
② 《马太福音》第六章第三十四节和第二十五节。

械的体制。在他看来，没有法则，只有例外。

在基督看来，浪漫艺术的核心是实际生活的合适基础，他看不到还有其他什么基础。当人们把一个根据法律被判有罪的妇人带到他的面前，问他该怎么办时，他用手指在地上写着什么，似乎没有听到他们所说的话，最后，当他们一再逼着他回答时，他抬起头说："让你们中间没有犯过罪的人先拿石头砸她吧！"活着说出这样的话，真是值得。

就像所有富于诗意的人一样，他也爱无知无识的人，他知道，在无知者的灵魂里，常常会有接受伟大思想的地方。但他无法容忍蠢人，特别是那些被教育弄得愚蠢的人——有许许多多的观点一点儿也不了解，他们是一种特殊的现代典型，基督概括这样的人是掌握着知识的钥匙，自己却不会用，也不允许别人去用的人，虽然这把钥匙可以用来开启天国之门。基督发动的主要战争是反对平庸之辈，这是每一个光之子都不得不进行的战争。平庸是他生活的时代与社会的特征，他反对他们对种种思想的无法理解，反对他们萎靡不振的体面和令人生厌的正统，反对他们对世俗成功的崇拜和对生活中十足的物质主义方面的彻底迷恋，反对他们对自己和自己价值可笑的估计，在这些方面，基督时代的耶路撒冷的犹太人，正是我们英国的平庸之辈的对应者。基督嘲笑体面是"涂白了的坟墓"，并一生坚信这句话。他把世俗的成功看作一种应该被彻底蔑视的东西，因为他从中看不出任何有价值的东西。他把财富看作人的障碍，他不愿意听到生命为任何思想或道德体制牺牲。他指出，形式和仪式是为人设的，而不是人为形式和仪式所设。他认为人们应该轻视"安息日严守主义"这类东西。他用彻底的无情和嘲笑，讽刺了中产阶级认为极可爱的冷酷的博爱、虚伪的公共慈善事业、冗长乏味的形式主义。对我们来说，所谓正统不过是一种温顺、不明智的默从，而对他们来说，正统经他们之手就成了一种可怕的、毁灭性的专制。基督把它们一扫而光，他表示，精神自身是有价值的。他非常高兴地向他们指出：虽然他们一直在读法律和预言书，但他们实际上几乎毫不理解二者的真实意义。他反对他们像把薄荷和芸香一点点地调和起来那样，把每一个单独的日子慢慢调和成按既定的任务安排起来的固定的日常生活。他把人完全为瞬间而生活看作是生活最重要的价值。

那些被他从罪恶中拯救出来的人，仅仅是因为他们在生活中有过美好的瞬间。玛丽·玛格达伦一看到基督，就打碎了她七个情人中的一个送给她的昂贵香膏瓶，把香料撒在他那疲倦的、沾满灰尘的双脚上，就是因为有这样一个瞬间，她就可以永远与路得①和贝雅特丽齐②一起坐在天堂里雪白的蔷薇花丛中。基督的所有训诫我们的话，都是说每一个瞬间都应该是美丽的，灵魂应该始终等待着新郎的来临，始终等待着爱人的声音。平庸只是人的本性中没被想象照亮的那一面。他把生活中一切可爱的影响都看作是"光"的样式：想象本身就是世界之光，世界就是由它创造的，可是世界却不能理解它，这是因为想象只是爱的一种表现形式，使人与人之间彼此区别开来的是爱及爱的能力。但从最真实的意义上说，只是当他在处理犯罪者时他才是最浪漫的。世界向

---

① 《圣经》中的人物。——译者
② 但丁《神曲》中理想化的佛罗伦萨女子。——译者

来是爱圣者的,因为圣者最有可能接近神的完美。基督通过自身的某种神圣的本能,似乎一直是爱着犯罪者的,把他们作为最可能接近人的完美的人。他的本来愿望不是去改造人,也不是拯救人的痛苦,把一个有趣的窃贼改变成一个乏味的诚实的人不是他的目的,对他来说,把一个收税吏改变成一个法利赛人无论如何不是一种伟大的成就,但他用一种还不为世界所理解的方式,把罪恶和痛苦看作本身就是美丽的神圣的东西,也是一种完美的形式。这听起来是一种很危险的思想,确实如此,一切伟大的思想都是危险的,基督教义也坦白承认这一点,我自己深信它是一种真教义。

当然,犯罪者必须忏悔,但为什么要忏悔呢?这只是因为不忏悔他就不能认识到自己所做过的事。忏悔的瞬间就是创始的瞬间。不仅如此,忏悔也是一个人改变自己过去的手段。希腊人认为这是不可能的,他们常用箴言警句的形式说:"即使上帝也不能改变过去。"[①] 基督则向人显示:即使最普通的犯罪者也能做到这一点,他也只能做这样一件事——如果有人问起基督,我敢肯定,他一定会说,当放荡的子孙伏在他的膝上哭泣的那一刻,就是把他那为了娼妇而倾家荡产的事,以及他养猪和因为饥饿而求乞猪所食谷壳的事,都变成了他生活中美丽而神圣的事情。大多数人是很难理解这种思想的,我敢说,人只有在监狱里才能理解这一点,如果真是这样的话,即使进监狱也是值得的。

基督身上有某种独一无二的东西,当然,就像黎明之前有假

---

① 亚里士多德,《论理学》第六章第二节;品达,《奥林匹亚颂》第二章第十七节。

的黎明，冬天会突然充满诱使聪明的番红花提前浪费掉自己的金色、使某种愚蠢的鸟召唤自己的配偶在枯枝上搭窝筑巢的阳光一样，基督之前也有基督教徒。为此我们应该心怀谢意。不幸的是，自基督之后就再也没出现过这样的人。我把阿西西的圣方济各当作一个例外，但上帝在他诞生之时就赋予他以诗人的灵魂，所以他在自己还很年轻时就已用了一种神秘的婚礼把贫穷当成了自己的新娘，用一个诗人的心灵和乞丐的身体，他发现到达完美的道路并不艰难。他理解基督，因此他也变得像基督了。我们不需要《训诫手册》[①]来教会我们认识到圣方济各的生活是对基督的真正模仿。基督是一首诗，与其相比，圣方济各的书仅仅是一种散文的集合。实际上，说尽应该说的一切，就是基督魅力之所在，他本身就像一件艺术品，他确实没有教给人们什么，但人只要被带到他的面前就会变成某种东西，而且，每个人命中注定都要到他面前去。每个人在自己的一生中至少有一次要和基督一起走到以马忤斯[②]。

至于另一个主题，即艺术生活与行为的关系问题，你一定以为我的选择是不可思议的。人们会指着雷丁监狱说："那就是艺术生活的报应啊！"当然，艺术生活可能会把人带到更坏的地方去，而那些把生活看作一种精明的思考、一种取决于对方法和手段的精心算计的更加呆板的人，始终懂得他们该到哪儿去，并且就到

[①] 撰写于14世纪的一种流行的大众手册，表明基督与圣方济各的相似性，1510年首印。

[②] 一个村庄的名字，《圣经》中称它离耶路撒冷约二十五里，是基督显现于两弟子之前的地方。——译者

那儿去了。他们的出发点是希望做一个小教区的教长，无论他们被安置到什么区域，他们都能成功地做成一个小教区的教长，仅此而已。一个人，如果他的欲望是做某种与自身分离的职业，去做一位国会议员、一个成功的杂货商、知名律师、法官，或其他同样令人讨厌的职业，那他必然会按照自己的意愿取得成功，这是对他的惩罚，那些想要一个面具的人不得不戴上假面具。

但对于已具有了生活的动力，而且那些动力已在其身上成形的人来说，事情就不同了。那些只希望自我实现的人，从不知道自己在往哪儿去，他们也不能知道。但在某种意义上，就像希腊圣人所说，人们必须要"认识你自己"①，这是智识的最初成就，但要认识到一个人的灵魂是不可知的却是智识的终极成功。最后的秘密是人自己，即使一个人把太阳放在天平上称了，把月亮的运行也计算了，一个星星、一个星星地把天堂的七层也标绘出来了，那么仍然存在着人自己，谁能计算自己灵魂的轨迹呢？当基什的儿子出去找他父亲的驴时，他不知道一个神人正在用加冕用的圣油等着他，他的灵魂已经成为国王的灵魂。

我希望我能生活得足够久，以能够创作出这样性质的作品，这样，当我的末日来临时，我就可以说："是的，这就是艺术生活给一个人的报应。"在我的生活经历中，我曾碰到过两个有着最完美生活的人，一个是魏尔伦，一个是克鲁泡特金王子，他们两人都在监牢里度过一段岁月。前者是但丁后的唯一一个基督教诗人，后者似乎是来自俄罗斯的有着美的、洁白的、基督的灵魂的

---

① 刻在德尔菲阿波罗神庙石柱上的箴言。

人。[1]最近七八个月里,虽然一连串的痛苦几乎毫不间断地从外界击打到我身上,但我已经与在这个监狱里通过人与物起作用的新精神建立了直接的联系,这种精神对我的帮助是无法用言语来表达的。所以,虽然在我入狱后的一年里我几乎没做什么,也清楚地记得,除了因极端失望绞着双手说:"这是怎样的一种结局!怎样的一种可怕的结局啊!"我也确实没做过别的什么事。但现在我试着对自己说,并且有时当我不再折磨自己时会真诚地说:"这是怎样的一种开端!一种多么美妙的开端啊!"事情也许真的就是这样,也可能将会变成这样。如果确实是这样,我应该主要归功于这种新人格[2],它已经改变了这里每一个人的生活。

事情本身并没有多少价值,确实没有真正的存在价值——让我们再次感谢玄学,感谢它教给我们的某些东西。只有精神是有意义的,惩罚可以用一种将会治愈而不是制造伤口的方式施予,就像施舍品可以用一种使面包在施舍者手里变成石头的方式施舍一样。这儿出现了怎样的一种变化啊——不是规则的变化,因为它们被用铁的命令固定下来了,而是把规则作为自己的表达方式的精神的变化。当我告诉你,如果我在去年5月被释放,就像我努力想争取的那样,我会带着将会毒害我生活的强烈仇恨,带着对监狱和每一位看守的

---

[1] 诗人魏尔伦因向兰波开枪被捕入狱,如果他杀死了兰波,他可能就要被处死。克鲁泡特金王子曾因从事无政府主义政治活动被捕入狱。他读到罗斯出版的王尔德《自深深处》的删节本后,给罗斯写信谈了自己的看法。

[2] "这种新人格"指詹姆斯·奥斯蒙德·内尔松的人格,他在1896年7月成为雷丁监狱的监狱长,他改变了原来的体制,给王尔德提供了许多方便,允许他自由写信。

憎恶离开这个地方。我多坐了一年监狱，但仁慈一直在监狱里陪着我们所有人。现在，当我离开监狱时，我会一直记得：在这里的几乎每个人都曾给予过我伟大的仁慈，在我离开监狱的那一天，我会感谢这儿的许多人，也会请求他们也要记住我。

监狱体制是绝对、完全错误的，当我出狱后，我会尽力改变它。我想试试看。人性的精神，即爱的精神，也即不在教堂里的基督的精神，尽管不能十全十美，但至少能使人在忍受时心灵不会过于痛苦——世上如此错误的东西是没有的。

我也知道，外面的许多东西在等着我，这是很令人愉快的。从圣方济各称作"我的兄弟般的风"和"我的姐妹般的雨"这两样可爱的东西，到大都市的橱窗和落日，如果我要——罗列下来仍遗留给我的一切，我不知道自己应该在哪儿停笔：因为，上帝确实是为我，也像为其他任何人一样创造了这个世界。或许我走出监狱时能带着某些以前没有得到过的东西。我不必告诉你，对我来说，"道德的再造"就像神学的改造一样是毫无意义的和粗俗的，但是，虽然宣称要做一个更好的人只是一种非科学的愚言，那么，变成一个"更深沉"的人就是那些曾受过苦的人的特权了，我是已成了这样一种人了。你也可以自己判断你是哪一种人。

如果我出狱后，我的一个朋友设宴待客却不邀请我，我也毫不在意，因为我自己可以做到十分快乐，有了书、自由、鲜花和月亮，谁还能不快乐呢？况且，盛宴对我早已没用了，我已经为此劳神太多。对我来说，生活的那一曲已经结束，我敢说是非常幸运地结束了。但是，如果我出狱后，我的一个朋友有了悲哀并拒绝让我分担他的悲哀，我就会为此感到非常伤心。如果他在早晨把我关在门外，我会一次次地回来，请求他让我进去，以使我分担到我有权利分担到的东西。如果他认为我不值得分担他的悲哀，不适合与他一起哭泣，我应该感到这是一种最残酷的屈辱，一种加于我身上的最可怕的羞辱，但这样的事可能不会有吧！我有享受悲哀的权利，谁能看到世界的美，能分享它的悲哀，认识到两者所蕴含的某些奇妙的东西，谁就能与圣物取得直接的联系，就能像人们所能接近的那样接近上帝的秘密。

或许在我的艺术上与在我的生活上一样，会出现一种更深刻的含义、一种更伟大的激情的统一和一种直率的冲动。现在艺术的真正目的不是追求广度而是追求强度。我们已不再关心艺术的类型，我们不得不这样做，这是一个例外。不必说了，我不能把我的痛苦注入艺术所具有的形式里去，艺术只有在不模仿时才能真正开始。但我的作品中必须注入某种东西：或许是语言上更充分的和谐、更丰富的音调、更奇异的色彩效果、更质朴的结构顺序，或至少是某种审美特性。

当玛息阿的"四肢被切断时"——用但丁的一句最可怕、最似塔西佗文风的句子说，"四肢从皮里剥出来后"①——他不再歌唱了，希腊人说，阿波罗已经是胜利者了，七弦琴已经征服了芦笛。但也许希腊人是错误的。我在许多现代艺术中听到了玛息阿的叫喊，这在波德莱尔身上表现为悲痛，在拉马丁身上表现为甜蜜和凄凉，在魏尔伦身上表现为神秘；这存在于肖邦的音乐中的延宕的和解，表现在萦绕于伯恩·琼斯的妇人们面孔上不断出

---

① 但丁，《天国篇》第一篇。

现的不满足；甚至马修·阿诺德的《卡利克雷之歌》，也用那种抒情、明晰的音调诉说"甜蜜感人的七弦琴的胜利"和"著名的最后的胜利"，即使在萦绕于他诗歌中的为怀疑和失望所扰乱了的低调里，也隐含着同样多的叫喊①。歌德和华兹华斯都帮不了他，虽然他曾先后追随过他们。当他追求去为《塞西丝》②悲悼或为《吉卜赛学者》③歌唱时，他不得不拿起芦笛奏出自己的音律。但不管弗里吉亚的农牧神④沉默与否，我都无法沉默。表达之于我，就像树叶和花对监狱围墙上露出的、在风中不停摇曳的黑色树枝一样，是必不可少的。我的艺术与世界之间现在有一道宽阔的鸿沟，但在我与艺术之间则没有，我至少希望没有。

　　我们每个人都有各自不同的命运。自由、快乐、娱乐、轻闲舒适的生活是属于你的，但你却不配过这种生活。我的生活是公开的丑名、长期的监禁、悲哀、毁灭和羞辱，我也不配过这样的生活——至少到目前还不配过这种生活。我记得我过去常常说：我认为我能承受一个真正的悲剧，只要这悲剧穿了紫衣、戴着高贵的悲哀的面具⑤降临到我头上。但现代性的可怕之处在于：它给悲剧穿上了喜剧的外衣，结果使得伟大的现实也似乎成了平凡的

---

　　① "噢，命运已让我看见甜蜜感人的七弦琴的胜利，著名的最后的胜利，当嫉妒的潘神与玛息阿合谋之时。"（马修·阿诺德，《恩培多克勒在埃特纳山上》）
　　② 马修·阿诺德的诗。——译者
　　③ 同上。
　　④ "玛息阿，不快乐的农牧神。"（马修·阿诺德，《恩培多克勒在埃特纳山上》）
　　⑤ "这些悲伤会给我们的时光带来华美的悲剧尊严。"（王尔德，《作为艺术家的批评家》（二），收入《意向集》）

或奇异的或缺少风格的东西，对于现代性来说，这是确有其事的，对于实际生活来说，也可能一直是确实的。据说，在旁观者看来，一切牺牲都是毫无意义的[①]，19世纪也不排除在这种普遍法则之外。

我的悲剧，完全是可恶的、卑劣的、缺少风格的。我们穿的服装使我们显得奇形怪状，我们是悲哀的小丑，是心已被打碎的丑角，我们是特地被创造出来要求幽默感的。1895年11月13日[②]，我从伦敦被带到这儿。那一天，从两点一直到两点半，我穿着囚衣，戴着手铐站在克拉彭枢纽站的中央平台上公开示众。我从沃德医院被带出来时，事先没得到任何通知。在一切可能的目标之中，我是最奇怪的了。当人们看到我的时候，他们只是笑，每一列到达的火车都挤满了观众，没有什么能比这更令他们感到有趣了。这样的事当然是发生在他们知道我是谁之前，一等到他们知道了我是谁时，他们笑得更厉害了。整整半小时，我站在那儿，天下着11月常有的那种灰冷的雨，周围环绕着嘲笑着我的群氓。这件事过去之后的一年内，我每天都要在同一时刻里以泪洗面。在你看来，那种事不可能是那样悲剧性的事，但对监狱中的人来说，眼泪却是日常生活中的一部分。在狱中，一个人不哭的那一天也就是他的心变硬的那一天，而不是他的心充满欢乐的那一天。

可是，我现在真正开始感到自己对那些嘲笑我的人比对我自

---

① 爱默生，《论经验》。
② 王尔德把日期记错了，应是11月20日。

己更感到遗憾。当然，当他们看到我时，我没有站在自己的高台上，而是戴着枷锁。但是只关注在高台上的人是一种非常缺乏想象力的本性。高台也可能是一种非常不现实的东西，枷锁却是可怕的现实。他们也应该知道如何更好地理解悲哀。我已说过，悲哀后面始终潜藏着悲哀，更聪明一点儿地说，悲哀之后一直有灵魂存在。嘲笑一个处于痛苦中的灵魂是一件可怕的事，嘲笑者的生活是不美的。在简单得令人感到奇怪的世界经济制度里，人们只获得他们施予的东西，对那些没有足够的想象力去洞察事物的表面并感觉到怜悯的人来说，除了嘲笑的怜悯之外，还会有什么怜悯能给予他们呢？

我告诉你我被送到这儿的情形，不过是想让你认识到，对我来说，除了痛苦和绝望外，我要从自己所受的惩罚中获得任何一种东西是多么困难！但我无论如何要这样做，不时还要有片刻的服从和忍受。整个春天可能就隐藏在一枚花蕾里；云雀低矮的巢穴可能包含着通报蔷薇红的黎明到来的欢悦。所以，如果我身上还残留着无论什么样的生命之美，那么这种美也是包含在某些服从、卑下和羞辱的瞬间的。无论如何，我只按照自己的发展路线，并且靠接受我所遭受的一切使自己有资格这样做。

人们过去常常说我太个人主义了，我现在一定要比过去更个人主义，我必须从自己身上得到比过去得到的还要多的东西。实际上，我的毁灭不是因为我在生活中采取了太伟大的个人主义，而是因为我太不个人主义了。在我的生活中，一件不名誉的、不可饶恕的、始终令人感到可鄙的事是我允许自己被迫去向社会寻求帮助以反击你父亲，从个人主义者的观点来看，以这样的请求来反对任何人都是极其丑恶的事，但我要反对的是有着这样的本性和特性的人，我还能找到什么样的借口呢？

当然，一旦我动用社会力量，社会就会攻击我说："你不是一直在反对我的法律吗？你现在怎么又会求助于我的法律来保护你呢？你应该让那些法律得到充分的执行，你应该遵守你所求助的法律！"结果是我进了监狱。在对我进行三次审判（第一次是在警察局）的过程中，我常常痛苦地感到我所处地位的可笑与羞辱。我常看到你父亲奔跑着出出进进，希望吸引众人的注意力，似乎任何人都不能不记住或提及他那赛马人似的步态和衣服，弯曲的腿，扭结的手，下垂的低唇，残忍、愚蠢的狞笑。即使他不在那儿或我看不见他时，我也常常能感觉到他的存在，大法庭的光秃秃沉闷的围墙，法庭上的气氛，在我看来有时都是被挂起来的那个猿猴似的脸的多种面具。当然，没有人像我败得那么不体面，而且是被这样卑鄙的手段击败的。我在《道林·格雷的画像》里说过"在选择自己的敌人时，人不能过于仔细"，我想不到自己是被这样一个低贱的人弄成一个低贱的人了。

这就要求我、迫使我向社会呼吁帮助，在这件事上，我是那么蔑视你，也蔑视自己屈从于你。你不把我理解为一个艺术家是很可以原谅的，你的性情决定了你无法阻止自己不这样做，但你应该把我理解为一个个人主义者，而这是不需要什么教养就能做到的，但你没有，因此你就把一种与生活完全不相容、从某些方面看会完全毁灭生活的平庸因素带进了生活。生活里的平庸因素不是不能理解艺术。像渔夫、牧羊人、农夫、百姓及其他这样可爱的人，对于艺术就一点儿也不了解，可他们就是社会的中坚！

是平庸的就是支撑并帮助了社会上的笨重、繁杂、盲目的机械之力的人,他在一个人或一种运动中遇到动力时,却不认得它。

人们以为,我以食生活里的恶,并与它们相伴为乐,所以我是很可怕的,但是,作为生活中的艺术家,从我用以接近它们的观点来看,它们是有着快乐的暗示性和刺激性的。这就像用豹做成的盛宴,危险只是兴奋的一半。我过去常有一种玩蛇人才会有的那种感觉。当玩蛇人引诱眼镜蛇从用来装它的涂色布块或芦苇织成的篮子里蠕动出来,并使它根据自己的命令伸展开身子,像水草在溪流中悠闲地摆动那样前后摇动时,他一定会有与我同样的感觉。他们[①],对我来说就是金灿灿的蛇里颜色最鲜亮的那种蛇,他们的毒药是它们完美的一部分。我所不知道的是,当他们用毒牙咬伤我时,背后的怂恿者竟是你,并且是为了惩罚你父亲。我丝毫不为结识他们而感到羞耻,他们都是很有趣的,我真的感觉羞耻的是你带给我的那种可怕的平庸氛围。我作为一个艺术家的使命是与阿里尔[②]为伴,但你却使我与卡利班争斗。我发现自己没有像《莎乐美》《佛罗伦萨悲剧》和《神圣的妓女》这样美的、鲜亮的、富于音乐性的作品,而是被迫给你父亲送去一封律师写的长信,并且被迫去请求我一向反对的东西。克利伯恩[③]和阿特金斯在他们与生活的不名誉的战争中表现得很出色。

---

① 指造成王尔德入狱的人。——译者
② 莎士比亚剧作《暴风雨》中的恶精灵。——译者
③ 敲诈者,他偷了一封王尔德给道格拉斯的信,欲敲诈王尔德,但最终一无所获,并因敲诈罪被判七年。

取悦他们这种人是一种令人震惊的冒险,大仲马、切利尼①、戈雅②、埃德加·爱伦·坡或波德莱尔也会做同样的事。我所厌恶的是想起我在你的陪同下没完没了地到律师事务所,在苍白的房子里忍受着众人可怕的注视。我坐在面色严肃的人们中间,向一个秃顶的男人说着严肃的谎话,直到我确实因厌倦而呻吟和打呵欠为止。就是在那种地方,我发现,在与你有了两年的友谊后,我已站在了平庸的中心,远离了一切美丽的或辉煌或奇妙或勇敢的东西,最终我不得不为了你的利益而成为行为上高雅正派,生活上遵循清教主义,艺术上主张道德的先驱。我的厄运从此开始了。③

我感到奇怪的是,你试图模仿你父亲的主要性格特征,我不明白,在那些本该引起你警惕的方面,你却以他为榜样,我只知道,无论什么时候,如果两人之间有了仇恨,他们也就有了同样的契约或手足之情。我想,根据某种奇怪的同类相斥的法则,你们之所以彼此仇恨,不是因为你们在那么多方面有不同,恰是因为在某些方面你们太相似了。1893年6月离开牛津大学时,你不但没拿到学位,还背了一身的债,尽管你欠得不算多,但相对于你父亲的收入来说,已是相当多了。你父亲因此给你写了一封非常粗俗、激烈、具有侮辱性的信,而你给他

---

① 即本韦努托·切利尼,16世纪意大利雕塑家。——译者
② 西班牙浪漫主义画家。——译者
③ 巴尔扎克《交际花盛衰记》第三章的标题。奥沙利文记下了王尔德说过这样的话:"我小时候最喜欢的两个人物是吕西安与于连(司汤达《红与黑》中主人公)。吕西安上吊了,于连被绞死了,而我死在了监狱。"

的回信在每一个方面看都有过之而无不及，当然也就更不可原谅了，但后来你却很为自己这封信感到骄傲。我记得非常清楚，你曾用一种最自负的神气告诉我说，你可以把你父亲攻击得无招架之功！你们之间进行的是一种什么样的争斗！你过去常常嘲笑讥剌你父亲，说他为了在附近的一家酒店给你堂兄弟写下流信，就从他正住着的你堂兄弟的房子里搬出来，但你过去也对我做过同样的事。你不断与我一起在某家公共餐馆吃饭，吃饭时常发脾气或与我争吵，接着就回到怀特俱乐部给我写一封最粗鄙不堪的信。你与你父亲之间在这一点上的唯一差别是：你先是通过特殊的信使给我送来你的信，几个小时后你自己就会来到我的房间，不是来道歉，而只是想知道我是否在萨沃伊订了午饭，如果还没有，为什么不订。有时，你那侮辱我的信还没到我手上，你竟然就已来到了我的房间。我记得，有一次你要求我邀请你的两个朋友（其中一个我从未见过）一起在皇家咖啡馆共进午餐，我照办了，并应你的特别要求提前预订了一桌特别奢侈的午餐。我记得当时特邀的厨师已到了，对酒也做了特别的盼咐，但你不但没来吃饭，反而给我送了一封侮辱信，时间正好是在我们等了你半小时的时候！我只读了信的第一行就明白了它的意思，然后我把它放进口袋里，向你的朋友解释说你突然生病了，信里讲的都是你的病症。实事求是地说，我一直到去泰特街吃晚饭时才读完那封信，读着上面那些粗鄙的词句，我不禁无限悲哀地想到：你怎么能写出这种像癫痫病人嘴里的泡沫似的信！这时，我的仆人进来说，你正在客厅里等我，急切地想见我五分钟。我立刻让他到客厅里请你上来，你上来了,(我承认)你看起来很恐惧,脸色苍白。你是来请求我给你出主意并帮助你的,因为有人告诉你,从拉姆利来了一个男人,是个律师,他要求与你在加多根广场会面,你害怕这与你在牛津惹的麻烦有关,或正面临着某种新的危险的威胁。我安慰你说,这可能只是因为某个商人的账单(事实证明也是如此),并让你留下来吃晚饭,与我一起过了一晚。你对自己那封阴毒的信只字未提,我也未提,我只把它看成一个不幸的人的一种不幸的症状,我们也从未间接提起过这个问题。两点半你给我写了封令人厌恶的信,同天下午的七点十五分你就飞跑过来求我的帮助与同情,这种事在你的生活中已是非常司空见惯的了,你这种习惯远远超过你父亲,就像你在其他类似的方面也超过他一样。当他写给你的侮辱信在法庭上被公开宣读时,他自然感到可耻并且假装哭泣,而如果你写给他的信也这样被他的律师在法庭上公开宣读的话,人人都会感到更大的恐惧与厌恶。这不仅表现在你"把他攻击得无招架之功"的语调上,而且表现在你攻击他的方式已远远超出他攻击你的方式,你在这方面比他更高明,因为你用的是公共电报和公开的明信片。我想你或许把这种烦扰人的方式留给了阿尔弗雷德·伍德[①]这样的人,而这正是他们唯一的收入来源!难道不是这样吗?对他来说是一种职业的东西,对你来说只是一种快乐,并且是一种很罪恶的快乐。在我遭受了那么多的痛苦之后,你仍没有放弃你那种可怕的写侮辱信的习惯,仍把这种习惯看作你的一种成

---

① 敲诈者,在审判王尔德时曾出庭作证。

就，并在我的朋友们身上，在那些我在监狱时对我一直很好的朋友身上实践着你的这种习惯，这是你的耻辱！当罗伯特·谢拉德收到我的信，知道不管你用不用我写给你的信，我都不希望你在《法兰西信使报》上发表任何有关我的文章时，你应该感激他得到了我对此事的意见并告诉了你，并且无意中使你免得再像以前做过的那样给我造成更多的痛苦。你一定记得，为一个"潦倒之人"写一封关于"公平竞争"的高傲而平庸的信对英国报纸来说是再合适不过了，因为它符合英国报刊文章遵循的对艺术家的传统态度，但在法国，这种格调只会使我受到嘲笑，使你受到蔑视。因此，我在了解了一篇文章的目的、格调、表达方式等之前，是不会允许它发表的。在艺术上，良好的动机毫无价值，所有坏的艺术作品都源于良好的动机。

在我的朋友中，并不是只有罗伯特·谢拉德收到过你的恶毒的、令人厌恶的信，因为他们坚持认为，在所有与我有关的事情上，都应考虑和尊重我的感情与愿望，如发表关于我的文章、把你的诗题献给我、交出我的信及礼物诸如此类的事。你也惹恼了或试图烦扰其他一些人。

难道你不曾想过，在前两年对我进行判决期间，如果我把你当作一个可靠的朋友，我会处于一种怎样可怕的境地？你难道从未想过这一点？难道你从未感激过那些用自己纯洁的仁慈、无限的爱，给我欢乐以减轻我可怕的重负的人吗？他们一次次来看我，给我写美丽而同情的信，不顾谩骂、嘲笑、公开的蔑视和侮辱，站到我身边。我每天都感谢上帝给了我与你不同的朋友，我的一切都是他们给的：我在监狱里读的书是罗比花钱为我买的，当我出狱时，他也会为我买衣服。我不会因为接受用爱和情给予的东西而感到羞耻；相反，我为此感到骄傲。但你是否想过，莫尔·阿迪、罗比、罗伯特·谢拉德、弗兰克·哈里斯和亚瑟·克利夫顿这样的朋友在给我安慰、帮助、爱、同情以及诸如此类的东西时，他们对我来说意味着什么呢？我想你从未明白过。然而，如果你还有什么想象力的话，你会知道，在我的监狱生活中，不止一个人对我发过善心：监狱的看守祝我早安或晚安，而这并不是他们规定的职责；普通警察以他们朴实、粗率的方式，在我带着可怕的精神绝望往返于破产法庭中尽力安慰我；一个可怜的盗窃犯，当我们一起在旺兹沃思监狱的院子里沉重地移动着脚步时认出了我，他用一种由于长期强制性的沉默而变沙哑了的、只有在监狱里才会有的声音向我低声说："我为你感到遗憾，这对你这样的人来说比对我们这样的人更艰难。"我可以说，他们中的任何一个人，都值得你以跪下来擦净他们鞋上的泥土而感到骄傲。

你有足够的想象力来理解对我来说遇见你们一家是一个多么可怕的悲剧吗？你知道，对任何一个失去了伟大的地位、伟大的名声以及一切有价值的东西的人来说这是一个什么样的悲剧吗？你的家庭里，几乎没有一个成年人——珀西①除外，他确实是个好人——不以某种方式促成了我的毁灭。

我向你说起你母亲时曾带着一些怨恨。我极力主张你让她

---

① 这里是指道格拉斯的哥哥珀西·肖尔托，霍维克·道格拉斯侯爵（1868—1920）。1900年他承袭父亲的爵位，成为第九位昆斯伯里侯爵。

看看这封信,这主要是为了你自己的缘故。对她来说,读到这样一种对她的一个孩子的控诉状一定是很痛苦的,那就让她回忆一下我母亲——一个在思想上可与伊丽莎白·巴雷特·勃朗宁等同列,在历史上可与罗兰夫人的地位相当的妇人——因为她曾为自己儿子的天才和艺术感到那么骄傲,而现在,这个她认为可以继承一个杰出名字的儿子,却被判罪入狱两年!你可能会问我,你的母亲以什么方式促成了我的毁灭,我可以告诉你。就像你尽力把一切不道德的责任转移到我身上一样,你母亲也尽力把她所有与你有关的道德责任都推到我身上。她不是像一个母亲应做的那样面对面与你谈你的生活,而是一直私下给我写信,并热切而恐惧地请求我不要让你知道她一直在给我写信。你明白了我在你与你母亲之间的地位了吧!这与我在你与你父亲之间的地位一样是错误的、可笑的、悲剧性的。在1892年8月及11月8日,我与你母亲有过两次关于你的长谈,两次我都问她为什么她自己不直接与你谈话,她两次都回答说:"我怕说到他时,他会变得非常愤怒。"第一次时,我对你了解还太少,所以我还不理解她那句话的意思;第二次时,我对你已非常了解,所以我完全明白了她的苦衷(两次谈话之间,你得了黄疸病,医生要求你去伯恩茅斯一个星期,你因为不愿一个人去,就让我陪你一起去了)。但母亲的首要责任不是害怕与自己的儿子进行严肃的谈话,如果你母亲能与你进行一次严肃的谈话,就她所看到的你在1892年7月所处的困境,让你向她坦白一切,那样结果会更好,最终会使你们两人都更幸福。她与我进行的一切间接的、秘密的联系都是错误的。你母亲没完没了地给我写信,信封上还都标记着"私信"字样，请求我不要太经常地请你吃饭，不要给你一分钱，每封信的结尾都有一个热切的附言:"无论如何不要让阿尔弗雷德知道我曾给你写信!"这种信能有什么用处？你曾等着我邀请你共进午餐吗？从来未有，你总是把与我一起吃饭看作是理所当然的事，如果我反对，你就会说:"如果我不与你一起吃饭，那我到哪儿去吃呢？你不是说要我回家吃饭吧？"这种问题是我无法回答的。而且，如果我绝对拒绝你与我一起吃饭，你就会威胁说你要做一些蠢事，而且也始终是真做的。你父母写给我的那些信，除了确已发生过的把她的道德责任愚蠢地致命地推到我肩上外，还能导致什么样的结果呢？至少这也证明了你母亲的软弱和缺乏勇气，以及对她自己、对你和我都是毁灭性的各种各样的细节，我不想再多说，但毫无疑问，当她听说你父亲来到我房里大吵一通，并且制造了一个公开的谣言时，她那时就可能看到一种严重的危机已迫在眉睫，但她采取了某些认真的步骤以尽力避免这种危机吗？她能想起的只是给善于花言巧语的乔治·温德姆捎信，让他利用自己的伶牙俐齿向我建议——什么建议呢？就是要我逐渐地疏远你！

好像我一直可能逐渐地疏远你似的！我已经用了每一种可能的方式来试图结束我们的友谊，有时竟然要离开英国，在国外给你一个错误的地址，希望快刀斩乱麻，一下子割断我们之间那种已变得令我厌烦、憎恨、会毁灭我的联系。你认为我能"逐渐地疏远你"吗？你以为那就能满足你的父亲吗？你知道这是不可能的，你父亲真正想要的不是我们友谊的终止，而是一个公开的谣言，这才是他竭力想得到的东西，他的名字已经有好几年没出现在报纸上了，他看到这个机会能使他重新以一种全新的、充满慈爱的父亲形象出现在英国公众面前，于是，他的所谓幽默感就活跃起来了。如果我保持了与你的友谊，那会使他感到极其失望的。而且，第二次离婚案造成的小小的声名狼藉，不管在细节和起因上是多么令人厌恶，但对他来说都是一种微不足道的安慰，因为他要的是轰动，是要成为所谓纯洁的先驱，就目前英国公众的状态而言，这是成为英雄人物的最可靠的方式。我在自己的一个剧本中曾说过，这种公众，如果这半年他做了卡利班，那另半年他就成了答尔丢夫，而在你父亲身上，可以说具备了这两种特征。他就是用这种方式脱颖而出，成为清教主义最敢作敢为、最独特的合适代表。逐渐疏远你不会有任何效果，即使可以疏远你也不行。难道你现在不觉得你母亲必须做的唯一一件事，就是在你和你哥哥在场的情况下，明确向我说明我们的友谊必须完全终止吗？她会发现我是一个最热心的附议者，并且，有我和拉姆兰里格①在房间里，她也不必害怕说给你听。但她没有这样做，她害怕自己的责任，并试图把这种责任推到我身上。她确实给我写过一封信，信很短，是要求我不要把律师写的警告你父亲停止所做的一切的信交给他。她说得很对，我咨询律师并寻求他们的帮助确实是可笑的行为，但她信尾又出现了她常用的那句附言："无论如何不要让阿尔弗雷德知道我曾给你写信！"这就抵消了她的信可能产生的任何效果。

　　当你想到我把律师的信送给你父亲及你自己时真是欣喜若

---

　　① 昆斯伯里夫人的哥哥。

狂。这是你的建议,我不能告诉你,你母亲强烈反对这样做,因为她已用最严肃的诺言——永不告诉你她给我写的信——束缚了我,而我竟愚蠢地遵守了诺言。难道你不明白,她不直接与你对话是错误的吗?她与我的所有那些偷偷的会面、秘密的通信都是错误的吗?没有人能把属于自己的责任推到其他任何人身上,它们最终会各归其主的。你有一种生活观,或一种哲学——如果你还有什么哲学的话——不论你做什么,都要由别人付出代价。我不只是指钱方面的代价——那只是你的哲学在日常生活中的实际应用——而是在更宽泛、更全面意义上的转移责任。你以此作为你的人生信条,而且事实证明你的哲学取得了很大成功。你迫使我采取行动,因为你知道你父亲无论如何不会攻击你的生活或你自己,而我却会为了保护我的生活和我自己而竭尽全力,并承受一切落到我身上的打击。你的估计是很正确的,你父亲与我虽然彼此目的不同,但都老老实实地按照你所希望我们做的那样去做了,但无论如何,在某种程度上,你也不能真正逃脱。"婴儿撒母耳理论",就像人们为简洁起见所称呼的那样,也被一般民众运用得很好。这种理论在伦敦可能会受到很多嘲笑,在牛津会受到一些讥讽,但那只是因为这两处都有一些认识你的人,因为你在这两处都留下了你通过的痕迹。在那两座城市里的这一小部分人之外,还有大多数人都认为你是一个差一点儿被一个邪恶的、不道德的艺术家诱入歧途的优秀的年轻人,幸亏你那仁慈的、爱你的父亲及时把你拯救出来了:这听起来真是太妙了!然而,你知道自己没能逃脱。我不是在提一个只有陪审团才会问的那种愚蠢的问题，这种问题自然要受到检察员和法官的轻蔑对待[①]，对此没有人关心。我指的或许主要是你自己。在你自己眼里，并且将来你不得不想到你的行为，你不会，也不可能对事情已发生的那种方式感到满意。私下里你想到自己时一定会感到许多羞耻。用厚颜无耻的面孔面对大众无疑是很好的，但当你时不时地独自一人没有观众时，我想，即使只为了呼吸，你也会不得不拿下你的面具吧！否则，你一定会被窒息而死的。

你母亲有时也一定会以同样的方式忏悔自己试图把属于她自己的重大责任推到另一个已经承受了足够的负担的人身上的行为。对你来说，她既是父亲，又是母亲，她真的履行了其中的任何一种责任了吗？我讨厌你的坏脾气、你的粗鲁和争吵，那么，她也会有同样的感觉。我上次见到我妻子时——距现在已经有十四个月了——我告诉她说，她也将不得不既做西里尔的母亲，又要做他的父亲。我把你母亲管教你的方式详细地告诉了她，就像我在

[①] 1895 年 5 月 25 日，王尔德案最后一次审判的第六天，也即最后一天，法官威尔斯和陪审团团长之间有这样一段对话：

陪审团团长："法官大人，鉴于阿尔弗雷德·道格拉斯勋爵和王尔德先生之间的亲密关系，是否已经签发了逮捕证，逮捕阿尔弗雷德·道格拉斯勋爵？"

威尔斯："我想没有。我们没听说此事。"

陪审团团长："是否已考虑此事？"

威尔斯："就我所知没有。没有确切的事实证据，而只根据两人的亲密关系是不可能签发逮捕证的。我无法告诉你这一点，我们没必要在此讨论此事，因为阿尔弗雷德·道格拉斯勋爵也可能不得不应答对他的指控。但他没得到传唤。可能出于一千种我们一无所知的考虑，他没有出现在证人席上。我认为你们应该根据自己眼前的证据处理此事。"

这封信里讲过的一样，只是自然要比信里讲得更详细些。我告诉她你母亲为什么要把没完没了的信封上带着"私信"标记的信送到泰特街，听了我的话，我的妻子常笑着说，我们一定是在合写一部社会小说或诸如此类的东西。我请求她不要像你母亲对待你那样对待西里尔。我告诉她，她应该把他抚养大，因此，如果他流了无辜的鲜血，他会跑来告诉她，而她应该先擦净他的手，然后教给他以后如何用苦修或赎罪净化自己的灵魂。我告诉她，如果她害怕对另一个生命的责任，即使这个人是她的儿子，她应该为孩子找个监护人来帮助她。我可以高兴地说，她照我说的做了，她已选择了阿德里安·霍普——一个出身高贵、教养极好、性格善良的男人，即她的堂兄，你曾在泰特街见过他一次——做孩子的监护人，与他在一起，西里尔和维维安就获得了一个能拥有美好将来的好机会。① 如果你母亲害怕与你进行严肃的谈话，她也应该在她的亲戚们中间选一个你会听他话的监护人，但她本就不应该害怕。她应该与你一起坦诚地讲清楚并勇敢地面对各种问题。无论如何，看看事情的结果，她会感到满意和高兴吗？

我知道她谴责我，我不是从认识你的人，而是从不认识你也不想认识你的人口里听说这件事的，我经常听说这回事。例如，她最喜欢说"年龄较大者会对一个比他年轻的人施加影响"，实际上这也表明了她最喜爱的一种对我们交往的态度，而且这种话题往往能成功地投合公众的偏见和无知。我不必问你我对你有过

---

① 阿德里安·查尔斯·弗朗西斯·霍普（1858—1904）在王尔德和其夫人去世后一直是他们孩子的官方监护人，他也是王尔德夫人的姻亲。

什么影响,你知道我对你产生不了一点儿影响,而且这也是你借以不断夸耀自己的一个话题,也是唯一一个"装备完善"的话题。实事求是地说,你身上能有什么会受我的影响呢?你的头脑?它是不开化的。你的想象力?是僵死的。你的心?还没有长出来。在所有与我的生活发生过联系的人当中,你是唯一一个我不论用什么方式也不能在任何方面对你产生影响的人。当我因照料你被传染而发烧、无助地病倒在床上时,我对你的影响甚至不足以让你为我取一杯牛奶,或看到我也需要一些病人常用的必需品,或费心开车走二百码①远去书店用我的钱给我买一本书。当我实际上在从事写作,并要创作一部比康格里夫的剧作还要辉煌、比小仲马的剧作还要富于哲理的喜剧,并且已经为剧中的每一个不同的人物设想了不同的性格时,我对你的影响却不足以使你离开我、不打扰我、让我得到一个艺术家应该得到的安静。我在哪个房间写作,哪个房间就成了你的日常休息室,你在那儿吸烟,喝莱茵河白葡萄酒和塞尔兹(含汽)矿泉水,闲谈一些荒唐的行为举止。"年龄较大者会对一个比他年轻的人施加影响"这句话在传到我耳朵里之前是一种极妙的理论,但之后就变得不可思议了。当这句话传到你耳里时,我猜想你肯定会笑——对着你自己笑——你当然有权利这样做。我也听说了许多她谈到钱的话。她"绝对公正地说",她不停地请求我不要给你提供钱。我承认这一点,她没完没了地给我写的每一封信的结尾都加上一句话:"无论如何不要让阿尔弗雷德知道我曾给你写信"。但对我来说,我并不愿意为你

---

① 约一百八十三米。——译者

花钱买任何一件东西:从早晨用的剃刀到晚上用的马车。为你提供钱对我来说是一种可怕的折磨,我过去常就此向你抱怨——你也记得,对吗?——我是多么不愿意你把我看作一个"有用"的人,一个艺术家是多么不愿意被人这样看待或对待啊!因为艺术家,就像艺术本身,从本质上讲是非常不实用的。当我过去对你说这句话时,你常常会发怒,真理总是让你发怒。实际上,真理是一种听起来最痛苦,说出来也最痛苦的东西,但这并没有使你改变自己的观念或生活方式,每天我都不得不支付你在一天内所用、所做的每一件东西和事情。只有一个老好人或极愚蠢的人才会那样做,而我不幸成为两者的完美结合。当我过去向你提出,你母亲应该提供你所需的钱时,你始终给我一个极漂亮、优雅的回答,你说,你父亲允许她支配的钱每年大约只有1500英镑。我相信,对像她那种地位的妇人来说,这些钱是相当不够用的,你不能再向她要更多的钱了。你以为她的收入与她所处的地位和具有的情趣是绝对不相称的,这是对的,但你不应以此作为靠我过奢侈生活的借口;相反,你应该因此提醒自己在生活中要节俭一点儿。事实上,你是,而且仍会是一个典型的感伤主义者,因为一个感伤主义者只是一个想白白地浪费感情的人。你主张节省你母亲的钱是美的,而你在花我的钱时如果我主张节省就是丑的。你以为一个人可以白白地享受自己的感情,但这是做不到的,即使最美好、最具自我牺牲精神的感情也不得不付出代价,奇怪的是,这就是使它们美好的东西。平常人的思想和感情生活是很卑鄙的事情,因为他们的思想都是从一种"思想的流通图书馆"借来的——这是一个没有灵魂的时代的思潮——而每到周末归还时,这些思想已被他们弄得污秽不堪了。这种人也一直试图赊购自己的感情，所以，当账单送到他们手上时，他们就拒绝付款。你应该抛弃那种生活观，一旦你为一种感情付出了代价，你就会知道它的性质，并能更好地理解它。你要记住，感伤主义者在内心始终是一个犬儒主义者，感伤实际上只是犬儒主义的公假日。从思想方面说，尽管犬儒主义是快乐的，但既然它是把浴缸当作俱乐部的[①]，那它永远只能是一个没有灵魂的人的完美哲学。犬儒主义有其社会价值，因为对一个艺术家来说，一切表现形式都是令他们感兴趣的，但就它本身来说，则是可悲的，因为对真正的犬儒主义者来说，一切都是不可知的。

我想，如果你现在回想一下你对你母亲收入的态度，以及你对我收入的态度，你就不会为自己感到骄傲了；或许，如果你没让你母亲看这封信，将来有一天你可以向她解释，说你从未问过我愿不愿意让你依靠我生活，你采取的这种忠诚于我的方式只是一种特殊的、我本人最厌恶的方式。在你眼里，事无巨细都要由我来替你付钱，给你提供所有童年的魅力。你坚持由我出钱来享受每一种快乐，你以为你这就发现了永葆青春的秘密。坦率地说，当我听说你母亲谈论我的话时，我非常伤心。我相信你思考后也会与我有同感：如果她对你们家族带给我的毁灭没说过一句悔恨或悲哀的话，那她最好保持沉默。当然，她没有理由看到这封信中提到我经历的精神发展或我希望达到的任何起点的部分，那不会引起她的兴趣。但如果我是你，我就会让她看到那些纯粹是谈你的生活的部分。

[①] 据说哲学家第欧根尼就是生活在缸里的。

事实上，如果我是你，我就不会介意被人虚伪地爱着。一个人没有理由向公众展示他的生活，因为公众是没有理解力的，但对人们期望得到他们的爱的那些人来说情况就不同了。我的一位伟大的朋友——与我保持了十年的友谊①——不久前来看我，他告诉我他一点儿也不相信人们对我的议论，并且希望我知道。他认为我是非常无辜的，是你父亲编造的险恶阴谋的受害者。听了他的话，我的泪水喷涌而出，我告诉他，虽然你父亲对我的指控有许多是假的、是出于恶意转加到我身上的，然而我的生活的确也充满了邪恶的快乐和奇怪的激情，所以，如果他不能接受并完全理解这个事实，我就不可能再与他做朋友或与他在一起。他听了这些话非常震惊，但我们是朋友，我与他的友谊从来都不是建立在虚假的基础上的。我曾对你说过，说出真理是一件痛苦的事，但被迫说谎更痛苦。

我记得，在对我进行最后一次判决时，我坐在被告席上听洛克伍德②对我的可怕的痛斥——像塔西佗说过的话，像但丁书中的一句话，也像萨沃纳罗拉③在罗马对主教们的抨斥——他的话使我感到恐惧和厌恶，我突然想到："如果这一切都是我自己说出来的，那该是多么辉煌啊！"然后我立刻明白说别人如何如何毫无意义，关键在于谁说。我毫不怀疑，一个人最高尚的时刻就是他跪在尘土中、敲打着自己的胸膛说出自己生活中的一切罪恶的时候。对你也是这样，如果你让你母亲稍微了解一点儿你的生活，你就会

---

① 弗兰克·哈里斯说这里指的是他，但更可能是谢拉德，他也记录了类似的谈话。

② 弗兰克·洛克伍德（1847—1897），第二次审判王尔德时任控方辩护律师。

③ 15世纪意大利宗教政治改革家，抨击罗马教廷和暴政。——译者

比现在幸福得多。我在1893年12月就这个问题与她谈了许多，当然，因为我被迫要保持沉默，所以我只能这样笼统地说，但我这样做似乎并没有给她多少勇气来与你联系；相反，她比以前更固执地回避看到事情真相。如果你亲口告诉她，情况就不同了，对你来说，我说的话有时可能太刺耳了，但你是不能否认事实的。事情就是我说的那样，如果你尽可能按照你应采取的态度认真地读了这封信，你就会面对面地与自己相遇。

我现在这么详细地给你写信，是为了使你能认识到，在我入狱之前的那三年致命的友谊中，你对我来说意味着什么，而在我入狱的这段时间内（几乎不用两次月圆就要刑满了），你对我来说又意味着什么，以及当我的监狱生活结束时，我希望自己对自己来说应是什么样子，对别人来说又应是什么样子。我无法重写我的信了，你必须按现在这种样子接受它。信里有许多地方都被我的眼泪弄脏了，也有些地方带着激情或痛苦的印痕，所以，你尽可能以最好的方式把它整理出来，包括涂掉和修改的，等等。我已经整理好其中修改过的地方和勘误表，目的是使我的用词应能绝对表达我的思想，使错误既不是因为过剩也不是出于不充分。语言需要调节，就像小提琴一样；就像歌唱者的声音里或琴弦的振动里有过多或过少的颤动就会唱出或奏出错误的音调一样，语言上太多太少也会损害文意。照这种样子，我的信在每一句话后面至少都有其明确的含义。它没有任何修饰的成分。信中的每一处删改或替换，不管它是多么微不足道，也不管它是多么复杂，都是因为我在试图表达出我的真实印象，为我的情绪找到一个确切的对应词。无论什么，只要是以感情为主的，形式上往往是最糟糕的。

我承认这是一封严肃的信。我没有宽恕你。实际上你可以说，在承认不宽恕你之后还把你与我最小的悲哀和最微不足道的损失相比是不公平的。我确实这样做了，并且一点一点地最仔细地分析了你的本性，这是事实，但你必须记住，是你自己把自己放进我的天平里的。

你一定要记住，即使只与我狱中生活的一个时刻相比，你所处的平衡就会倾斜。虚荣心使你选择了平衡，也使你紧紧地依附于这种平衡。我们的友谊中存在着一个重大的心理错误，即它绝对要求和谐。你迫使自己进入一种对你来说过于博大的生活，一种活动范围超过了你的视野和你的周期运动能力的生活，一种其思想、激情和行动都有集中的意义，广泛的趣味充满了——实际上是太沉重了——奇妙的或可怕的后果的生活。你过的那种充满了小技巧和小情绪的小生活在自己的小范围内是值得尊敬的，在牛津大学也是受人尊敬的，因为在那儿，你遇到的最坏的事也只是教务长的指责或校长的训话，在那儿，最激动的事是马格达伦那成为河流的源头，在校园里点燃篝火成为庆祝重大事件的盛举。你离开牛津后，这样的情况仍会继续下去。就你自己来说，你都是对的，你是一种非常现代类型的人中的一个非常完美的标本。只是在与我有关时你才错了。你不顾后果的浪费不是罪恶，年轻人一直就是喜欢浪费的，但你却迫使我为你的奢侈提供钱，这是你应该感到羞耻的。你希望有这样的一种朋友，即你可以从早到晚都与他在一起的朋友，这种愿望是迷人的，几乎像田园诗一样。但你紧抓不放的朋友不应该是一个文学家、一个艺术家、一个因为你的持续出现而完全毁灭了他的所有美的作品，而且实际上还摧折了他的创造力的人。你认真思考的是：度过一晚上的最完美的方式是先在萨沃伊来一次香槟正餐，接着去音乐厅包厢，最后以威利斯的香槟晚餐作为最后的"美味"。在伦敦，大多数寻欢作乐的年轻人都持同样的观点，这甚至称不上是一种怪癖，这也是成为怀特俱乐部成员的资格证。但你没权利要求我也成为你追求的这种快乐的追求者，这表明你对我的天才缺乏任何真正的理解。再说，你与你父亲的争吵，不管人们对它的性质有什么看法，它应该完全只是你们二人之间的事，是应该在后花园里进行的。我相信，这种争吵常常是以这种方式解决的，而你的错误在于坚持把它作为一种悲喜剧在舞台上上演，要让全世界作为它的观众，而我则是在这场卑鄙的竞争中奖给胜利者的战利品。你父亲厌恨你，你也厌恨他，英国公众对这种事实并不感兴趣，因为这样的父子之情在英国家庭生活中非常普遍，而且也只应局限在它们应该在的地方，即家庭，一离开家庭范围，这种感情就会显得很不合时宜，试图说明它就是一种冒犯。家庭生活不应被当作在街上飘扬的旗帜，或在马背上用力吹响的号角。你把"家庭性"拉出了其合适的范围，就像你把自己拉出了合适的范围一样。

那些放弃自己所适合的领域的人只是改变了他们的环境，而不是他们的本性，他们没有获得适合于他们所进入的范围的思想或激情，这也是超乎他们的能力之外的事。感情力量——就像我在《意向集》的某处说的——与肌体力量一样，其耐久力是有限的。[①]虽然勃艮第的所有紫红色大桶都满满地盛着酒，踩酒者

[①] 《作为艺术家的批评家》(二)。

站在西班牙葡萄园里齐膝深的葡萄堆里,小杯子也只能盛下它所能盛下的酒。世上最普遍的错误是认为:那些成为伟大悲剧的原因或条件的人也有适合于悲剧情绪的感情:没有什么错误能比希望从他们身上获得这种感情更致命的了。身穿"火焰之衫"[①]的殉道者可能正看着上帝的脸,但对正在打柴捆或突然解开柴捆的人来说,整个场面只不过像对屠夫来说杀死一头牛,对林中的烧炭者来讲树的感情,或对一个正用大镰刀割草者来讲一朵花的掉落一样。伟大的感情是与伟大的灵魂相契合的,只有伟大的人才能看到伟大的事件。

从艺术的观点看,在观察的细致方面,在所有的戏剧中,我还没有发现比莎士比亚对罗森格兰兹和吉尔登斯吞的描写更无可比拟或更富于暗示性的。他们是哈姆雷特大学时的朋友,也曾是他的同伴。他们常常回忆他们在一起时的快乐时光。当他们在剧中遇到哈姆雷特时,这位王子正承受着一种自己的性格所无法承受的重负,死人已披挂着铠甲从坟墓里走出来,给予他一个对他来说既过分伟大又过分卑鄙的使命。他是一个梦想者,却被逼必须采取行动;他有诗人的气质,却被逼要应付世俗因果的纠纷、去应付他一无所知的实际人生,而不是他所了解的生活的理想本质。他不知道自己应该做什么,所以他就装成疯子。布鲁图[②]曾以装疯为衣,隐藏其目的之剑、意愿之刀;但对哈姆雷特来说,

---

[①] "就像一位脸色苍白的、身穿火焰之衫的殉道者。"(亚历山大·史密斯,《生活剧》第二场。)

[②] 罗马贵族政治家,刺杀恺撒的主谋。——译者

疯只是用来掩盖他的脆弱的面具。在奇想和开玩笑的过程中，他看到了拖延的机会，他不断地与行动开着玩笑，就像艺术家与理论开玩笑一样。他把自己弄成自己合理行动的间谍，并且当他倾听自己的言语时，他知道它们只不过是空话、空话、空话。他不是要努力去做他自己历史上的英雄，而是想成为自己悲剧的旁观者。他不相信一切，包括他自己，然而他的怀疑却根本无法帮助他，因为他的怀疑不是出于怀疑主义，而是因为他的分裂的意志。

罗森格兰兹和吉尔登斯吞对这一切一无所知，他们鞠躬、假笑、微笑，一个人说什么，另一个就随声附和。当最后，哈姆雷特利用剧中剧和剧中人的痴话"抓住了"国王的"良心"，把那个恐怖的恶人从王座上赶下来时，罗森格兰兹和吉尔登斯吞只是伤心地看到哈姆雷特的行为破坏了宫廷礼仪。这就是他们在"用适当的情绪熟虑人生的景观"时所能达到的地步。他们接近哈姆雷特的秘密，却对这秘密一无所知，即使把秘密告诉他们也没用。他们是"小杯子"，只能盛那么多的水。剧终暗示说，由于陷入了一个为别人而设的机关，他们遇到了或可能会遇到一种暴力的、突然的死亡。但这种悲剧结局虽然因哈姆雷特的幽默而触发过某种喜剧的惊奇和正义，但实际上这种结局不是为他们而设的。他们永不会死亡。而为了"公正地向那懵无所知的世人报告哈姆雷特死亡的原因"，

　　　　暂时使他远离幸福，
　　　　在这个残酷的世界里，痛苦地呼吸

的霍拉旭却死了,虽然他面前没有一个观众,也没留下兄弟。但罗森格兰兹和吉尔登斯吞却和安杰洛和答尔丢夫一样是不死的,他们是现代生活所称誉的那种古典的理想友谊的典型。写出一种新的《论友谊》①的人,必须要为他们找出一个地位,用图斯库兰的散文②赞美他们。他们被固定为一种时代的典型,指责他们是缺乏鉴赏力的表现,他们只是来自他们自己的领地,仅此而已。至于灵魂的高贵,则是不会传染的。高尚的思想和高尚的感情就是被它们自己彼此分离的。奥菲莉亚自己无法理解的,优雅的罗森格兰兹和优雅的吉尔登斯吞也无法理解。当然,我并不是把你与他们相比,你们之间有很大的差别。他们拥有的是机会,与你相伴的却是选择。你固执地未经我邀请就把你自己强行推到我的领地,并在那儿强占了一个你既没权力也不够资格得到的位置。你通过一种奇怪的固执,通过天天在我的生活中出现,成功地吸收了我的全部生活,并把我的生活击得粉碎。尽管对你来说这些事听起来很奇怪,但你在做这些事时却是自自然然的。如果有人给一个孩子一件玩具,这件玩具对他小小的头脑来说是过于奇妙了,或对于他半醒着的双眼来说又过于美丽了,那么,如果这个孩子是任性的,他就会打碎玩具,如果这个孩子是倦怠的,他就会扔下玩具,去找自己的小伙伴。对你来说也是这样,虽然你紧紧抓住了我的生活,但你却不知道如何应对我的生活,你也不会知道,你是无法理解这对你来说过于奇妙的东西的,你应该放开它,然

---

① 西塞罗著有《论友谊》。——译者
② 西塞罗著有《图斯库兰论辩集》。——译者

后回到你自己正在玩耍的同类中去。不幸的是，你是任性的，那也许就是已经发生的一切的终极秘密，因为秘密总是小于它的表现形式。通过一个原子的置换，可以震撼整个世界。我既不宽恕你，也不宽恕我自己。我还要补充的是：尽管我与你接触是危险的，但我们接触的那种特定时刻对我却是致命的。因为你处于生活中那种人们只需要播种的时节，而我则处于生活中人们收获果实的季节。

还有几件事我必须写信告诉你。第一件事关于我的破产。几天前我听说——我承认自己极其失望——对你的家庭来说，现在支付我的法庭费用已经太晚了，而且还是非法的，我必须在以后相当长的时间内一直处于目前这种令人痛苦的地位。这种说法令我很伤心，因为我确信，若依据法律权限，如果没有破产案产业管理人（一切账目都必须交给他）的许可，如果你父亲和我其他不多的几个债权人收不到收据，我甚至连一本书都不能出版，也不能与剧院经理签约，或上演一个剧本。我想，即使你现在也会承认，那种依靠允许你父亲造成我破产以"战胜"他的计划，并没真的如你想象的那样取得辉煌的成功，至少对我来说，这样的成功从来没出现过。你应该考虑的是我在赤贫状态下感受到的痛苦和羞辱，而不是你自己的幽默感，不管你的幽默感是多么刻薄和奇兀。实事求是地看，从你眼看着我破产，从你怂恿我对你父亲进行第一次控告来看，你实际上始终没能逃出你父亲的手掌心，你所做的都正是他想做的。如果他孤身又无助，那他是没有能力发泄他的厌恨的。在你身上——虽然你并不打算拥有这样一种可怕的职责——他始终能找到他的主要同盟军。

莫尔·阿迪在信中告诉我，去年夏天，你确实在不止一个场合表示你希望能补偿一点儿我在你身上花的钱。就如我在给他的回信中所讲的，不幸的是，我在你身上花掉的是我的艺术、我的生活、我的名字、我在历史上的地位。即使你的家庭能随心所欲获得世界上一切奇妙的东西，或世界以为奇妙的东西，像天才、美、财富、崇高地位等，并把它们全放在我的脚边，也无法抵偿从我身上夺去的最小的东西的十分之一，或我流过的最小一滴泪中的一滴。然而，人做的一切当然都是必须得到报偿的，即使破产也是一种报偿。你似乎认为，破产是一个人用以免债、事实上也是"战胜"其债权人的最便利的手段，如果我们还继续谈你最喜欢的话题，那可以说，事实正好相反，这是一个人的债权人"战胜"他的手段，是法律通过没收他的所有财产迫使他偿清他的每笔债务的手段，如果他不这样做，他就会身无分文，像一个贫贱的乞丐站在拱道里或蜷缩在路旁，伸手求乞他害怕求要的施舍物一样，至少在英国是如此。法律不仅夺去了我所拥有的东西——我的书、家庭、画、出版书的权利、上演剧本的权利；实际上还夺去了我已有的一切——从《快乐王子》到《温德米尔夫人的扇子》，再到楼梯上的地毯及房子的门把手，都被夺去了；而且我还失去了我将要有的一切，例如，我在婚后夫妻财产处理协议中的权利就被卖掉了，幸运的是我可以通过我的朋友再把它买回来，否则，万一我妻子死了，我的两个孩子一生都要像我一样身无分文。我想，下一步就要卖掉由我父亲授予我的对爱尔兰的产业的权利，卖掉它会使我非常难过，但我不得不把它交出去。

你父亲的700便士（还是700英镑？）变成了我的拦路虎，而且必须偿还。即使当我被剥夺了我已有的和将要有的一切时，以及当我被逼成一个无助的破产者时，我仍必须偿还我的债务。萨沃伊的正餐——清爽的甲鱼汤，甘美地隐身于有皱纹的西西里葡萄叶中的圃鹀，醇厚的、琥珀色的、实际上几乎也是琥珀味的香槟酒。（我记得你最喜欢1880年的达戈内香槟酒，对吗？）这一切现在都不得不要我付出代价。威利斯的晚宴，特酿的"巴黎之花"葡萄酒始终是为我们留着的，直接从斯特拉斯堡采办的馅饼，我们用的大钟形玻璃杯底存留着的奇妙的美味香槟，其香味只有真正对生活敏锐的美食家才能品尝出来，这一切都不能不花钱，不能成为一个不诚实的当事人的可恶债务，即便是精美的袖口链口（四只心形的镀银的月亮石、底座交替环绕着钻石和红宝石，这是我设计的，并在亨利·刘易斯那儿做成的，是我给你的一件特殊的礼物，以庆贺我第二部喜剧的成功，虽然几个月后你就为点一首歌卖掉了它们）也都是要花钱的。不管你如何处理它们，我都不能让替我做成这些礼物的珠宝商赔钱。因此，即使我破产，我仍要偿还债务。

破产者的真实境遇也是任何人都会在生活中遇到的。一个人要为他所做的每一件事付出代价。即使你全心希望绝对不承担任何责任，坚持由别人为你提供一切，试图拒绝付出任何形式的感情或关注或感激，将来某一天也会认真地反思你所做过的事，并试图偿还它们——不管你是多么徒劳地想做到这一点，将来你没有能力做到这一点，这个事实本身就是对你的一种惩罚。你不能洗刷掉你所有的责任，然后轻松潇洒地或微笑着去结交新朋友，或重新四处寻找快乐。你不能把你曾带给我的一切只视作一段感伤的回忆,只是在抽烟、喝酒时才偶尔想起;或是只视作一种快乐的现代生活的鲜亮背景,像挂在路旁小旅店里的旧挂毯。这种回忆,虽然暂时会有一种新果汁或新鲜的葡萄酒那样的魅力,但盛宴的残羹剩饭终会变臭,酒瓶里的残渣终会变苦,或在今天,或在明天,或在将来的某一天,你会认识到这一点。如果死神来临时你仍没有认识到这一点,那么你所过的是一种多么渺小、空虚、无想象力的生活啊!我在给莫尔的信中已经表达了这种观点,你最好尽快从这种观点接近这个问题,他会告诉你这个问题是什么。要理解这个问题,你不得不开发你的想象力。要记住:想象力是一种既能使人看到人与物的现实关系,也能看到理想关系的品质。如果你自己不了解这个问题,那就与别人谈谈。我必须面对面地看我的过去,也必须面对面地看你的过去。你要静静地坐下来思考这个问题。世上最大的罪恶是浅薄,凡认识到的都是对的。你可以与你的兄弟谈谈,实际上与你谈这个问题的合适人选是珀西,让他读读这封信,了解我们友谊的一切背景,把一切都明白地摆在他面前,这是最好的评判方式。如果我们早就告诉了他实情,我会免去多少痛苦与羞辱啊!你应该记得我是曾打算这样做的,你从阿尔及尔到伦敦的那天晚上我就准备这样做了,但你坚决反对,因此,当他晚饭后来找我们时,我们只得表演一场喜剧,说你父亲神志不正常,耽于迷乱的、无法解释的幻象。这出喜剧在表演过程中是一流的,现在仍是一流的,因为珀西对这出戏很认真。不幸的是,这出戏是以一种令人厌恶的方式结束的,我现在正谈着的问题就是它的一个结果。如果这个问题对你来说是一种苦恼，请不要忘记它是我受过的最大的侮辱、是我必须经受的侮辱。我别无选择，你也别无选择。

我必须与你说的第二件事，是关于我刑满释放时我们会面的条件、环境和地点。我从你去年初夏给罗比写的信中得知，你已把我给你的信和礼物封成了两个包——至少是还存留的信及礼物——并急于亲自把它们交给我。当然，你放弃它们是必要的，你不理解我为什么给你写漂亮的信，就像你也不理解我为什么给你漂亮的礼物。你没能力明白，前者并不是准备着被惩罚的，就像后者也不是准备用来做抵押的一样。除此之外，它们还属于我早就结束了的生活的一个侧面，从属于你不能理解其价值的友谊。你现在一定会带着惊奇回顾你把我的全部生活掌握在你手里的时光，我也一样，只是我还带有一种与你极其不同的感情。

如果一切顺利的话，我5月底就要出狱了，我希望与罗比和莫尔·阿迪一起立刻去国外某个海边小村，就像欧里庇得斯在他的一个剧本[①]中所说的，海会洗去世界的污点和创伤。

我希望至少能有一个月的时间与朋友在一起，用他们健康和充满爱的陪伴来获得安静与平衡，使心灵的痛苦稍微减轻，使情绪更快乐。我对于伟大、单纯而原始的东西，如海，有一种不可思议的憧憬，海与地球一样都是我的母亲。对我来说，我们都是对自然期望得太多，而与其生活在一起的时间太少。我在希腊人的态度里发现了伟大的理智，他们从不对着落日喋喋不休，或争论草地上的阴影是否真是淡紫色的，他们只看到大海是为游泳者

---

① 指《伊菲革涅亚在陶里斯》。

而存在的，沙地是为跑步者的双脚而存在的，他们爱树是因为它们投下的影子，他们爱森林是因为正午时的静谧。管理葡萄园的人，俯身察看新芽时，为了遮挡住阳光而将自己的头发与常青藤缠在一起。对希腊人给我们的两种典型：艺术家和竞技者来说，他们是用辛苦的桂叶和野欧芹叶编成花冠的（除此之外它们对人类毫无用处）。

我们称我们自己这个时代为功利的时代，可是我们对任何简单的东西的用途一无所知。我们已经忘记水能使我们清洁，火能使我们净化，地球是我们所有人的母亲，因此，我们的艺术是月亮，与阴影一起嬉戏；而希腊的艺术则是太阳，直接处理的是事物本身。我确信，元素的力量中是有净化作用的，并且我想回到它们中间与它们一起生活。当然，对像我这样现代的人，即"时代之子"来说，只看看世界也常常是很可爱的事。当我想到，到我出狱的那一天，金链花和丁香花都会在花园里盛开，我将看到风把其中一个的飘动的金黄色花瓣吹进不停摇动着的美里，而使另一个摇动着其淡紫色的羽状花，使整个空气变成阿拉伯国度里的那样，我就会因快乐而颤抖。当林奈①第一次看到英国一个宽阔的高原因缀满了芳香的黄褐色金雀花而变成了金黄色时，他激动得跪下来，并因快乐而哭泣。而且，我知道，对把花作为欲望的一部分的我来说，眼泪是在蔷薇花瓣中等待着我的，我从少年时代起一直就是这样的。我的本性依了某种对事物灵魂的微妙同情，可以呼应任何一种隐藏在花杯中或外壳曲皱里的颜色。我就像戈

---

① 18世纪瑞典博物学家。——译者

蒂耶,始终是"为了可见的世界才存在"①的人。

然而,我现在意识到,在一切美的后面——虽然这种美是令人满意的——尚有某种精神潜存着,而一切画出来的形式和形状仅仅是表现的样式,我希望的调和就是与这种精神和谐。我已经厌倦对人和物的明确的表现,我现在寻找的是艺术的神秘,自然的神秘,我可以在伟大的交响乐中、在悲哀的创始里、在海的深处找到这种神秘,对我来说,到某处找到它们是绝对必要的。

就像一切宣判是死亡的宣判一样,所有的审判也是对生命的审判。我已经被审判过三次了,第一次是我在离开包厢时被捕,第二次是被关在拘留所里,第三次是在监狱里度过两年。社会上没我的位置,也没有给我留下位置,但自然的甘霖既降到正当的地方也降到不正当的地方。总可以给我一个隐藏的洞穴吧!总有我可以在她的静谧中哭泣而不被打扰的幽谷吧!她会在夜里挂满星星,使我在暗夜里行走而不会跌跤;她会把风吹到我的脚印上,使得没有人能追踪而至伤害我;她会在洪流中把我洗净,用苦药使我健全。

在这个月底,当6月的蔷薇全都恣意盛开的时候,如果有可能,我会通过罗比安排与你在国外某个像布吕热这样的安静小城见面,几年前我曾被那儿的灰色房子、绿色的河流和清静的小道所吸引。到那儿,如果你想见我,你不得不改变你的名字,你不得不放弃你那个令你如此骄傲的小小的头衔——这个头衔也确实

---

① 王尔德在《道林·格雷的画像》第九章用这句话描写道林。

使你的名字听起来像花一样美——就像我也放弃我那在"名声"嘴里像音乐一样动听的名字一样。我们这个时代是多么卑鄙、狭隘，是多么不堪承担自己的重负啊！它用岩石为"成功"建造宫殿，却不为"悲哀"和"羞辱"提供一处茅草小屋：这一切促使我改了自己的名字，用这种名字，即使中世纪遗风也会给我僧侣的蒙面斗篷或麻风病人的面罩，使我可以隐藏在它们后面得到心灵的平静。

在一切该发生的已发生过之后，我希望我们的会面会是你我之间应该有的那种会面。在过去，你我之间一直有一道很宽的鸿沟，这道鸿沟是存在于创造的艺术和既成的文化之间的；现在你我之间仍有一道更宽的鸿沟，这道鸿沟是悲哀的鸿沟。至于你给我这封信的回信，你可以任意选择长短，信封上的地址写"雷丁监狱监狱长收"，在这个信封里面，你再用另一个没封口的信封装上你给我的信。如果你用的信纸很薄，那就不要在正反面都写字，因为这会让人看不清楚。我是以一种完全自由的态度给你写信的，我希望你给我写信时也用同样的态度。我必须从你那儿知道，你为什么从不尽量给我写信。从前年 8 月，特别是去年 5 月以后，到现在已是十一个月了，你知道，你也向别人承认过你曾使我多么痛苦，以及我是如何知道这种痛苦的。我一月又一月地等着你的信。即使我没有一直在等，而是把你关在我的门外，你也应该记住：从来没人能把"爱"关在门外。在福音书里，不公正的法官最终站起来宣布了一项公正的判决，因为"正义"每天都要敲打他的门。在晚上，心里没有真友谊的朋友最终被迫屈从于他的朋友，因为"爱驱使他这样做"。世界上没有一所监狱的大门是

"爱"不能撞开的,如果你不理解这一点,你也就是对"爱"一无所知。我们现在来看看你给《法兰西信使报》写的关于我的文章,我对它也略有所知。你在给我回信时最好从那篇文章中引用一些话。你的文章已被固定为典型了。你也要让我知道你的诗中"献身"一词的确切含义,如果你写的是诗,就引用诗;如果是散文,就引用散文。我毫不怀疑它会包含美的东西。你要充分坦诚地给我写写你自己:你的生活、朋友、工作、你的书,告诉我你出版了多少书及它们的销量情况。在谈你自己时,不论说什么,都不要恐惧。不要写那些不是你真心想说的话,仅此而已。如果你信中有什么错误的、虚伪的东西,我会立刻就能看出来的。这不是无缘无故的,也不是没有目的的,在我一生对文学的崇拜中,我已把自己变成

> 声音和音节的守财奴,
> 与弥达斯①只喜欢他的金币一样。②

你也要记住,我仍是了解你的。或许我们仍然不得不再彼此了解。

对你自己来说,我归根结底只说一件事:不要害怕过去。如果有人告诉你过去是无法改变的,你不要相信。过去、现在和将来在上帝眼里都只是一瞬间,在他眼里,我们都应努力去生活。

---

① 希腊神话中无比贪心的国王。——译者
② 济慈的《论十四行诗》中的诗句。

时间与空间、延续与扩展,都是"思想"的偶然条件,"想象"可以超越它们,进入一个理想存在的自由境界。万事万物的本质也都是我们选择赋予的,一件东西取决于我们看待它的方式。布莱克说:"在那儿,别人只看到黎明的曙光正在山顶显现,而我却看到正在快乐地呼喊着的众神之子。"[1] 当我因受不了嘲笑的压力而采取了反对你父亲的行动时,对世界和我自己来说,我似乎永远失去了我的未来。我敢说,如果我真的失去了我的未来,那也是早在那件事发生之前就已失去了。在我面前只有过去。我已使自己换一种眼光看那件事,也使整个世界、使上帝换一种眼光看它。我不能靠忘掉它或蔑视它或拒绝承认它才做到这一点,我只有把它作为我生活与性格发展中必不可少的一部分而完全接受它。我要感谢我所受过的一切痛苦,你可以通过这封充满了多变的不稳定情绪、嘲弄和辛辣、希望及实现这些希望的失败的信,来非常清楚地知道我离真正的灵之性还有多远。但你不要忘了,我是坐在一个怎样可怕的学校的课桌旁的。尽管我是不完美、不完善的,你仍然可以从这儿获得很多东西。你可以到我这儿学会"生命之欢乐"及"艺术之欢乐"。或许,我就是被挑选出来专教你更奇妙的东西的,它就是"悲哀"的意义、"美"的意义。

深爱着你的朋友
奥斯卡·王尔德

---

[1] 《末日审判》。

49. 致莫尔·阿迪

雷丁，H. M.监狱，1897年3月8日

亲爱的莫尔，很感激你的来信，监狱长好心把你的信交给了我并准许我回信。我知道我的事很不妙，但你也不是为了愉快才替我承担这件事的，因此我可以非常坦率地给你写信。

你的消息令我很失望。我的委托人和姐夫的索赔要求当然易于撤销，我想，如果能由昆斯伯里的家庭还清昆斯伯里的债务的话，我就无论如何可以还清我自己的其他欠债，因为这些钱实际上也不多。然而，我又明白这做不到。我现在在考虑如何保留或买断我的书和剧本的收益。我也并不以为这些钱有很多。由于我已经付给了对我毫无帮助的汉弗莱斯150英镑（当然更不用说他迫使我两次在破产法庭公开露面了，而本来一次就足够了，他还让他自己的亲戚格兰先生[①]作为什么律师在场，而实际上根本不需要律师），我不愿再给他写信了。然而我非常急于想知道自己怎样才能一直得到事情的进展情况，这样，一旦我的版权卖掉，我就可摆脱他们了……

至于昆斯伯里一家，他们竟允许自己的父亲为了支付那一点

[①] 指约翰·彼得·格兰（1839—1916），汉弗莱斯的妹夫。王尔德两次受审期间他都是以阿尔弗雷德·泰勒的律师身份出现的。在破产法庭上，他又做了王尔德的律师。

点少得绝对让人不屑一顾的诉讼费而迫使我宣布破产，我对此当然很受震动。我早告诉过你，这点儿钱还没有我在戈灵时在夏天的三个月内花在波西身上的钱的一半多——还不到一半呀！他们认为自己的父亲不支付自己该支付的那微不足道的一点儿钱是件"荣耀"的事，这表明他们是多么不了解我的感情啊。至于昆斯伯里，我敢说再也没有人能像他那样花那么小的代价而获得那样粗鄙的快乐了。他在最便宜的市场上获得了胜利。实际上，在他的一生中，他发现只有这次获得的快乐是节约的。为了900英镑而把我这样的人送进监狱，然后再把他弄出来，以700英镑多一点儿的钱抵偿债务，他可从来没做过这么划算的生意啊！至于我自己的债务，他们则闭口不谈了。他们不是去支付700英镑这么微不足道的一点儿钱，而是让他们的父亲再一次在我身上大获全胜，这令我受到深深的伤害。生活在行动的世界的人不理解还有另一个世界，即一个失去自由的人生活的世界，一个只有感情，并且会随着感情产生一种力量、一种无法描述的永恒性的世界。

据人说，珀西已为我积攒了600英镑以抵偿他父亲的费用，用来买回我那些被破产法庭没收的财产，或作他用。我谢了他。我认为珀西是个很好心的人，善良又体贴。我很希望能有机会再见见他。他当然本应该已经付掉这笔钱，然后，如果必要就让我自己来偿还自己的债务。但我毫不怀疑他是受人指使才这么做的。如果他能对整桩事情多一点儿了解的话，他就会明白，他没有阻止我破产这件事只会让他的父亲获得双倍的快乐和狂喜。昆斯伯里害怕的就是这件事。就整件事来说，昆斯伯里一家都必须记住是他们把我送进监狱的，是他们使我破产的，是他们不允许一个被他们彻底毁灭的人连贫民院也不能进去的。

你说我的朋友已经给我准备了足以让我生活十八个月的钱,这个消息太令我感动了,对我的帮助太大了:这给了我一个可以自由呼吸的空间。但是我当然不能把自己的一生都压在这些我无权向他们提出要求的朋友们的肩上,就像他们也不必对这个上帝的世界中那些穷困潦倒、无家可归的流浪汉承担什么责任一样。我不能这样做。我可能会活过十八个月。一颗心可以被切开,但仍可以继续完成它的自然功能。灵魂可以坐在死亡的阴影下,而肉体却可以走在生活道路上,能呼吸、能吃饭、能感受到太阳和雨。我的器官都还没毛病,我苦恼的仅是失眠,但每天还是可以睡四五个小时的。我能自食其力吗?当然能,这一点儿也不奇怪。我生在一个长寿的家族。昆斯伯里一家最好认识到这一点,道格拉斯家族的名字与其他一些名字一样都是令人厌恶的。一个家庭既可以欠荣誉债也可以欠羞耻债。如果道格拉斯家的财产清单上想加上这么一点微不足道的诉讼费,那就让他们加吧。一个家庭不可能毁灭我这样的人,不可能把整件事只看作茶余饭后消遣、娱乐、回味的材料。人,就像易卜生剧中一个人所说的,"是不做这些事的"[①]。让我来提醒他们这真是件噩梦般的事。他们应该向他们的律师咨询,并让他把商量的结果通知我的律师。这都是非常必要的。

你在信中说波西非常想"弥补"一下"我在他身上所花的钱"。不幸的是,我在他身上花去了我的一生,我的天才,我的

[①]《海达·高布乐》中的最后一句台词。

地位，我在历史上的名声，而这些是无法进行或大或小的"弥补"的。但至于我的毁灭导致的我只有一些可怜的英镑、先令和便士这个方面——济贫院方面——他必须认真考虑整个问题。他有责任这样做。他对自己的责任实际上远远超出对我的责任。人若演悲剧就应演"宏大风格"的悲剧。所以小场面、小情节、小情绪、小动作都已过时了。如果道格拉斯家族认识不到这一点，那就请告诉我。但我肯定他们会认识到这一点。我的生活当然也必须是一种非常休闲、简单和俭省的生活，必然要有许多自我否定的行为，不管这是别人强加给他的还是他自己甘愿接受的。但可以肯定的是，即使是对一个具有节俭美德的人来说，他仍是需要那么一点儿永恒价值的。波西必须仔细考虑一下这件事。你把我的这些话都抄下来寄给他，这样我就可以免得直接给他写信了，而给他写信让我很不舒服。只要一想到他，我就觉得难过，而他以前若能稍稍考虑到我，我也就不会待在这里了。

关于我的孩子，我真诚希望法庭承认我还有一点儿权利，我并不是说这种权利就正当。我只要求不时能见见西里尔，如果我连这点儿权利都得不到，那我的悲哀就会无法用言语来表达。我确实希望法院并不只把我看成一个在生活中犯有罪恶的人，因为我身上还有许多其他的东西。对两个孩子来说，我一直是位好父亲。我非常爱他们，他们也很爱我。西里尔是我的儿子，也是我的朋友。最好不要让他们把我想作一个被社会遗弃的流浪汉，而是让他们知道我是一个受苦的人。请为我尽力安排好这一切。法院的一点点恩顾就会对我有很大的帮助。对法律来说，告诉父亲说他不适合见孩子也是其可怕的责任。每每想到这件事，我就常常一天到晚闷闷不乐。

关于我的财产所有权问题，哈格罗夫先生会处理的，当然他应该立即通过你与我联系。这件事需要认真考虑后再做。我当然不会支付预付款，对吗？我自己的律师如果来看我，那就请在本月最后一周内来。每当想到他来只是向我要1.1英镑，我就很伤心。我认为他至今应得到3.3英镑。让莱文森支付这笔钱。还有，以后无论向斯图克先生支付什么钱，都要从莱文森手中支出。

恐怕你在我的这种事务性的信中会看出一点儿愤恨的迹象。是的，确实是这样。这很可怕。在我肉体的监狱里，我显得很善良，但在我灵魂的监狱里，我却看不见自己。我希望不论是在你心里，还是在罗比心里，还是在所有曾经善待过我的人心里，都不要有这种供愤恨栖身的地方，因为它只会让人很痛苦。

爱你的朋友
奥斯卡·王尔德

50. 致罗伯特·罗斯

雷丁，H.M.监狱，1897年4月1日

亲爱的罗比，希望我寄给你的给阿尔弗雷德·道格拉斯的信已平安到你手。①你，当然还有与你形影不离的莫尔·阿迪一看完它，就要为我仔细地抄写一份。我让你们这样做当然有许多原因，这里只说一点就足够了：如果我死了，我想让你做我的遗嘱执行人，负责掌握我全部的剧本、书和文章。一旦我发现自己还有立遗嘱的合法权利，我就立即立遗嘱。我妻子不理解我的艺术，我也不希望她对它会有什么兴趣，而西里尔又只是个孩子，因此我自然找你了，就像我在一切事情上都找你一样，希望你拥有我所有的作品。卖它们所得的钱可存起来给西里尔和维维安用。

那么，如果你做了我的文学作品的遗嘱执行人，你就必须拥有这唯一一份能真实地解释我在与昆斯伯里和阿尔弗雷德·道格拉斯交往过程中的异常行为的材料。当你读完那封信时，你就能明白那一系列行为所发生的心理动因了——而从外部看，这些行为似乎是绝对的愚蠢与粗俗的虚张声势的混合体。在将来的某一天，真相必将大白于世，当然这一天并不必然是在我或道格拉斯

---

① 4月2日，监狱长给监狱委员会写信问王尔德"在之前三四个月内写的信"是否可以寄出？4月6日，委员会回信说不行，但可以由监狱保管，在犯人获释时交给他。5月19日王尔德得到了这封信，5月20日，当他到达迪耶普时把信交给了罗斯。

的有生之年，但我并不准备一直待在他们为我准备的奇形怪状的颈手枷中，永远不，原因很简单：我从父母那里继承一个在文学艺术界具有很高声望的姓氏，我永远不会让它成为昆斯伯里家族的盾牌和愚弄对象。我不是为我的行为辩护，我只是说明我的行为。

在我的信中，有几段是关于我在牢狱中的精神发展、我品性的必然演化和对人生智慧的态度的，我希望，你和其他与我有交情而且同情我的人，能正确地理解我是用哪一种情感和方式面对世界的。当然，一方面，我固然知道在我被释放这一日，我也不过是从一个监狱转到另一个监狱，并且我还知道，总有些时候，全世界在我看来也不过和我的牢房一样大，并且也同样充满恐怖。可是我还相信，在创世的时候，上帝替每一个孤独分离的人都造了一个世界，而在那世界里——我们内心的世界——一个人应该寻求生存。无论如何，你在读我信中的那些部分时，总会比别人少些痛苦吧。当然，我也不必使你想到对我——对我们所有人——思想是怎样发展起来的东西，可是我还看到了一个可能的目标，通过艺术，我也许仍可以向这个目标前进吧。你可助我。

关于复制此信的方式：当然，对任何抄写员来说，它都太长了；而你自己的笔迹呢，亲爱的罗比，你最近一封信似乎是专门用来提醒我：这个任务不属于你。我可能是冤枉你了，我也希望是我错了，但你的信看起来真好像你在写一部三卷本小说，写的是富人中间共产主义思想盛行的危险，或者某种让你兴趣盎然的可怕主题，或者你在以其他方式浪费着自己的青春，而我忍不住要说：这种青春始终存在并将永存，充满无穷的希望。我认为，唯一要做之事就是把它彻底现代化，就是打字。当然，手稿应始终在你的掌控之中，但你能不能让马歇尔夫人把她的一个女打字员——女人是最可靠的，因为她们总是记不住重要的事——送到霍顿街或菲利莫尔花园，在你监督下做这件事？[①] 我向你保证，打字机若操作得当，也能表情达意，就像姐妹或亲戚在弹钢琴，并不惹人烦。事实上，在热衷于家庭生活的人中，许多人更喜欢打字机。

我希望打印副本的纸要好，如印剧本的纸，不要用薄纸，还应留下空白宽红边框，以供修改更正用。要基于手稿打印副本并进行验证，完成后原件应由莫尔送给 A. D., 另打一份副本，以便你和我各有一份。另外，我希望从编号9的第四页到编号14的最后一页打印两份副本：从"它的结局……我必须宽恕你"一直到"在艺术和我之间没有"（我凭记忆引述的）。同样，从编号18的第三页的"如果一切顺利，我将被释放"到第四页的"苦药草……整体"，这些内容，加上你可以摘录的其他内容好、动机好的内容粘在一起，比如编号15的第一页，我希望寄给温布尔登夫人一份——我曾谈到过她，但没提及她的名字——另一份给弗朗西斯·福布斯－罗伯逊。我知道，这两位甜美的女人都有兴趣想知道我的灵魂正在发生什么事——不是神学意义上的灵魂，而仅仅是精神意识意义上的灵魂，与肉体的实体分离的灵魂。我寄给她们的是一种信息或信件——当然，是我敢寄给她们的东西。如果弗朗西斯愿意，她可以给她兄弟埃里克看一看，我一直很喜欢他，但当然要对世俗世界严格保密。温布尔登夫人也会知道此事。

---

① 莫尔·阿迪住在霍顿街24号，罗伯特·罗斯住在菲利莫尔花园11号。

如果在霍顿街打印副本的话，可以通过门上的格子给女打字员送饭，就像红衣主教选举教皇时一样，直到她走过房间，来到阳台，对整个世界说"长信打完，完美无瑕"；因为它确实是一封通谕，正如罗马教皇的训令开篇语的称谓，这封信可称之为："书信：禁锢之身"。

不必告诉 A. D. 那封信已有抄本，除非他写信抱怨这样做有失公正或是颠倒黑白，那时再告诉他已有抄本也不迟。我真心希望那封信会对他有好处。这是第一次有人告诉他，他到底是个什么样的人。如果他认为那封信只是我躺在监狱木板床上胡思乱想出来的，认为我的观点已被长期独处的监狱生活扭曲了，那我的信对他就不会起到什么好作用。我希望会有人让他知道他完全就是我信中所说的那样，即使信中所说全是不公正的，他也只配得到这种不公正的对待。实际上，谁还会比他这样一个总是不公正待人的人更配接受我那封信呢？

事实上，罗比，监狱生活使一个人能够恰如其分地观照人和物，这是监狱生活把人变得像石头一样的原因。被永远活动着的生命幻象所欺骗的人们，都是在监狱外的，他们随着生命旋转，并贡献给它的幻影。只有不动的我们，才能"看"和"知"。不论那封信对他那狭隘的天性和发热的头脑是否有好处，它对我都大有益处。我已经"清除了我胸中非常危险的东西"[①]，这是我从一位诗人那里借来的一句话，而你和我还一度曾想到要把他从平庸之

[①] 《麦克白》第五幕第三场。

辈中拯救出来呢[1]。我不必提醒你，对一个艺术家来说，纯粹的表达是最高贵的，也是唯一的生活方式。我们是靠表达活着的。在许多方面我都应该感谢监狱长，但他最令我感激的是他准许我给A.D.写了一封畅所欲言、随心所欲的信。在这两年内，我内心的愤恨越积越大，压得我几乎喘不过气来，但现在我基本上把它们全摆脱了。在狱墙的一边，有几棵被烟熏黑的小树刚刚绽开翠绿的胚蕾。我非常理解它们在经受着什么。它们是在寻求表达自己啊！

还有一件严肃的事，我必须给你写信谈谈。我这次给你写信本是要责备你的，而因我太爱你了，又无法责备你和其他任何人。在1896年3月20日[2]，距今已一年多了，我曾非常严厉地写信告诉你，在钱的问题上，任何人都不能在我与妻子之间制造矛盾，对此我是无法容忍的，因为那时她刚满腹温柔地从意大利来到这儿告诉我母亲去世的消息。我希望朋友们不要再违背她的意愿购买我的财产权了。你本应该督促朋友们遵守我的意愿。但你没那样做。在监狱我孤苦无助，只有靠你了。你认为那样做是聪明之举，是足智多谋，但你错了。生活并不复杂，复杂的是我们人自己。生活是单纯的，单纯的才是正确的。看看事情的后果吧！你对之满意吗？

还有，对哈格罗夫先生的判断是完全错误的。我们视之为汉弗莱斯之流的律师，只知道通过威胁要结果，咆哮如雷，敲诈勒索。

---

[1] 马克斯·梅耶菲尔德博士在德译本的注释中说，王尔德在这里说的是罗斯开过的一个玩笑，即他建议成立一个莎士比亚协会来杀杀那种夸张的莎士比亚崇拜之风。道格拉斯的十四行诗《致莎士比亚》（1899年发表在《心灵之城》中）就是针对这种建议愤而写成的。

[2] 实际上是3月10日。

恰恰相反。他是一个品格非常高尚的人，具有极高的社会地位。所说皆所思，表里如一。让我——个可怜的囚犯和穷光蛋——与哈格罗夫先生和乔治·刘易斯爵士针锋相对的想法真是可笑。与他们讨价还价的想法也是荒谬的。哈格罗夫先生——担任劳埃德家的家庭律师已三十多年——如果我妻子有需求，他会预支她10000英镑，而且若无其事。我问过霍尔曼先生，万一我们离婚，财产转让协议是否不会据此失效。他没回答我。我发现这事和我怀疑的一样。

因为是那位妻子迫使我把大衣交给她负责的，可以提一提我为此感到惊讶和难过，特别是自从入狱以来，我自掏腰包支付了她产期的所有费用，通过莱文森转给她的钱竟达50英镑。这可以说是我苦恼的原因之一。他们的信必须保留好。我希望你们这样做是有一个最特别的理由的——实际上一个至关重要的理由。这封信是民事诉求函，要摆事实，讲道理，不能涉及争议问题或被否定。我只是要一份书面证据自我保护而已。

还有，那封严肃的长信是多么愚蠢啊！建议我"不要放弃对孩子的权利"，这句话在信中出现了七次！我的权利！我有什么权利？提交给法官的正式申请能在十分钟内就被驳回，这是不是权利？我对自己目前的地位感到非常吃惊。如果你们按我说的去做该多好啊，因为那时我妻子已准备让我时不时见见孩子们了。①A. D. 因他的父亲，把我送到这儿，而阿迪出于最好的动机又

---

① 3月26日，康斯坦丝·王尔德从意大利给她哥哥写信说："现在外界又有压力劝我回到奥斯卡身边，但你肯定同意我的看法：这是不可能的。有人告诉我，说我若能回到奥斯卡身边就可拯救一个人的灵魂，但我对奥斯卡不会有任何影响，以前也没有。虽然我认为他是仁慈可爱的，但我看不出自己有什么理由相信自己现在能创造什么奇迹，我现在要做的是必须照看好我的孩子们，不要毁了他们的将来。"

使我与妻子阴差阳错。即使我还有什么合法权利——虽然我一无所有——接受别人用爱心赋予的权利要比别人以威胁把它们从我身边夺走更让我迷恋。我妻子本来对我很温柔,现在她自然要反对我了。你们对她的性格也估计错了。她警告我说,如果我让我的朋友们与她唱对台戏,她还要继续按原先的打算去做,她会说到做到的。

还有,斯温伯恩在一首诗中对玛丽·斯图尔特说:

但你肯定比无辜
更美! ①

是的,我的朋友必须面对这样的事实:我并非是一个关在监狱里的无辜清白之人;相反,关于我反常的激情和扭曲的浪漫史的记录,可以写成几本红皮书。我想应该给你们提到这一点——不管这会让你们多么奇怪,无疑也会非常震惊,许多人都会对此深信不疑——因为莫尔·阿迪在信中告诉我,将来针对我的控诉书中必须详细记录有事情发生的时间、地点、情景,难道他真的以为,只要我多受几次粗暴的全面检查,他们就会相信我了吗?他是不是想让我这样做,落得与昆斯伯里一样的下场?这本身就是一次妄判。但那只是一个细节。如果一个人喝醉了,他喝的是白酒还是红酒并不重要。如果一个人有病态的激情,这种激情有什么特殊的表现方式也同样不重要。

刚开始我就说我完全依赖于妻子的宽恕。我现在才明白,对

---

① 诗歌《再见,玛丽·斯图尔特》中的一句。

一个多次受到审判的人来说是没什么宽恕可言的。我的妻子只会说她宽恕了 X，但对 Y 一无所知，更不用说宽恕什么 Z 了。有本小书——定价是 6 便士——名叫《人人都是自己的律师》。如果我的朋友们把它送给我，或自己读一读，那么这一切麻烦、花费和担心都可以免除了。然而，虽然我现在责备着你，但我现在仍还想着一切都是朝最好的方面进行的，世界并不只是交织着机会和聪明的一团混沌。我现在必须做的就是接受妻子的离婚要求。我认为政府不可能再起诉我了，即使对英国政府来说，再一次起诉我也显得太野蛮了。在这之前，在我的财产权被剥夺之前，我已经接受了我妻子对我的财产的权利。我不得不再说明这已是第三次了——我不会从她那儿要一分钱的。这似乎才是一件单纯的、率直的、具有绅士风度的事。这对我是个很大的打击。我感到以法律手段剥夺我对子女的权利真是太伤人心了。

我与 A. D. 的友谊先是把我送上了刑事法庭的被告席，接着把我送到破产法庭的被告席，现在又把我送到了离婚法庭的被告席。我仔细想想（无师自通），别的再没有什么被告席可送我了。如果真是这样的话，我倒可以舒口气。但我想请你认真考虑一下我的建议，并转告莫尔和他的律师也这样做，并尽快给我写信，让莫尔也给我写信。我认为我妻子不会反对我关于自己财产权的处理意见的。在钱的问题上她总是很公正。但就我本人来说，我不希望出现什么讨价还价的事。若人已经犯过一个严重的错误，随后就只好屈从。我提出我的财产权应归我妻子所有，她是合适的所有人，这也是我给她的礼物的一部分。这比等着法律以强制手段从我手里夺去更光彩一点儿。我并不关心自己是否还会结婚。数年来我一直拒绝婚姻的束缚。但我真的认为妻子受约束于我对她来说太苛刻了。我一直是这么想的。虽然我的举动可能会让朋友们觉得奇怪,但我确实很爱妻子,觉得很对不起她。我真诚希望她能有一次快乐的婚姻,如果她再婚的话。她不理解我,婚姻生活令我厌烦至死。但她的性格中有许多甜蜜温柔的东西,使她一直惊人地忠诚于我。冲着这一点我可以交出一切,请你和莫尔在考虑到这一点后立刻给她写信。

还有,如果莫尔能给那个自我入狱后典当或卖掉了我的毛皮大衣的人(他的哥哥威利和嫂子)写信,问问他把大衣卖到哪里去了,我会非常感激他的,因为我现在急于找到它,如果可能就再买回来。这件大衣我已穿了十二年,它陪我走遍全美国,陪我度过许多美妙的夜晚,它完全理解我,我也确实需要它。信要写得委婉,有礼貌;先告诉他:如果他不回应,就给女人写。

我希望能在星期六,或更早一点儿的时间见见弗兰克·哈里斯。在收到你谈我的离婚之事的信时,若能听你谈到我那封信的抄写情况就更好了。如果亚瑟·克利夫顿或你哥哥亚历克想看看副本,那就给他们看。

你永远的

奥斯卡·王尔德

51. 致罗伯特·罗斯

雷丁，H. M.监狱，1897年4月6日

亲爱的罗比，因某些原因，我给阿尔弗雷德·道格拉斯的信得拖一阵子再写了，几乎给你写这封信的同时，我给莫尔·阿迪也写了一封，说了一些原因，虽然没说全。

我现在给你写信，一部分原因就是给你写信并收到你富有文采、让人开心的回信让我快乐，还有一部分原因是我得写信谴责你，我无法忍受拐弯抹角指责你，或在给别人的信中这样做。

亲爱的罗比，我还没谢谢你送来的书呢。它们来得真是及时，只是监狱不允许送杂志进来，这倒是个遗憾，但梅瑞狄斯的小说① 很令我着迷。他真是个性情健全的艺术家！他说浪漫文学最重要的是理智，我很赞成。然而，截至目前，在生活和文学作品中，只有病态的东西得到了表现。

罗塞蒂的信太可怕了，显然是他哥哥伪造的②。然而，我感兴趣的是从中知道了我舅公的《梅尔莫斯》③ 和我母亲的《西多妮娅》是他青年时代最爱读的书。至于说后来有人密谋陷害他，我相信

---

① 指《奇异的婚礼》。
② 指《但丁·加布里埃尔·罗塞蒂家信》，附有威廉·迈克尔·罗塞蒂的回忆录。1895年出版，共两卷。
③ 指《流浪者梅尔莫斯》，作者为查尔斯·罗伯特·马图温（1782—1824），是王尔德的舅公。

确有其事，出资方则是黑克①银行。

斯蒂文森的作品②也非常让人失望。我看出，对一个浪漫作家来说，浪漫环境是最糟糕的环境。在高尔街，斯蒂文森本可以写出一部新《三个火枪手》的。在萨摩亚，他给《时代》写关于德国人的通信。在他描述的顺乎自然的生活中，我也看出了一种可怕的东西。砍伐森林不管对自己或对他有多大的好处，他都不应描述其整个过程。实际上，顺乎自然的生活是种无意识的生活。斯蒂文森的探索只是扩大了艺术表现的范围。整部书沉闷乏味，给我的只是教训。在将来，如果我能在小酒馆里一边喝酒一边读波德莱尔，那我也就过上自然生活了，而且比在泥淖中修剪树篱或种可可树更自然。

《在路上》③被评价得太高了。它纯粹是新闻报道，人们也听不到它所描述的音乐曲调。主题不错，风格却毫无价值、拖拖拉拉、松弛。这是比奥内④的作品还糟糕的法语作品。奥内追求的就是大众化并且取得了成功。于斯曼并不想流俗；并且……哈代的小说⑤令人愉快，弗雷德里克小说⑥的内容非常有趣……除此之外，监狱图书室里就几乎再没有可让我这样的犯人读的小说了。我想建议

---

① 指托马斯·戈登·黑克（1809—1895），诗人，但丁·加布里埃尔·罗塞蒂最亲密的朋友之一，他儿子发明了一种新的银行系统，王尔德很感兴趣。

② 指《维利马书信集》（1895）。

③ 于斯曼（1848—1907）的小说，1895年出版。

④ 指乔治·奥内（1848—1918），是个多产的流行小说家。

⑤ 指《被爱的人》，1897年3月16日出版。

⑥ 指《照明》，美国小说家哈罗德·弗雷德里克（1856—1898）的作品。

图书室再增添一些好小说,包括斯蒂文森的(这里只有他的《黑箭》),萨克雷的作品(这里一部他的小说都没有),像仲马父子那样的作家的小说,如斯坦利·韦曼的小说①,以及任何现代年轻作家的作品。你提到亨利②有一部《保护人》?还有"安东尼·霍普"③的。复活节过后,你可以给我开个大约十四本书的书单,请求监狱让我看这些书。这儿的犯人不在乎龚古尔的杂志,却会喜欢这些书。别忘了。书钱由我自己付。

我现在越来越恐惧的是:当我重新走进外面的世界时手里却没有一本属于自己的书。我想知道是不是有朋友愿意送给我一点儿书,像科斯莫斯·伦诺克斯④、雷吉·特纳⑤、吉尔伯特·伯吉斯⑥、马克斯⑦等等。你知道我想要什么书:福楼拜、斯蒂文森、波

---

① 斯坦利·约翰·韦曼(1855—1928)此时已出版了九部历史小说,包括《红长袍下》(1894)和《一个法国大使的回忆》(1895)。

② 可能是指 H. C. 威尔斯,他的第一部小说《时间机器》(1895)曾由亨利在《新评论》上连载过。

③ 安东尼·霍普·霍金斯(1863—1933)的笔名,多产作家。

④ 演员、剧作家、编剧。《理想丈夫》首演时他曾在其中担任角色。

⑤ 私生子、新闻记者,是个才子,一生大部分时间住在国外,出版了一些小说。

⑥ 英国作家和新闻记者。1895 年 1 月 9 日,即《理想丈夫》首演后第六天,他在《随笔》上发表了对王尔德的长篇访谈录,在文章结尾有这样一段对话:

"我相信你将来一定是个很有前途的文学家。"王尔德说。

"何以见得?"我问,他的预言让我兴奋得脸都红了。

"因为你看起来是个很糟糕的访谈者。我相信你一定写诗。我非常喜欢你领带的颜色。再见。"

⑦ 马克斯·比尔博姆(1872—1956)知道王尔德的这个要求后给他送了四本书,包括他自己的《作品集》和《快乐的伪君子》(1896)。

德莱尔、梅特林克、大仲马、济慈、马洛、查特顿、柯勒律治、阿纳托尔·法朗士、戈蒂耶、但丁及所有但丁式的文学作品，歌德和所有歌德式的文学作品等。想到外面有书在等着我对我是个极大的安慰，何况或许仍有一些朋友会善待我呢。人确实很擅长表示感激的，虽然我自己恐怕常常并不叫人这样认为。但这时你就要记住：除了监狱生活，我还有无穷无尽的烦恼！

给我回信时要好好谈谈外界书的出版和剧作上演情况。你上封信的字迹太糟糕了，好像你在以共产主义思想在富人中间传播的那种可怕的速度在写一部三卷本的小说，或换一种方式说，你那样做是在浪费一直是并且将来仍会是充满希望的青春。如果我这样说错怪了你，你一定要理解这是出于长期监禁导致的病态心理。但无论如何你的信一定要字迹清楚。否则，就好像你没什么可隐瞒似的。

我想这封信里一定有很多地方让你反感。但我只是责备你，与其他人无关。给莫尔谈谈我的信。希望 F. 哈里斯星期六来看我。代我问候亚瑟·克利夫顿和他妻子，我发现她长得很像罗塞蒂的妻子——有同样可爱的头发——但当然性情更温柔，尽管西达尔和她的诗一样迷人。

你永远的

奥斯卡

又：《在路上》上面所列的神秘小说书目我很感兴趣。请你在我出狱后设法给我弄几本。还有，想法儿让我过上跟圣方济各过的一样舒服的日子。

52. 致莫尔·阿迪

雷丁，H. M.监狱，1897年5月6日

亲爱的莫尔，谢谢你的来信。汉塞尔[①]终于来信了，他在信中起草了关于我和妻子离婚时的有关财产分配的协议草稿。协议是以法律语言写成的，这当然令我很生气，也使我如堕雾中摸不着头脑，我看懂的仅是信的末尾，是说如果我认识什么"声名狼藉"的人，我的财产就要被剥夺去150英镑。因为，根据他们那种古怪的说法，好人是不会认识我的，我也不允许去认识坏人。从目前的情况看，我以后的生活会相当孤独。我已给汉塞尔写了封信，告诉他只有艺术家和罪犯会认识我。如果我严正要求的话，那会将他置于一个可笑的境地。但我现在所需要的是我过去的妻子对我的合法宽恕，免得再因此事一次又一次地折磨我。至于其余的事，被迫离婚当然是件可怕的事，但现在法官竟公然命令把孩子从我身边抢走，说什么我不适于与西里尔在一起，这真令我心胆俱碎。我所要的只是平静，我所寻求的也一直是平静，我厌恶法律上的烦恼事……

我不知你何时来，越快越好，我希望你已经给监狱委员会写信，请求获许有私人房间，可探视一小时：监狱长本人没权力批准这些特权，否则他会乐于这样做的。

[①] 亚瑟·D.汉塞尔，律师，王尔德聘他处理婚姻财产方面的事务，并希望他能保护自己的利益。

至于里基茨，我看出来了，他的在场让你感到困扰：好了，我想，既然他那样频频请求来看我，我就不能拒绝一位我非常喜欢的艺术家的善意的提议，但我想，半小时后我就请里基茨离开，让我们单独谈谈事情：他非常清楚我有很多乏味、无趣的事情要解决。这样的话，你、我和罗比用半小时就解决了所有的事。

至于衣服等事：罗比好意说他要给我弄一套蓝哔叽衣服和有带子的宽大长外套，这件事估计他已经办了。弗兰克·哈里斯本也准备给我提供同样的衣服，我已写信告诉他我想要什么样的衣服、鞋子，并要他把这些东西送到你处，最迟要在13日，即星期四送到。我本来有许多顶帽子，但我想它们可能都已不翼而飞了。艾伯特·盖特是我的帽商，他知道我想要什么样的帽子：我想要一顶棕色的，一顶灰色的，质料要柔软，适于在海边避暑时戴。如果你有时间，能不能按照你穿的那种硬领的式样给我做十八条，或二十四条硬领。还有，给我定做两打白手绢，其中一打要有彩边。还要一些领带：一部分做成深蓝带白点和菱形图案的，一部分做成夏天流行的任何式样的。我还想要八双袜子，夏天穿的那种花袜子；我手套的尺寸是八又四分之一码，因为我的手很大，但我的袜子只需要八码的。还有，我想要一些珍珠母纽扣——珍珠质的纽扣，你知道在国外要弄到这种纽扣有多难。还有，给我弄一些优质法国肥皂，一些香水，大瓶的。还有普里查德牌牙粉及中号的牙刷。我的头发已变灰了，我总感觉已满头白发了，但我相信自己的感觉有点儿夸张，所以给我买一大瓶洗发油。我想在心理上让自己觉得完全洗刷掉了监狱生活带给我的身体上的污垢和侮辱，让自己觉得自己完全换了一个人，所以，这些东西尽管很琐屑,于我却极其重要。我不知道你们给我准备睡衣没有,如果没有,给我定做六件;我的硬领要能露出我的整个脖子,还有,我衬衣的袖子要与手臂一样长——我有六英尺高,我喜欢长袖衬衫。我喜欢翻领衬衣,要有胸兜以装手绢,领子和袖口都要有饰边。如果我的毛毯没有了,请你给我买一条——那种旅行用的苏格兰毛毯,要有漂亮的流苏,当然不是那种格子花呢的,也不是有黑白小格子花纹的那种,而是有条纹的羊毛毯。如果这些东西都买齐的话,需要花25英镑。请把钱装在信封里封好,让我猜猜是谁的慷慨之手送过来的。[1]

至于雷吉·特纳,请代我转告他,他那令人愉快的礼物[2]让我多么着迷和感动:这是他最甜蜜和慷慨的礼物,我怀着感激和快乐的心情接受他的礼物。事实上我必须亲自感谢他,如果他惠允的话,我希望他能在我离开这里和我与弗兰克·哈里斯一道离开之间的日子来看我。我的计划如下:不用说,我至今未得到内政大臣的答复[3],又因为汉塞尔说15日来与我谈签字之事,这就使事情变得很麻烦。我想我必须与汉塞尔另约时间了。无论如何,我是这样安排的:如果我在这里待到19日——我估计会这样——我希望马车六点整到这儿;六点十五分我会一切准备就绪。然后,经监狱长批准,马车驶进监狱,要那种封闭式的马车。我将坐这

---

[1] 这笔钱是阿迪自己出的。

[2] 梳妆盒。

[3] 4月22日,王尔德上书请求内政大臣同意在星期六释放他。5月15日,为了"避免因释放王尔德引起报纸的大肆丑化报道和麻烦",监狱决定仍在5月19日王尔德刑期满时释放他。

辆马车去六英里远的特怀福德,在那儿吃早饭、换衣服,然后去福克斯通,特怀福德在主干道上。然后再乘夜船到布洛涅,并在那儿睡一晚,要么留在布洛涅,要么就在紧邻的海边小镇恢复四五天,然后和弗兰克·哈里斯一起去比利牛斯山脉。[①] 当然,这些都要绝对保密,也绝不能告诉阿尔弗雷德·道格拉斯。我与弗兰克·哈里斯旅行后会去看他,把我给他的信和留给他的礼物拿回来。但在旅行结束之前绝不见他。因为一旦他出现在布洛涅,后果将是可怕的。我受不了。

鲍比给我写信说,莱文森会把钱交给我:应该是450英镑左右。如果你或鲍比替我保存这笔钱,我将非常感激。莱文森贷了500英镑,现在已经得到了250英镑;余额他得稍等一下才能得到。我希望你我见面时,你已经收到他的钱了。

至于汉弗莱斯,我记得我把梳妆包放在他那里了,里面装着我的银刷子、一套衣服等东西。你能帮我找到吗?如果能,我想要刷子和剃须刀。顺便说一句,剃须刀和剃须用品必须在英国买。如果那个装着银刷子的袋子不在汉弗莱斯处,那肯定是在卖掉我皮衣的人手里,应向他们索要。他们手里还有我一件黑色的大衣。

我希望你能帮我买一件旅行时装书用的带提手的篮子:可以放在火车车厢里座位下的那种。布朗洛夫人曾给过我一个,绿色的柳条篮,很漂亮,但我不知道它现在在哪里。我认为你可以在邦德街,或者某家商店里买到。这种最实用了。罗比来时我会告诉他我想要什么英文书。

[①] 弗兰克·哈里斯曾邀请王尔德与他一起在比利牛斯山脉乘车旅行。

基于珀西承诺支付我500英镑,汉弗莱斯向我索要150英镑的破产费用。我不知道莱文森是否已经支付了这笔费用。珀西说他愿意付一半。这笔钱必须支付,所以,如果珀西不支付一半,我就得通过莱文森全部支付。莱文森当然会保留汉弗莱斯所需要的钱。

我仍然急于知道,我装有信件的包是否已从汉弗莱斯处取走。我希望包留在霍顿大街。

得知罗比身体不适,我感到非常遗憾。当我给他写信,说希望哪些人送给我书时,我的意思是说,很多文学家都通过他发布出版信息,我出狱后如果他们能送我一本书,我会非常感动:斯图尔特·梅里尔,吕尼埃-波埃等等。这是我一时的心血来潮。我不知道雷吉是否听到过查理·希基[1]的消息?如果有,我希望他转告查理给我写信(以雷吉之名),告诉我他现在怎么样,在哪里。我对他有美好的回忆。

如果去特怀福德的计划可行的话,或许整个计划都会进展顺利:在特怀福德吃早饭,在里士满与弗兰克·哈里斯共进午餐,在福克斯通吃晚饭,在布洛涅吃夜宵。去比利牛斯山脉之前我想见见弗兰克。我不知道星期六能否见到你?我一直怀疑你想把我关在到处都是陷阱的修道院里,我要在罗比在场时骂骂你。

多谢,你永远的
奥斯卡·王尔德

---

[1] 1895年,希基和道格拉斯同在法国。道格拉斯在其《自传》(1929)中称他为"迷人的男孩,比我小两岁,与奥斯卡很熟,希基上校之子"。

53. 致罗伯特·罗斯

雷丁，H. M.监狱，1897年5月13日

亲爱的罗比，很抱歉你我最近一次会面是那么令人伤心和不满。首先，我接受里基茨的礼物是大错特错：他送我礼物意在嘲笑我，他说过的一切，包括他以为时间对囚犯来说过得很快啦（一种毫无想象力的观点，表现出他是个完全缺乏艺术修养、毫无同情心的人）等，都让我非常恼火。随后就接到了你星期天寄来的那封令我极其失望的信。你和莫尔都向我保证有足够的钱花，可以让我过"十八个月或两年"的舒适轻松的日子。我现在才发现我只有整整50英镑，其中包括我必须付给两位律师的钱！余下的才是我的！

亲爱的罗比，如果这50英镑足够支付律师费用，我也就非常满意了。是否还有剩余我也根本不想知道。请不要把它交给我。即使出于仁慈的行为也包含某种幽默意味。是你给我造成了最大的痛苦和失望，因为你愚蠢地告诉了我一个彻底的谎言。如果你对我说的是："对，你会贫穷，还有比贫穷更糟糕的东西。你必须学会如何面对贫穷。"那该多好啊！简单，直接，坦率。但当一个可怜人身陷囹圄，外面的人或把他当作死人对待，根本不考虑他的存在，随意处置他；或是把他当作疯子对待，假装遵照他的意愿而实际上又不；或是把他当作傻瓜，哄他玩，告诉他愚蠢而不必要的谎言；或把他看作一个完全没有感情的、低级堕落的东西。

对一个与妻子和孩子有着世界上最亲密的关系、妻子和孩子对他来说意味着一切的被毁灭者来说，他全部的生活却像一种粗俗游戏中的普通毽球一样被人踢来踢去，而在这种游戏中，失败或胜利实际上又没什么意义，因为危若累卵的不是游戏者的生活，而是别的某个人的生活。

恐怕你不知道我妻子的性格和对我的态度。你似乎并不理解她。她从一开始就原谅我了，对我的温柔体贴无以言表。自从我与她在此见过面后，我们就已安排好了我们之间的一切：她在世时，我每年可得到200英镑，如果我比她寿命长，我可得到三分之一。我们还安排好了孩子们的生活及孩子监护人的问题。因为她表示不愿公开在法庭上处理我们之间的事，而希望能私下解决，所以我给你们写信，让你们不要再阻拦我妻子购买我的财产权，因为她对我很体贴，我对她给我的份额也很满意。我明确表示：请求我的朋友们不要做任何会危害我和妻子之间的和谐与爱的事。

你立刻给我写信说你们会遵照我的意愿行事，我的朋友想都没想过要做什么会危害我和妻子之间友爱关系的事。我相信你了，把这事也就托付给你了。你没给我说实话，你和我的朋友们没按我的意愿做，结果如何呢？不但原先一年200英镑变成了150英镑，原先我们已说好在我岳母死后我可得到其财产的三分之一，即每年大约1500英镑，这笔钱现在也不见了，我到死也顶多得到150英镑。我的孩子每人每年可得到600英镑或700英镑。他们的父亲将一直是个穷光蛋。

但这还不算完。这只是钱的问题。法庭一纸命令就把孩子从我身边抢走了。从法律角度讲，我不再是他们的父亲了。我没有权利同他们讲话。如果我想与他们保持联系，那就会被以蔑视法庭罪送进监狱。我妻子当然也因此受到了伤害，因为她认为是我不讲信义。星期一我在这里签了一份条件最苛刻、最具侮辱性的财产分配协议。如果我试图在不经妻子允许，或违背她的意愿的情况下与她联系，那我立刻会失掉那每年可怜的150英镑。我的生活将受制于一种体面的生活方式。我的朋友也是经可敬的律师认可的朋友。我把这种结果，罗比，归因于你没给我说实话，没有按我的要求办。我只是想让朋友别横加干涉我们之间的事。我没要求他们做任何事；相反，我请求他们什么也别做。

莫尔把他做过的每一件事都告诉我了，他是经你哥哥亚历克同意并在他建议下做这一切的。亚历克被莫尔描述成是一个"冷静的、有条理的"人，但他是否知道我已明确禁止我的朋友们阻拦我妻子购买我的财产权？知道我说过这是违背我的意愿的？你那封导致了目前所有这种苦恼、损失、悲哀的信是不是也是他出的主意？"我完全按亚历克的旨意行事"，莫尔原话就是这样说的。

可笑的是，我到现在才发现——虽然为时已晚，我已无力回天——这件事的整个操作过程花的全是我的钱，我不得不付钱给霍尔曼，而他的什么建议呀、意见呀根本毫无价值，并且只会有害。现在好了，只有我掏腰包了。除去莫尔·阿迪"为我用去"的钱外，150英镑已所剩无几了，我算了算，可能还有1英镑10便士6先令。

难道你不明白，真能让我高兴的事是我星期三走出监狱时由你亲手递给我150英镑吗？这笔钱会多么受欢迎啊！真是无价之宝啊！现在这笔钱却不经我允许浪费在妄想违背我妻子的意愿，安排我与妻子的关系的愚蠢而鲁莽的行为中了，浪费在制造分裂、加快我与妻子疏远的无知行为中了。我的灵魂与妻子的灵魂相遇在笼罩着死亡阴影的峡谷中：她亲吻我、安慰我，历史上没有一个女人像她这样做过，或许我妈妈要除外。你和我的其他朋友如此缺乏想象力，如此缺乏同情，如此缺乏理解美的、高贵的、可爱的、好的东西的能力，结果你们——你，莫尔·阿迪，据说还有亚历克——只想到和一个完全无知的律师一起奔走在我们之间，先是分开我们，继而在我们之间挑拨离间。

你用我自己的钱做这些事，却又不告诉我。你做起事来倒像个慷慨助我的朋友。当我问莫尔·阿迪所有这些花费都是从哪儿来的时，他很甜蜜又神秘地笑着说："不用担心，亲爱的奥斯卡，一切都会好的。你有好朋友。"我现在才发现这一切花的都是我的钱。我们开诚布公地说，罗比，你以为，如果莫尔·阿迪坦率地告诉我有人给他这150英镑（他说是个陌生人给他和我的），并且是"用到我身上"的，那我还会允许他把钱花到制造我与妻子之间的法律纠纷上去吗？我会让他把钱留到我出狱。莫尔会说，或将会说，这些钱是他"擅自"花掉的。确实如此。可如果这笔钱是"为我"所用的，那么，判断这些钱花得是否恰当的人应该是我，而不是莫尔·阿迪啊！这笔钱花得愚蠢、错误、不公平，给我造成了无法弥补的伤害。就是由于莫尔·阿迪把我的钱花得精光，我才发现自己几乎已身无分文，发现我的孩子被法律抢去了，发现自己不得不接受苛刻而不体面的条件与妻子分开。而直到这笔钱花光了我才知道原来这些钱都是我的。

我对弗兰克·哈里斯大为恼火，因为他本已慷慨答应把他的支票簿给我，任我支取，但他随后就让人捎话说他改变主意了。①但我又该怎么说莫尔·阿迪、你和亚历克呢？你们把给我用的150英镑花在我一开始就反对的诉讼上。你们刚开始是违背我的要求，最后在我的一再恳求下才万分不情愿地结束你们的诉讼，而我却在这个过程中变得身无分文。我看不出你和莫尔·阿迪有什么理由在不经我同意的情况下擅自以这种方式，或以其他任何方式花掉我的钱。我想知道亚历克是否赞成你们的行为。

我在一封信中还问是不是阿尔弗雷德·道格拉斯在指挥这一切。我很抱歉自己这样问，这是不公平的。这对不幸阿尔弗雷德·道格拉斯来说是不公平的。他一度和他父亲掷骰子赌我的生活，结果他输了，我想他不会再做那种事了。在这全部的法律诉讼过程中，我的生活都是被完全随意地放在赌桌上让人赌来赌去，随时处于生死攸关境地的。操纵这场赌局的是个我不认识的人，但现在我知道了，他就是秘密做了我一年多的律师，名叫霍尔曼

---

① 5月12日，王尔德在给阿迪的一封信中，谈到弗兰克·哈里斯4月7日来看过他。哈里斯答应在王尔德出狱时送给他一张500英镑的支票，王尔德为此还深受感动。他在信中接着说："我现在才知道他让你捎信说他很抱歉不能履行他的诺言了。当然，既然发生了此事，我也就不会再与他驾车同游了。我想他也不想这样做了。你能不能给他写封信，说你把口信捎到了，说我非常失望，因为不幸的我从其他那些答应给我钱的人那里也得到了类似的消息？我发现自己处于如此痛苦、可怜的境地，我再也不敢想他建议的那种愉快旅行了，除非我能设法安排好自己的事情，能看到一个可能的将来。驾车旅行的事就此结束吧，我的话也不会伤害他的感情，请把我的原话转告他。实际上，弗兰克·哈里斯根本没感情，这就是他成功的秘密。他以为别人也像他一样没有感情，这个事实也是他在生活之路上会遇到失败的秘密。"

的人。福楼拜曾创作过一部讽刺人类愚蠢的小说《布瓦尔和佩库歇》①，作品的代表人物就是两个退休律师或两个律师秘书，人的愚蠢就体现在他们两人身上。这个名叫霍尔曼的人，我的秘密律师，如果加以典型化，成为霍尔曼式的典型人物，那他也绝不逊色于福楼拜笔下那两个稀奇古怪的家伙。可以说，如果我了解的情况属实的话，就是纯粹因为极其愚蠢，他们才做出那种"尽善、尽美"的蠢事。这场以我的生活做筹码的粗心大意的赌博对我来说是场悲剧，而对其合唱队领队、赌局领班霍尔曼来说则至少是出喜剧。

只要回想一下事情经过就清楚了。你应还记得，由于你们没有按照我准许妻子购买我的财产权的要求去做，结果我收到了哈格罗夫先生的一封信，说由于我妻子无法购买我的财产权，所以根据法律程序取消我每年150英镑的生活费。因为这笔钱的前提条件就是我的朋友们立即撤回他们的反对意见。由于你们没这样做，哈格罗夫先生就说他被迫剥夺我的孩子、妻子和我的收入。

这对我来说不亚于一声惊雷。我吓呆了。我一直以为我妻子已买去了我的财产权，或至少在去年3月已经为她这样做安排好了一切。据说替我做好这一切的是真心关心我的利益的朋友，据说只要把事情交给他们，一切都会好的。可结果呢，是他们迫使我处于一个致命的错误的地位，并造成了我的毁灭。"我们都，"莫尔·阿迪给我写信说，"恳求你不要放弃你对妻子和孩子的合法权

---

① 古斯塔夫·福楼拜（1821—1880）用余生的最后九年时间创作这部讽刺小说，但最终没能完成。只在1881年出版了片段。

利。"这是多么可笑的废话！我对妻子、孩子没有"权利"，这不是什么只靠律师秘书的一纸正式申请就能在二十分钟内剥夺去的权利。你应该读读卡莱尔的书。一种权利就是一种明确表达出来的强权。

据说霍尔曼先生特别强调要我不要放弃"对妻子和孩子的权利"。哈格罗夫先生就此警告过我，警告过莫尔·阿迪，也警告过霍尔曼。据说霍尔曼认为"哈格罗夫先生只是想威胁恐吓我，他并不真想付诸实施"。可怜的霍尔曼！他对哈格罗夫先生的心理测验真是"准确"得让人悲哀！我的粗心大意的朋友就这样带着我的生活和钱上赌场了，以75英镑的代价从破产案产业管理人那里得到了我的财产权。为了达到这个目的，他们想出了两个"聪明的"谎言，是他们自己以为这些谎言是聪明的。霍尔曼告诉哈格罗夫先生说我手里有一大笔钱，我根本不想多要钱。他们设想这样就会吓住哈格罗夫先生，让他不再对我穷追不舍！结果只是让哈格罗夫先生告诉我妻子说霍尔曼先生已说过我不缺钱用，所以根本没必要在150英镑的基础上再增加钱了。因此我妻子在圣诞节给我写信，劝我用"那笔钱"买年金保险，这样可增加我的收入！她自然以为我"那笔钱"有3000英镑，当然可以买年金保险了。我也会这样想。我发现我全部的钱加起来也只有150英镑，而除去法律诉讼的花费外，只有大约35先令了。

另一个聪明的谎言是假装让哈格罗夫先生知道你不是我的代理人，而是个相当独立的人，而同时又让负责破产登记的人相信你确实是我的代理人。至于我，你告诉我说你的行动是独立的，但我发现你用的是我的钱。莫尔·阿迪确实希望哈格罗夫先生会相信这出可笑的喜剧。霍尔曼也是这样想的，而不需说哈格罗夫先生一点儿也没上当。他把矛头全都对准了我。这就是你和莫尔·阿迪、霍尔曼为什么会那么勇敢的原因。你们在把我置于危险境地的过程中表现出的英雄主义真是无以复加呀！

当然，你们一直害怕我和妻子会按照我们的意愿私下解决我们之间的问题。因此你们恳求我不要签任何私人协议。我得到的一个最好的霍尔曼式的忠告是："任何这种协议都是非法的，没有丝毫约束力。"还有谁会想出如此愚蠢的看法！你们从各个方面向我施加压力！最后诱使我严肃地答应若不事先通知霍尔曼我决不会签任何私人协议。可能会让你们奇怪的是：我自己是一直希望与妻子私下安排这些事的，条件要由我们自己定。如果不是你们从中干涉，我们早就把事情圆满解决了。

最后，战争开始了。莫尔写了一封得意扬扬的信。他保住了我的财产权，并在武力威逼下要求"在你妻子有生之年你每年应得到200英镑，在她死后你可得到其财产的三分之一"。这种条件有点儿缺乏想象力，因为我妻子早在3月就已答应给我这么多了。而我也已答应了她的要求。我的朋友以为可以为我再多争些，所以就没有遵照我的要求去做。结果导致我要求的条件被降低。接着我的朋友就只有接受最初的份额了。哈格罗夫先生根本没在意购买财产权一事。他警告过霍尔曼和莫尔·阿迪。他们根本不理睬他的警告。为什么他没在意？

他不在意是因为他口袋里装着英德威克[①]的明确声明：若我离

[①] 此人全名：弗雷德里克·安朱·英德威克（1836—1904）。

婚，就要放弃结婚时分授给妻子的财产。就这一点我曾写信给霍尔曼。他根本不放在心上，他认为这一点毫无意义，而实际上这一点正是整件事的中心。我的利益取决于我妻子的施惠。如果她与我离婚，就要收回那本该属于她的利益。哈格罗夫先生一直在设法让她收回在我这儿的财产，而可怜的霍尔曼、莫尔·阿迪竟一点儿也想不到他的目标在此，或者说根本不理解整个形势的要害。他们在这方面的彻底无能让人震惊，让人不敢相信。

哈格罗夫先生根本不需在意谁在购买我的财产权，他只是突然夺去了我的孩子。这件事及我母亲的死是我监狱生活中，也是我一生中的两件可怕的事。霍尔曼当然不会关心，因为他们又不是他的孩子。莫尔对此不感兴趣。甚至你——你喜欢他们，他们也喜欢你，你也知道我对西里尔倾心的爱——也没在意。你从未给我写过一个字说你对我遭遇的不幸感到抱歉。你以绝对的冷漠对待这一切。对我来说这是一个晴天霹雳。我永远不会恢复过来了。法庭竟能决定我不适合与孩子们在一起，这真是太可怕了，如果能从历史典籍中和生活史书上抽掉这一页，我情愿在这个孤独的囚牢里多待两年——噢！如果需要，可以待十年。如果我已堕落到不适于与自己的孩子在一起的地步，那我生还不如死好。

可霍尔曼是怎么说的呢？看看吧。我收到莫尔·阿迪的一张便条，说"霍尔曼声称自己至今为止还是很称职的"。还有谁能想出这种废话！但他还列出了霍尔曼在这件事表现得聪明的理由：

1."他没花我一分钱。"关于这一点，我要说的是：他总共花的不到 3 英镑 10 先令。没有人会花去破产者的钱。我没有财产。

2."他要求每年要向我汇报两次孩子的教育情况。"这一点也是假的。法院自然要求监护人向法院递交有关被监护人的情况报告。我没有提出报告。我可雇用一个英国王室法律顾问，并且要求了解西里尔是否在学习阿拉伯数字，或维维安的拼写是否有所长进。如此而已。

3."只要我愿意，我有提出申请的自由。"这是肯定的，但只是一般法律意义上的说法，即如果我听说孩子们没有受到很好的抚养，或吃不饱穿不暖，我才可以提出申请。这是个什么样的特权啊！你以为它们会是什么特权吗？

4."霍尔曼先生认为这次行动表明哈格罗夫先生不会要求离婚了。"这是典型的霍尔曼式的话。如果他对法律或平衡法略有所知的话，这个无知可笑的律师就会知道，一旦我妻子要求抚养孩子，她就绝对必须申请并被批准离婚。为什么？因为在法庭听取将孩子从我身边夺去的申请书之前，她必须宣誓她有足够的钱用于抚养教育孩子。她立誓要得到财产权。因为你们也要买，结果迫使她不得不那样做。就这样，一步一步地，莫尔·阿迪迫使我妻子提出离婚。她别无选择。她为了不这样做整整挣扎了两年。是我的朋友迫使她这样做的。想想这一点吧，我亲爱的罗比，这样你就会理解我的感情了。但你和莫尔现在却说："你并没被剥夺接近孩子的权利。"这已严肃地写在上星期四在这儿宣布的公告中了。当然，出于技巧上的错误，这份公告并没特别限定我不能接近孩子，但或许你愿意听听汉塞尔就此事发表的看法。他的信是4月10日写的，内容如下："法庭并不明确表示禁止你接近孩子，但其正确解释应是：如果你有任何想与孩子们联系的企图，必须由官方签署命令，明确对你进行限制。"记住这句话："任何想与孩子们联系的企图。"现在你满意了吗?

但你在星期二还得意扬扬地强调,霍尔曼说的命令并不能约束在国外的情况!这真是绝妙的霍尔曼式妙语。它当然不能。雷丁教区委员会制定的细则当然管不着威尼斯的绿色水街。英国议会通过的法律当然约束不了法兰西的居民。但谁说过它会呢?如果我想见见孩子,那就会发生两件事:

1. 我失去全部收入,因为孩子归我妻子抚养,我的罪名将是蓄意"骚扰"。

2. 她被迫立刻剥夺孩子在国外受教育的好机会,把他们送回英国听从法院的裁决。在英国,如果我想给他们写信,我也会被以蔑视法庭罪送进监狱。你能理解这一切吗?你是否弄明白了你和莫尔·阿迪及其他朋友做过什么事?

莫尔·阿迪和我的朋友们所做的最可耻的事是干涉我与妻子离婚。你们完全无视我、我的安全及地位。你只是拿我的生活打赌。我父亲过去常常给我讲一个地主的故事,这个地主在卡尔顿给他的爱尔兰代理人写信说:"不要让佃户以为他们射死你就会吓住我。"莫尔·阿迪和你就处于地主的地位,而那个代理人就是我。你们根本不在乎发生了什么事。

你们以为我只是在这里卖弄辞藻吗?让我引用一下你的朋友莫尔·阿迪信中的一句话吧。他在信中告诉我,乔治·刘易斯准备以苛刻的条件让我与妻子离婚。"我们",他说,"你的朋友""绝不会干涉你与妻子的关系,我们不会受到离婚威胁的影响,我们对此毫不关心"。

这就是你朋友的话,这显然也就是你和莫尔·阿迪及你哥哥亚历克的态度。你们都在乐滋滋地重蹈昆斯伯里用谣言和挑拨把我推上的道路。先是对我进行民事审判,并对我进行全面调查,接着由陪审团上报财政部,然后我离了婚,再审,最后把我送进了监狱!这就是你们一直辛勤劳作的果实。噢!但莫尔·阿迪却说,你们劝我抵制"不名誉"的证据时并没想这样。你们想的是我可以"有时间去国外"。因此,根据你们的伟大计划,我应该接受可怕的离婚条件,过流亡生活。因为我的离婚会让我失去年金,我当然就身无分文了。当我狼狈地跑到国外时,莫尔·阿迪就会给我写信说:"我们完全实现了预期目标,你现在不再有 1. 任何妻子;2. 任何孩子;3. 任何收入;4. 来伦敦导演剧本的任何可能性。"霍尔曼先生会说他对整件事都非常满意。

我亲爱的罗比,如果真发生了上述那种事,你作为我的朋友,又会怎样把你自己与可怜的阿尔弗雷德·道格拉斯比呢?我只能告诉你:这时他在你身边倒显得光彩夺目了。确实,当我想想你和莫尔·阿迪在这件事上对我的伤害时,我真觉得自己对那个不幸的年轻人太不公平了。

实事求是地讲,罗比,你最好认识到,在上帝的地球表面上,在需要才智、常识、正直、理解力的任何事情上表现出无能的所有人之中,你无疑是主要的一个。我已经给他写了一封信谈他自己,请你马上去研究研究。他有教养、有同情心,善良又有耐心,温柔又体贴。他充满迷人的感情素质。他对自己的杰出才华一直持最谦虚的态度——太谦虚了。我比他自己还激赏他的艺术观点。我认为他应该已经,并一直能在文学界取得佳绩。但在事务性的事情上,他却是个最易上当的不苟言笑的猴子。他既没有记忆力,也没有理解力，还没有判断形势的能力，或理解事情关键的能力。他的严肃举止使他完全成了一个戴着智慧面具的傻瓜。人人都被他欺骗了。他的举止那么严肃，当然人们也会相信他的观点也是充满智慧的。事实并不是这样。在需要简洁流畅或想象力或本能的事情上，他总是"极其严密"。在处理事务性事情方面，他却是个"傻瓜"。他给我造成的伤害是无法弥补的，而他对自己却非常满意。现在我明白了，罗比！我觉得你也应该明白了。如果你一度以为他是有理性的，那现在就别那么想了。就如我在给他的信中所说的，即使他用整整一个下午，也不能处理好树篱中的一个山雀窝里面的事。他是个"蠢蛋"，实际上就是如此。①

你是个可爱的、体贴的、友善的、善于爱人的人，但在一切

---

① 5月15日，王尔德在给莫尔·阿迪的信中说："你和罗比与我的全部通信都应出版，我想书名最好叫《两个傻子和一个疯子的通信》。"他在信中还说："亲爱的莫尔，现在是你该认清自己的时候了，即在一切事务性工作方面，哪怕是最简单的事务性工作，你的判断力都是完全失效的，你的观点或是愚蠢的或是歪曲的，你根本没有能力理解实际生活中最最一般的情况，你在这方面的能力绝对是零。你只是个有教养的人，追求严谨的风格和严肃的趣味，你可以凭直接的同情就能辨别出对他人来说浮夸或奇异的作品的思想结构，在现代作品中发现古典因素是你的专长，你应该更充分地认识到这一点。你在文学界还没有充分发挥自己的能力。你的本性是最富有同情心的，你也乐于助人。你过于有耐心。你的克制力是美丽的。但你却没有足够的常识来处理树篱间一窝山雀的'家务事'。你所做的一切都是以错误的方式做出的错事。罗比作为一个指挥者还不错，因为当他失去理性时总会正好没有逻辑性，结果有时还会歪打正着做出一个正确的结论。但你不仅同样缺乏理性，而且是绝对地有逻辑性，你总是基于错误的前提，从逻辑上得出错误的结论。我只要一看到你信中的1、2、3，就知道你一直在做某种完全愚蠢的事，并且在列出完全愚蠢的理由。"

需要处理日常事务能力的事情上也完全是愚蠢的。我不想让你提什么建议。我倒宁愿听听西里尔的建议。我只想知道真相。但结果令我很失望。你的行为甚不合我意。

你接到这封信时,莫尔也会接到我的信。他会"立刻"去找莱文森夫妇。他接受一张过期支票真是太愚蠢了。他会把我的计划告诉你的。如果你愿意,就来这个地方吧,靠近阿夫尔。你会像一朵花一样受到欢迎,我会一直攻击你,直到你认清自己为止。等着你的有一大笔"赏金"。请好心给亚历克看看这封信。

你永远的
奥斯卡·王尔德

当然,阿尔弗雷德·道格拉斯是不可以到阿夫尔的。你必须给他写信说我会接受他通过你转来的每一封信,但他不要想着来见我,除非我允许。我相信他自己也希望送回我的信件和礼物的。在下月内他应可以做到这一点。

54. 致莫尔·阿迪 *

雷丁，H. M.监狱，1897年5月17日（邮戳日期）

亲爱的莫尔，不妨告诉你：我向内政大臣提交的恳求已被驳回了，他们就要把我转送到我一直希望能回避的伦敦了。明天我就要被转送到彭顿维尔，报纸上已公布了把我转送到沃尔姆伍德·斯克拉浦兹的日期。转送过程会是人道的。我可以穿自己的衣服，也不必戴手铐。我的衣服糟糕得不成样子了，我真该想到在这儿弄件衣服，但现在只能这样忍忍了。

我已经给雷吉写信让他来见我，并和我一起到国外。你和罗比太伤我心了——我不是伤心你们做出什么事，而是伤心你们没认识到自己做过什么事，伤心你们缺乏想象力，因而表现出你们缺乏同情心，伤心你们不经我同意就花掉对我来说是无价之宝的那笔钱，而又对自己这种令人震惊的行为盲目无知——如果你和我一起到国外，那只会让我们两人都失望，我只会向你谈到你做过的事在最小的细节上几乎都与昆斯伯里事件相差无几：先是迫

---

* 王尔德在5月17日给特纳写了两封信（其中一封是偷偷带出监狱的），在信中他又再次翻来覆去地抱怨罗斯和阿迪，并说特纳是他唯一想见的陪伴自己出狱的朋友。特纳回信说他不能去陪王尔德出狱，因为他会为此失掉工作的。特纳在信中说：罗比和莫尔都是绝对忠诚于他的，他们所做的一切都是为了在将来某一天他们可以再次与他自由地交谈。他说王尔德的信几乎让罗比伤心欲绝。他和罗比当晚就去迪耶普做好迎接王尔德的准备，他希望到时王尔德会和罗比和解。

使我接受民事审判,继而让我接受可怕的离婚,接着就是如果我听从你的建议抵制"侮辱性的证据",我就会被逮捕,如果我听从了你的其他建议,争取获得"国外的安全",那我就要永远过流亡生活。在这两种情况下我都同样会一贫如洗,因为我一离婚,我的婚姻财产就离我而去了,而在妻子死后我可能获得的财产也绝对是个零了。法庭会立即签发一纸命令将我的一切全部夺去。

这些,亲爱的莫尔,就是你们为我准备的礼物。如果一周后你还想来阿夫尔向我解释,我会很乐于见你。我希望罗比和你一起来。

五点

我已见过汉塞尔并签了离婚协议书。我确实不想去斯图尔特·黑德勒姆①家,因为我不太喜欢。我对他了解很少。最好是住酒店。

我已经给雷吉写信,让他去一家酒店等我,这样我就能到他房间里改头换面一下了。我想要的是尤斯顿大街旁边的某个很安静的酒店。当然,如果这无法办到,那就算了。但如果雷吉能订到房间,我可以去那儿换换衣服、吃点儿早餐。只让雷吉一个人睡在酒店里等我。

---

① 指斯图尔特·达克沃思·黑德勒姆(1847—1924),宗教改革家,他不认识王尔德,但在1895年却要求释放王尔德,因为他认为法律对王尔德的判决是不公正的。现在他愿意把自己的房子提供给王尔德作为暂时的避难所。

当然，我很乐意在我出狱的这天早晨见到你，我知道你为此已受了不少麻烦。因此，如果你方便，你可以与雷吉一道来监狱，或到他房间去等我，但我们一定不要谈具体事情。

没有收到莱文森[①]的电报，真太可怕了。我烦躁不安。

我想，你会像我一样认为，我已完全听从了你的建议处理与莱文森的关系了，并且对他尽了最大的耐心。可对待他的方式似乎错了。我相信对待他那种人应严厉。不管怎么说，你的方法是完全失败了。

我现在听说在迪耶普已经为我准备好了一切。我在那儿太出名了，我不喜欢那里。那儿的气氛是轻松的，但我想人可以在那儿暂且歇歇脚，然后继续前行。有人告诉我罗比要去那儿，这很好，但你自己会发现与我在一起并不愉快。我对太多的事都抱有太恶意的看法，以至于我忘掉了其他许多对我无害有益的行为。我承认你为我受了无穷无尽的麻烦，但你也该记得我曾通过罗比转告你不要管我和妻子的事了：我们感情甚笃，我对她充满感激，急冲冲想为我多争取点儿钱的做法是错误的，其结果是我得到的钱更少了，而且与妻子离了婚，也失去了孩子，后者尤其令我痛心。

你的动机总是好的、善良的，你的心总是在真诚的同情中跳动的，但你的判断总是出差错，越听你的话结果就越糟。若是能

[①] 王尔德指责莱文森插手他的经济事务是没有根据的。这一时期，王尔德被钱的问题搞得焦头烂额，他对朋友和帮助者的指责都只是因此而产生的偏执狂的表现。莱文森不是富人。与王尔德关系密切的也不是他而是他妻子。莱文森自始至终对王尔德是公正、慷慨的。

逃避离婚、流亡、彻底被遗弃的命运，那倒真是奇迹了。

然而，对于你真心的帮助我是深怀感激的。我希望一周后情绪能好一些，能忘掉我目前的苛刻。那时我们再一起谈谈文学，而只有在文学中，你的直觉才总是正确的，你的判断才总是严谨而清醒的，你的同情才是出于理性的。我希望你把所有的钱都交给雷吉。莱文森一把钱付了就告诉我。没有钱我当然不能离开英国，我也不想去他的房里拿钱。

你永远的

奥斯卡

55. 致伯纳德·比尔夫人 *

迪耶普，三明治酒店，1897年5月22日（？）

我亲爱的、善良的、美丽的朋友，你的信给了我无上的快乐，我知道你对我总是又善良又温柔的，现在更是这样，因为我现在需要同情，也懂得它的价值：对我来说，现在的一句好话就像花儿一样可爱，而爱是可以治愈一切创伤的。

我没法写很多，因为我太紧张了，外面奇妙的世界令我昏眩，我觉得自己好像是被从死亡路上抢回来的。太阳和大海似乎对我都陌生了。

但是，亲爱的伯妮，虽然在外人看来我的生活好像被毁灭了，但我并不这样认为。我知道你想听听我对这一切是怎么想的——从寂静、孤独的生活、饥饿、黑暗、痛苦、抛弃、羞辱中，我却受益匪浅。我过的是一种与艺术家不相称的生活。这是对我的虐待。可能还有更糟的事降临到你老朋友头上，亲爱的，比两年的辛苦劳作更糟糕的事——虽然它们同样都是可怕的。至少我希望能感受到它。痛苦是一把可怕的火，要么让人净化，要么毁灭人，经过这番风风雨雨后，我可能会变成一个更好的人。一定要按这

---

* 王尔德是1897年5月18日晚上离开雷丁监狱的，这是他出狱后写的第三封信。

个名字给我写信——我现在对外所用的名字是塞巴斯蒂安·梅尔莫斯先生。

爱你、感谢你，你永远的

奥斯卡

56. 致《每日记事报》编辑

迪耶普,1897年5月27日[①]

先生,从贵刊的专栏里,我非常遗憾地得知雷丁监狱的看守马丁因为给一个饥饿的儿童一块甜饼干而被监狱委员会解雇了。我在获释的前一个星期也曾亲眼见到了那三个孩子。他们刚被判了刑,正穿着囚服站成一排站在监狱的院子中间,等着走进分给他们的囚牢。我那天正好被带到接待室去见一位朋友,在途中看到了他们。他们还都是很小的孩子,最小的那个——马丁给饼干的那个——小得连合身的囚服都找不到。我在监狱的两年里当然看到有许多孩子被关在监狱里。旺兹沃思监狱总是专门关押许多孩子,但我从未见过我在星期一下午,即17日下午在雷丁监狱见过的那么小的孩子。更不用说我在雷丁监狱看到这些孩子时是多么绝望了,因为我知道他们会受到怎样的对待。英国监狱日日夜夜对孩子施加的残酷待遇是让人难以相信的,特别是对那些亲眼看见过并能意识到这种体制的野蛮性的人来说更是如此。

[①] 这封信在《每日记事报》上发表时用的就是这个日期,信的标题是"马丁看守案:监狱生活扫描",发表在5月28日。《每日记事报》在5月4日发表了马丁看守的一封信,是谈他被监狱解雇的情况的,编者按说:"我们当然无法证明写信人的话,但我们可以发表他的信。"王尔德的信可能是在24日这一天写的,或是稍后写的。28日,王尔德的信和两篇支持马丁的文章一起发表,另外又发表了马丁的一封信,信中谈到内政大臣拒绝承认马丁说过的话。

今天的人并不理解什么是残酷。他们认为它只是一种可怕的中世纪的激情，并把这种激情与埃切利诺·达·罗马诺[①]这样的人联系在一起，还包括那些从蓄意给别人施加痛苦中获得一种真正的疯狂快乐的人。但埃切利诺这样的人只是扭曲的个人主义的不正常类型。一般的残酷只是愚蠢，而且完全缺乏想象力。在我们这个追求固定体制的时代，它就是不变换的规则的结果，也是愚蠢的结果。哪里有集权，哪里就有愚蠢，现代生活中非人道的东西就是官僚主义。权威既会毁灭发布权威的人，也会毁灭被权威压制的人。监狱虐待儿童的主要根源在监狱委员会及其操作的体制。支持这种体制的人本意是好的，那些操作这种体制的人本意也是人道的。责任在于惩罚制度。据他们说，凡制度皆合理。

人们现在对待孩子的方式是可怕的，主要是人们不理解孩子的特殊心理。孩子可以理解单个人对他的惩罚，如父母或监护人的惩罚，并且在某种程度上可以默许这种惩罚，他所不理解的是社会对他的惩罚，他还不知道社会是什么。而对成年人来说则正好相反。在监狱工作的或被送到那儿去的成年人可以理解，也确实理解被称作社会的集体力量意味着什么，不管对其方式或要求有什么想法，我们都能迫使自己接受它。另外，单个人对我们的惩罚是谁也不能忍受的，谁也别想让他们忍受。

孩子们被他们从未见过的人带到这个他们一无所知的地方，

[①] 公元12—15世纪意大利大封建主中支持神圣罗马帝国皇帝的保皇党的领袖，以残忍著称，这使他在但丁《神曲·地狱篇》中取得了一席之地。

发现自己住进了一个孤独而不熟悉的囚牢,由陌生的面孔看管着,被他们一无所知的体制的代表们命令着、惩罚着;发现自己立即成了现代监狱生活造成的最突出的、首屈一指的感情——恐惧感——的猎物。监狱中孩子的恐惧是无穷无尽的。我记得自己在雷丁监狱的时候,有一次我出去劳动,看到就在我的囚牢对面的一间灯光昏暗的囚牢里有个小男孩。两个看守——两个善良的看守——在严肃地与他谈话,或在告诉他该怎么怎么做。一个看守在囚牢里,另一个站在外边。孩子的脸像一只纯粹用恐惧做成的楔子,双眼透出被猎人追逐的动物眼中的那种恐惧。第二天早晨早饭时间,我听到那个孩子在哭着找父母,要求把他放出去。我还不时听到看守要他安静的低沉的吼声。他还没被判什么罪,只是在候审而已。这是我根据他的衣服判断的,因为他的衣服非常整洁。然而他却穿着狱袜和狱鞋,这表明了家里很穷,即使他有自己的鞋,那也一定坏得不成样子了。法官们和地方行政长官总的来说是一群完全无知的家伙,他们常常动辄把孩子关上一星期,然后就可能根据自己的权限随便找个理由把孩子放了,他们称之为"绝不将儿童送进监狱"。当然,他们的这种观点是愚蠢的。对一个小孩子来说,不管他是在监狱还是在候审还是被定了罪,他都不会理解因此给他带来的社会地位的微妙变化。对他来说,恐怖就是恐怖。在有人性的人看来,只要他们待在监狱,就无论如何都是一件可怕的事。

笼罩着、支配着孩子的恐惧也同样发生在成年人身上,而我们监狱实行的分隔囚禁制度当然又极度地加强了这种恐惧。每个孩子每天要在自己的牢房里待二十三个小时。这是件可怕的事。

把一个孩子一直关在灯光昏暗的牢房里每天达二十三小时之久，这本身就是监狱制度愚蠢、残酷的例证。如果单个人——父母亲或监护人——这样对待孩子，他是应该受重罚的。禁止虐待儿童委员会会立即处理这种事的。无论是何人施加了这种暴虐，他都会遭人厌恶与唾弃，并且无疑会被判重罪。但我们自己的现实社会本身却更坏，它所拥有的奇怪的抽象力量对孩子所施的虐待，比他们受到的父母或监护人，或他们认识的什么人的同样的虐待更残酷。非人道的待遇就是非人道的，不管施予者是谁。但对孩子来说，社会的虐待更可怕，因为他们无处呼救。父母或监护人还可以被感动而把孩子从又黑又潮的独屋中放出来，但看守可是不能被感动的。多数看守都是喜欢孩子的，但监狱制度禁止他们给孩子提供任何帮助。如果他们这样做了，就像沃德·马丁那样，那他们就要被解雇。

儿童在监狱遭受的第二种痛苦是饥饿。他们吃的食物，早晨是一片烤得很糟糕的监狱面包和一杯水；十二点吃午饭，吃的是一罐粗糙的印度云片粥；五点半吃晚饭，吃的是一片干面包和一听水。这种饭食常常让一个强壮的成年人得病，当然主要是腹泻及因此而来的虚弱。实际上，大监狱里的止泻药当然都会被看守们用光。就儿童来说，一旦他得了这种病，一般就不会吃什么东西了。任何一个对孩子略有了解的人都知道孩子的食欲很容易受哭叫、烦躁、精神不振等因素的影响。一个哭了一整天，或在灯光昏暗的牢房里哭了半夜的孩子，往往被恐惧所压倒，根本吃不下去这种粗糙、可怕的食物。就拿那个马丁给饼干吃的孩子来说，他星期二早晨一直在饿着肚子哭，根本吃不下监狱给他准备的早餐：面包和水。马丁早饭后出去给他买了几块甜饼干，而不是看着他受折磨而无动于衷。就马丁来说，这是件善举，孩子也是这么认为的，他对监狱制度一无所知，就把马丁做的好事告诉了一个年长的看守，结果是不言而喻的：年长的看守向上级报告了这件事，马丁被解雇了。

我非常了解马丁，我在狱中的最后七个星期就是由他监管的。他给我和其他犯人说话时的那种善良和仁慈深深地打动了我。在监狱，客套话是很多的，像"早上好"或"晚上好"，都会让狱中人得到特有的愉快。他总是温柔、体贴的。我还知道在另一件案子中他对一个犯人也是非常善良的。在监狱中，其中最可怕的一件事是环境设施的恶劣。下午五点半以后，任何犯人在任何情况下都不许离开牢房。如果在五点半后犯人腹泻，那他也只能把自己的牢房当作厕所，在恶臭冲天的气味中度过一晚。在我获释的前几天，马丁和一位年长的看守在七点半依次到各牢房收麻絮和工具。一个刚入狱的犯人因为食物得了严重的腹泻，他请求那位年长的看守准许他倒掉粪便，因为牢房里的恶臭气味太浓，他怕因此再引发什么病。年长看守断然拒绝了。眼看那个犯人不得不在那种恶劣的环境中度过一晚了，而马丁不愿看到那个可怜的犯人在这种恶劣的环境里忍受着病痛的折磨，说他可以替犯人倒掉便桶，并真的这样做了。看守帮犯人倒便桶当然违反监狱制度，但马丁这样做纯粹是出于天生的同情心，犯人自然感激涕零。

至于孩子们，最近已有很多文章谈到监狱对小孩子的恶劣影响，这些观点，都很对。监狱生活把孩子的灵魂完全玷污了。但这种恶劣影响不是犯人造成的,而是整个监狱体制——监狱长、牧师、看守、单独的牢房、隔离、恶劣的食物、监狱委员会的制度、管理模式以及所谓的生活模式。监狱严格禁止狱中的童犯见到十六岁以上的犯人。孩子们坐在小教堂的屏风后,然后被送到一个没有阳光的地方去锻炼——有时到一块山坡上,有时去山背面——这样做的目的就是避免让他们看到年长犯人。但孩子们在监狱中接受的唯一真正人道的影响则来自犯人。他们在恶劣环境下所表现出的乐观、他们彼此之间的同情、他们的谦卑、他们的温柔、他们见面问候时脸上的微笑、他们对自己所受惩罚的绝对默许,所有这一切都是奇妙的影响,我自己就从中学到了许多正确的教训。我并不是说孩子们不该坐在教堂里,或说他们应该在公共场所的角落锻炼。我只是指出,对孩子的坏影响不是,并且也永远不会是犯人造成的,而是,并且一直是监狱体制自身造成的。在雷丁·格尔监狱,没有一个犯人会愿意看到监狱惩罚那三个孩子,我最后一次见到他们是在他们被判刑后的那个星期二,那天下午七点半,我和其他二十个犯人正在锻炼,那三个孩子由一名看守监视着从他们锻炼的阴冷潮湿的山地走回来。我看到我的同伴们的眼睛里露出最伟大的怜悯和同情。犯人作为一个整体彼此是非常友善和富有同情心的。痛苦和共同痛苦使人变得善良。一天又一天,当我在监狱的院子里走来走去时,我内心充满了一种愉快和安慰。卡莱尔在某本书中称这种感觉为"与人相伴产生的安静而有节奏的魅力"。在这方面与在所有其他方面一样,慈善家和有那种善心的人都犯了错误。需要改过自新的不是犯人,而是监狱。

当然，十四岁以下的儿童根本不该被送进监狱。这是一种疯狂，与许多疯狂现象一样，这只会导致悲剧性的后果，然而，一旦他们被送进监狱，他们白天要么待在工作间，要么与看守一起待在学校。晚上，当他们在宿舍睡觉时，就要有个夜间看守照顾他们。他们每天应被准许锻炼至少三小时。对一个孩子来说，黑暗、通风条件恶劣、气味难闻的囚房是非常可怕的，实际上不只是孩子，任何人都会害怕的。人在监狱中只会呼吸到恶劣的空气。孩子吃的食物应有茶点、黄油面包和汤。监狱的汤很好喝，也很卫生。众议院一项决议在半小时内就可以解决如何对待孩子的问题。我希望你能利用自己的影响促成此事。目前监狱对待孩子的方式确实是违反人性和常识的。这种对待方式源于愚蠢。

我现在再谈谈英国监狱里发生的另一种可怕的事，实际上，这种可怕的事遍及世界上所有实行单独囚禁和绝对安静体制的监狱。我要谈的是那些在监狱中变疯或变呆的犯人。在关押重犯的监狱里，这种情况当然很常见，但在一般的监狱中，就像关押我的那种监狱，也能发现这种情况。

大约三个月前，我在一群与我一起锻炼的人中间注意到一个似乎愚蠢或低能的人。每个监狱当然都关押着一些低能的罪犯，他们一次次出狱，又一次次回到监狱，可以说就住在监狱了。但这个年轻人给我的印象并不是通常的那种低能儿，因为他一会儿呆呆地咧着嘴笑，一会儿又自己大笑。他奇怪的举止引起了其他所有犯人的注意。他不时地在锻炼的犯人群中消失，依我看他是被罚关在囚牢里了。最后我发现他正被监狱监察，日日夜夜都有看守监管着他。当他出现在锻炼的人群中时，他也总像歇斯底里一般又哭又笑。在教堂，他也不得不由两个看守看管着，一刻也不离开。有时他会双手抱头，这是违犯教堂规定的，于是其中一个看守立刻就会敲他一下，让他注意力集中。有时他会哭——不是那种大吵大闹的哭——而是哽咽着，两行热泪默默沿着脸颊往下流。有时他会像个傻瓜一样自己对着自己笑，还会做鬼脸。他不止一次被押送出教堂到他的囚牢里去，当然他也总要不断受到惩罚。我在教堂里坐的位子就紧挨着这个不幸的人，因而我有机会仔细观察他。我也不断看到他在锻炼，我也看出来他开始变得神志不清了，而监狱对待他的方式就好像他在装傻。

上星期六大约一点钟，我正在囚室里擦洗吃晚饭用的罐子，突然一种最可怕的尖叫，或不如说是号叫打破了监狱死一般的寂静，刚开始我还以为是监狱外有人在笨拙地宰杀公牛或母牛，继而我才弄明白号叫声是从监狱里传出来的，于是我知道有个可怜的人在被鞭打。不用说这种惨叫在我听来有多可怕了，我开始想是谁在遭受着这种非人的鞭打。突然，我恍然大悟，挨打的就是那个不幸的疯子。我此时的感情不需在此详述了，它们与这个问题无关。

第二天，即星期日，我看到那个可怜的人在锻炼，他虚弱、丑陋、可怜的脸上挂满了泪珠，几乎看不出有什么歇斯底里的症状。他走在老人、乞丐和跛子的中间，因此我能一直对他进行观察。这是我在监狱的最后一个星期天，一个非常可爱的白天，是一年中最好的一天，可就在美丽的落日余晖中，走着这个可怜的生灵——根据上帝的影像再造过的生灵——他像一只大猩猩一样咧嘴笑着，双手挥舞着，做出各种稀奇古怪的手势，似乎他在空中挥舞着某种无形的用绳子拴着的工具，或在表演着某种奇怪的游戏。在这整个过程中，我们每个人都看到了他那歇斯底里般的眼泪在他那浮肿的脏脸上冲出两道小沟。他的手势既是可怕的，又表现出一种故意装出来的优雅，这使他看起来像个小丑。他是个活怪人。别的犯人都在看着他，没有一个人笑。每个人都知道发生了什么事：他被逼疯了——已经疯了。半小时后，一个看守把他叫进牢房，我想是又要惩罚他了。至少他在星期一早晨没参加锻炼，虽然我以为自己看到他正在山坡的一角，在一个看守的看押下走着。

星期二——我在监狱的最后一天——我看见他又在锻炼了。他看起来比以前更糟糕了，并且再次被送进牢房。从那以后我就再也不知道他的消息了，但我从一个与我一起锻炼的犯人口里得知，星期六下午他在厨房里被鞭打了二十四鞭，是一位来访的法官根据狱医的报告做出这种命令的。让我们人人震颤的号叫声就是这样发出来的。

这个人无疑变疯了。狱医对精神病可说是一窍不通。他们是一群无知之徒。他们不知道什么是精神病症。当人疯了时，他们却把他当作装疯的坏蛋，一遍又一遍地惩罚他，被惩罚者自然越来越糟糕。当一般的刑罚使完时，狱医就向法官报告，结果就是鞭打犯人。当然，鞭打犯人用的鞭子并不是九尾鞭，而是一种叫作桦条的东西。虽然刑具只是一根棍子，但在那个可怜的低能犯人身上造成的后果则是可以想象的。

他在狱中的代号是 A-2-11，我也设法弄清楚了他的名字，他名叫普林斯。我们应该立刻为他做点儿什么了。他是个士兵，他的罪是军事法庭判的。刑期是六个月，现在已过了三个月了。是否请你利用自己的影响让法庭重新审理他的案子，以确保这个疯犯人得到适当的对待？

医疗委员会的任何报告都是没有用的，也是根本不可信的。医疗检察官似乎并不懂白痴与疯子有什么区别——一种病是某一器官或功能完全失灵引起的，另一种病是某一器官或功能有了疾病引起的。这个代号为 A-2-11 的犯人肯定能说出他的名字，他犯罪的根源，他是哪一月的哪一天被判刑的，他的刑期是从哪一天开始的，到哪一天结束，并能回答一般性的简单问题，但他无疑属于心智有病的犯人。目前在他和医生之间正进行一场可怕的争斗。医生是在为理论而战，犯人则是在为自己的生命而战。我渴望着那个犯人能赢。但首先应该让懂脑病的专家审查这个案子，让那些还有人的感情、人的常识和同情的人来审理他的案子。不要让任何感伤主义者插手此案，这种人有害无益。

这个案例是与愚蠢的监狱体制密不可分的一个特殊的残酷例证，而目前的雷丁监狱长是一个温柔而有人道精神的人，所有犯人都非常喜欢他、尊敬他。他是去年 7 月到任的，虽然他无力改变监狱体制的各种制度，但他已改变了它们的精神实质。他与犯人打成一片，也与看守和睦相处。实际上他已极大地改变了监狱生活的整个格调。另外，他当然也没有能力改变监狱制度。我相信他每天都要看到许多不公正的、愚蠢的、残酷的事。但他的双手是被"捆绑"着的。当然我不知道他对 A-2-11 案的真实看法，实际上我也不知道他对当前的监狱体制到底是怎么看的。我只是从他给雷丁监狱带来的彻底变化来判断他的。在他之前，监狱制度被粗鲁而愚蠢地执行着。

我永远是你温顺的仆人

奥斯卡·王尔德

57. 致罗伯特·罗斯

滨海贝梅瓦尔，海滨酒店，1897年5月28日

亲爱的罗比，这是我独处的第一天，当然是很不开心的一天了。我开始认识到自己可怕的孤独处境，一整天我心里都在翻江倒海般思来想去，辛酸不已。难道这不悲哀吗？我以为自己已能心平气和地接受一切了，以为暴怒的情绪已经离我而去，就像损坏甜美玉米或吹折树叶嫩芽的猛烈的暴风雨一样，翻滚着而去。我发现了一座小教堂，里面摆满了最神圣的圣徒像，但其外表却是哥特式的、丑陋的，显得华丽而俗气。其中一些圣像还笑着，就像原始人一样，但在我看来他们似乎都是傻瓜。看到他们我不禁觉得好笑。幸亏在旁边的教堂里有一个可爱的十字架，架臂是金子做的，向两边尽情地舒展着，这才让我心情好一点儿。随后我漫步到山脚下，在温暖粗糙的棕色海草上睡着了。昨晚我几乎没睡觉。波西那封让我生气的信就在房子里，我愚蠢地一读再读，并把它放在床边。我梦见母亲在严肃地与我谈话，说她遇到了麻烦事。我很清楚，无论我什么时候遇到危险，她都会警告我。我现在真正害怕的，是那个不幸的忘恩负义的年轻人，他那毫无想象力的自私和完全缺乏对他人身上的美德和善良的敏感，我感到他对人只有坏影响。可怜的人，与他在一起就好像又重新回到了我刚从中被释放出来的地狱。我希望再也不要见到他。

至于你自己，亲爱温柔的罗比，我现在常常想，许多爱你的人一定会认为我准许你并希望你一直待在我身边是一种自私的行为。但他们仍然可以看出在我光彩照人又声名狼藉时——荒淫、恣意挥霍、玩世不恭、实利主义的时光——围绕着我的人与在我孤独、受辱、羞愧、疯狂和贫穷时来安慰我的你之间有什么区别。他们是多么缺乏想象力啊！如果我又有了钱，又可以过从前那种生活了。我认为你不会太想与我在一起的。我想你会为我的所作所为感到遗憾，但现在，亲爱的孩子，你以基督的胸怀来拥抱我，你在思想上给我的帮助是任何人不曾或不会做到的。你在帮助我复活我的灵魂，因为我的灵魂确实在粗俗享乐的泥淖中死掉了，我的生活不是艺术家应过的生活，你可以治愈我、帮助我。在这个美丽的世界上我再没有别的朋友了。我也不想再要别的朋友了。然而，我伤心地想到，也许有人会认为我在随意浪费你的财产，对你的好心无动于衷。你是被迫帮助我的。当我想到自己是多么需要朋友时，我总要悲哀地哭泣，但当我想到已得到你的帮助时，我又不禁高兴地哭了。

在这六个星期内，我确实想做点儿事，等你来时我就能给你读读我写的东西了。我知道你爱我，但我也想让你尊敬我，需要你真诚的敬慕，只有你真心实意的尊敬才会再造我的艺术生活。但如果我不得不想到自己是在危害着你，那你的陪伴给我带来的全部欢乐都将索然无味。只要与你在一起，我无论如何都不会有任何愧疚的感觉，不会有毁灭了另一个人的生活的感觉。亲爱的孩子，接受你不时的陪伴并不就会毁灭你的生活。我在监狱中称你为菲利莫尔的圣罗伯特①不是无缘无故的。爱能使人成为圣徒。圣徒就是那些最有爱心的人。

我在向你写到或谈到监狱里的事情时只犯了一个错误。我的诗句应该是:"当我走出监狱时,你带着长袍、香料和聪明的建议来见我。你用爱来迎接我。"别人都没做到,只有你做到了。当我想到诗句,确实笑起来了。

八点半。我刚收到你的电报。一个留着胡子的男人——无疑是为了伪装——骑着自行车冲了过来,挥舞着蓝色的电报。我知道是你寄来的。好吧,我真的很高兴,并期待着读到报纸②。我现在想的是:我应该为《每日记事报》写研究监狱的文章。报纸对监狱改造感兴趣,因为这类文章看起来不像广告。

让我知道你的意见。我打算写信给马辛厄姆③。从你电报的字里行间,我似乎看出你很高兴。电报非常必要。他们请我晚餐吃蛇!一条被切开的蛇,涂着深褐色的酱汁!我解释说,我不是养

---

① 在《给斯芬克斯的信》中,埃达·莱文森记述了王尔德曾即兴写下的这么一段话:

菲利莫尔的圣罗伯特。

这世上有一位真正的圣徒,他就是菲利莫尔的圣罗伯特。每天晚上,天还一片漆黑的时候,他就从床上起来,跪下祈求伟大慷慨的上帝让太阳升起,普照大地。当太阳升起时,圣罗伯特总是又跪下感谢上帝赐予的奇迹。然后,有一天晚上,圣罗伯特因为白天做了超过平常的好事而倦极沉睡,当他醒来时太阳已经升起,大地已经明亮。一时间圣罗伯特看起来悲哀而烦恼,但随后他就跪下感谢上帝:虽然他的仆人疏忽大意了,他仍让太阳照常升起,让阳光普照大地。

② 这封电报告诉王尔德:《每日记事报》发表了王尔德5月27日的信。
③ 亨利·威廉·马辛厄姆(1860—1924),《每日记事报》的编辑(1895—1899)。

蛇的人①，并且已经换了赞助人。现在没蛇可以招待客人了。他对此很恼火。我是一位经验丰富的鱼类学家，这多好啊！

我附寄了很多信。请把汇票放进去，然后寄出去。把寄给监狱的信都再各自放进一个大信封里，每个信封上的地址你都亲自写，尽可能写清楚。它们是我的荣誉债，我必须偿还。当然，你必须阅读这些信。向梅雷迪思小姐解释，地址为 C-3-3②，霍顿大街 24 号的信是给你的。

钱数如下。当然这是一大笔钱，但我想我会得到很多钱的：

	杰克逊	1 英镑
	弗利特	1.10 英镑
	福特	2.10 英镑
	斯通	3 英镑
	伊顿	2 英镑
×	克鲁滕登	2 英镑
	布谢尔	2.10 英镑
×	米尔沃德	2.10 英镑
	格罗夫斯	3.10 英镑
		20.10 英镑
	W. 史密斯	2 英镑

---

① 福楼拜小说《萨朗波》中的情节。
② 王尔德在雷丁监狱的编号。

这些信必须立刻寄出。至少那些标有×号的。

加起来要多少钱啊！但我现在只有12月2日的吉姆·卡斯伯特，10月9日的吉姆·哈金斯和11月6日的哈里·埃尔文还没寄了。他们尚可维持。转念一想，我只给监狱寄了一封信。请小心不要把信弄混了。它们都有微妙的差别。

我需要一些钢笔，一些红色领带。后者当然是出于文学的目的。

今天早上我给考特尼·索普写了信，也给斯坦纳德太太写了信，给她送了花。

莫尔给我转来一首波西的诗———一首爱情抒情诗！真是荒谬。

塔迪厄写信给我，神秘兮兮地警告我巴黎有危险的朋友。我讨厌故弄玄虚：这太明显了。

让罗梅克关注战争走向。

《费加罗报》宣称我在迪耶普骑自行车！他们总是把你我混为一谈。真让人开心。我不会提出抗议。你是我最好的一半。

我很累，雨还在下。晚安。

请接受我全部的爱和感激。

你的

奥斯卡

58. 致 J. O. 内尔松监狱长

滨海贝梅瓦尔，海滨酒店，1897年5月28日

亲爱的内尔松监狱长，当然，我准备一安全地到达法国就给你写信表达——不管是多么不充分——我对你的不仅是真诚的，而且也是深情的感激，感激你在我监狱生活的最后阶段对我的宽容和温和，感谢你在我精神烦躁不安、处于非常可怕紧张的兴奋状态时对我的眷顾。你一定不会介意我用"感激"这个词吧。我过去常常以为感激是一种负担，现在我才知道它能使人心情轻松。不会表达感激的人是那种腿和心都灌满了铅，因而步履蹒跚的人。但若一个人知道了对神和别人表示感谢所获得的奇怪欢乐时，他就会觉得地球也可爱多了。真正让人愉悦的并不是清点自己的财富，而是清点自己的债务，不是自己拥有的"少"，而是自己所欠的"多"。

然而，我却一直无法写信，因为我脑中不断浮现那些小孩，以及被医生命令用鞭子抽打的那个可怜的痴呆犯人。我在信中没法不写他们，而提到他们可能会把你置于一种尴尬的境地。在你的回信中，你"可能"会同情我的观点——我想你会——然后，一旦我的信被公开，你可能就会觉得我好像用了某种几乎是心胸狭窄或粗心大意的方式，把你的私人意见变成了官方意见，以用于确证我的观点。

我本希望在我出狱的前夜给你谈谈这些事的，但我又觉得，

自己作为犯人这样做是错误的，只会把你置于一个进退两难的境地。我只听说我的信有部分发表在罗斯先生的一封电报里了，但我希望整封信都能发表，因为在那封信里我表达了对你、对所有在你管辖下的犯人所表现出的人道主义精神和爱的感激和尊敬。我不想让人以为我是个例外。我所受到的那种特殊对待是由监狱委员会授命的。你对我和对其他人都是一样仁慈的。当然，我对你提的要求更多，但我确实以为自己的要求是比别人多，而我常常不能像他们那么乐观。

当然，我与其他犯人们是一样的，我现在与他们是同类。我并不是因进过监狱就羞愧难当的废渣。我极其感到羞耻的是把我带进监狱生活中的物质主义。对一个艺术家来说，那太不值得了。

至于马丁，以及我那封信的主题，我这里当然不需说什么了，除非有人能改变这整个监狱体制——如果真有这样的人——那个人就是你自己。现在我写信给你，是想请你允许我自称是你真诚而心怀感激的朋友。

奥斯卡·王尔德

59. 致罗伯特·罗斯

滨海贝梅瓦尔，海滨酒店，1897年5月31日，星期一晚

亲爱的罗比，我已经确信，要获得靴子，唯一正确的途径是去法国。过海关就收3法郎！您怎么能那样吓唬我？下次您订购靴子时，请到迪耶普取。这是唯一的办法，也是可见到我的借口。

明天我要去朝圣了。我一直想做个香客，我决定明天一早就去丽丝圣母殿。你知道丽丝是谁吗？是过去人们开玩笑的话。我也是今天晚上才听说这儿有圣母殿或教堂的，是偶尔从"小酒店"的一位甜蜜的妇人那里听说的，她想让我一直住在这儿呢！她说丽丝圣母非常灵验，她会帮助每一个人找到快乐的秘密。因为我要步行去，所以我本来不知道要走多久才能到圣母殿。但从她口里我才知道，来回只各需六七分钟。实际上丽丝圣母殿离酒店只有五十五码①远！难道这不很奇妙吗？我准备明天喝过咖啡、洗过澡后再出发。我还需要说这是个奇迹吗？我想做香客，我们的"快乐女神"就把一座灰色的石砌教堂带到了我面前。可能在我过着那种亵渎神灵的快乐时光时她就一直在等我了，现在她派丽丝圣母做使者来迎接我了。我只是不知道说什么好。我希望你不要

---

① 大约五十米。——译者

对可怜的异教徒太苛刻了①,希望你能承认这样一个事实:对一只羊来说,即使没有牧羊人,也会有个斯泰拉·马里斯把它领回家的。但是,你和莫尔,特别是莫尔,却把我当作一个不信奉国教者。这简直太让人伤心了,也是很不公平的。

昨天晚上十点,我做了弥撒,然后才去洗澡。这样我走进水中时就不是异教徒了,结果什么塞壬啦、美人鱼啦、绿头发的怪物啦就诱惑不到我了。我确实认为这是件了不起的事情。在我是异教徒的日子里,大海里到处都是吹着海螺的半人半鱼的海神,以及其他让人不愉快的东西。现在情况大不一样了。在我也把你册封为圣徒之后,你该把我当作曼斯菲尔德学院②的院长了吧!

亲爱的男孩,我希望你能告诉我宗教是否使你快乐。你以一种荒谬的方式向我隐藏了你的宗教。你对待宗教就像在《星期六评论》上,为波洛克③写文章一样,或者说就像在华都街享受美味的土豆片和让人迷恋的食物一样。我知道问你也没用,因此你也不要告诉我。

昨天,我在教堂里时,就觉得自己像个流浪者——当然不是真正的流浪者,而是有点儿像流亡者。我在玉米地里遇见了一个可爱的农夫,他把自己在教堂中的席位给了我,所以我很舒服。他现在一天要来看我两次,因为他有钱却没有孩子,我已劝他收

---

① 罗斯和阿迪都是罗马天主教徒。
② 曼斯菲尔德学院是牛津大学的公理会学院,1889年成立。
③ 指沃尔特·哈里斯·波洛克(1850—1928),诗人、作家、记者,1883—1894年间为《星期六评论》的编辑。

养三个孩子——两男一女。我告诉他,如果他想要他们,他可以去找。他怕他们将来会成坏孩子。我告诉他人人皆如此。他已决定收养三个孤儿了。现在这个想法让他充满热情。他就要去找乡村牧师谈这件事。他告诉我,他自己的父亲有一天在与他谈话时突然摔倒在地,他用手抱住他放到床上,他就死在了床上。他自己常常想,如果自己将来有一天也像父亲一样突然跌倒,却没一个人扶住自己,那是多么可怕的事。现在他显然要收养孤儿了,对吗?

我觉得贝梅瓦尔就是我的家了。真是这样。丽丝圣母会善待我的,如果我跪在她面前祈祷,她会给我教导的。知道贝梅瓦尔为我准备好了一切,我真是高兴极了。

邦尼特[①]先生想为我建一座小屋!占地有一千平方米(我不知道确切数字,但我估计有一百英里长)。小屋要有书房,一个大阳台,一个会客室,一个大厨房,三个卧室,一个临海望台,还有树——这些总共要花 12 000 法郎,合 480 英镑。如果我能写部剧本,就能挣到这笔钱了。想想看,用 480 英镑就能在法兰西造一所自己的可爱的房子!不需再租房住了。请想想吧,如果你认为合适,就赞同我的计划吧!当然,这一切须等我把剧本写出来才成。

一位老绅士就住在这儿的一家酒店里。他总是一个人待在房里吃饭,然后出来晒太阳。他到这儿才两天,准备在这儿住两年。他唯一的悲哀是这里没剧院。邦尼特先生有点儿喜欢搞恶作剧,他对老人说,因为他每天晚上八点就上床睡觉了,所以即使有剧

---

① O.J.邦尼特是海滨酒店的老板,也是当时的房地产代理商。

院对他也毫无用处。昨天他们就此争论了一小时。我赞同老绅士的看法，但我相信邦尼特先生的话也是合情合理的。

我收到斯芬克斯一封甜蜜的信。她给我描述了欧内斯特[①]的情况，说他在离婚诉讼进行期间到罗梅克报了到，这让我感到高兴。考虑到人们越来越欣赏易卜生，我不得不说，我很惊讶海报做得不够好，但现如今人人皆嫉妒他人，当然，除了丈夫和妻子。我想把我最后这句话写到我的剧本里。

你把我的银勺从雷吉那儿拿回来了吗？[②]你已把我的银牙刷从厚颜无耻的汉弗莱斯那里要回来了，所以你应很容易把我的银勺从雷吉手里要回来，因为他本人有很多这样的勺子，或者说他过去有过。你知道上面有我的纹饰，银子是爱尔兰产的，我不想失去它。

有一种极好的替代品，叫不列颠尼亚金属，与德尔菲和其他地方都很受欢迎。威尔逊·巴雷特写道："我喜欢它甚于银质材料。它会适合令人钦佩的亲爱的雷吉。"沃尔特·贝桑特写道："除了它，我不用别的。"比尔博姆·特里先生也写道："我试用过它以后，我就是一个与众不同的演员了。我的朋友几乎认不出我来了。"所以，对它显然有需求。

在我心情沉重的时候，我甚至想写一部《政治经济学》，我制定的第一条法则将是"凡所需皆不供给"。这是能够解释人的灵魂

[①] 欧内斯特·莱文森最近因连带责任卷入了一桩离婚案。在审判的前夜，艾达·莱文森为了表示对他的忠诚，在一家时尚剧场的包厢，与他一起坐在前排。

[②] 特纳曾把自己想出来的两句话告诉给罗斯：一句是"他是嘴里衔着一把银勺出生的"，另一句是"对！但上面刻着别人的纹饰"。罗斯把这两句话转达给王尔德，后者说在下一部剧本中要用上这两句话。

和背景之间的强烈对比的唯一法则。文明之所以能继续是因为人们痛恨文明。现代城市与人们所想要的城市恰恰相反。19世纪的服饰是我们对风格的恐惧的结果。高帽子会一直流行到人们不再喜欢它为止。

亲爱的罗比,希望你能更体谅我一些,不要让我这么晚了还要与你谈话。当然,与你谈话是件乐事,但你应知道我需要休息啊!晚安,你在床边会找到几支烟和几束花。咖啡八点就有。你介意吗?若对你来说太早,我可以在床上多躺一个小时。我希望你睡得好。你应该能睡好,因为劳埃德不在阳台上。[①]

星期二早上(1897年6月1日),九点半。

海天一色,像一块蛋白石,两者之间没有可怕的画师划的线,只有一条渔船,顺风缓行。我要去洗澡了。

六点

洗过澡,看到了这儿的一间小屋,我想在这个季节把它带走——非常迷人的小屋:视野壮阔;有一间大写字室;一间餐厅,三间可爱的卧室,除了仆人的房间外,还有一个大阳台。

我不知道我所画图的比例。但房间比计划的要大。

1. 餐厅。
2. 客厅。
3. 阳台。

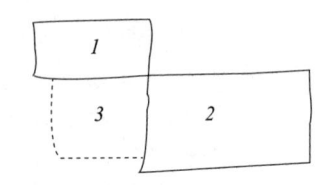

---

① 戏仿斯蒂文森的《维利马书信集》。

都在一楼，从阳台到地面都有台阶。

你能想到的，租金一季或一年是——32英镑。当然，我必须拥有它：我会在这里用餐，单独就餐并预订餐桌，步行两分钟就到。请告诉我要租下来：你再来时，你的房间就会等着你了。我所需要的只是一个家庭。这里的人都充满善意。

我已完成我的朝圣之行。小教堂的内部当然都是些现代恐怖之物，还有丽丝圣母的黑塑像。小教堂小得像牛津大学的学生宿舍。我希望能让教堂神甫尽快做次弥撒，这种仪式一般要在7月或8月举行，但我想尽快看到弥撒仪式。

还有一件事我必须写信告诉你。

我很喜欢这个地方。整个乡村都是可爱的，到处是森林和茂密的草地，简洁而健康。如果我住在巴黎，我注定要做一些我不愿做的事。我害怕大城市。在这儿我每天早晨七点半起床。天天都很快乐，晚上十点上床睡觉。我害怕巴黎。我想长住于此。

我已经熟悉了这个地方。这是最好的地方，也是唯一遗留下来的好地方。我一定要在这个地方建座房子。如果我能花12 000法郎建座小木屋，能住在自己的房里，那我会多幸福啊！无论如何我要攒钱盖房子。我要自己给自己一个家，一个安静、悠闲、健康的家，并且要靠近英格兰。如果我住在埃及，我知道自己的生活会是怎样的。如果我住在意大利南部，我知道我的生活将是空虚的、糟糕的。我想住在这儿。给我把建筑师[①]送来。邦尼特先

[①] 指约翰·罗兰·福瑟吉尔（1876—1957），他是罗斯的朋友。此时他正在伦敦建筑学校学习。

生很不错,他准备把我的计划付诸实施。我的小屋要有树、有灰泥墙、有发亮的木柱,要有四周镶嵌有菱形图案的院子,要像莎士比亚的房子一样,像英国16世纪的农舍。我一直在等着你的建筑师,就像他已在等着我一样。

你以为这是怪念头吗?

我与你一样,属于我的诗歌时代已经过去,但又被迫来写诗。我已开始写一点儿我认为会很不错的东西。①

我拿到《每日记事报》了:非常感谢。我看到谈亲王的信了,没有提到我的名字;这是个女人,愚蠢的女人。②

明天早晨我将与斯坦纳德共进早餐。约翰·斯特兰奇·温特是个多么有激情、前途多么辉煌的作家啊!那么多人不理解他的作品!《酒鬼》是一部象征主义的作品:只是它的风格和主题是错误的。请千万不要轻视《酒鬼》——确是这样,请不要再谈它了,我从未谈过。

你永远的

奥斯卡

---

① 指《雷丁监狱之歌》。
② 5月31日,《每日记事报》发表了一封关于亲王的信,用的是笔名。

60. 致阿尔弗雷德·道格拉斯

滨海贝梅瓦尔，海滨酒店，1897年6月2日（？）

亲爱的男孩，如果你在把我给你的美丽的信送还我时，又写了一封刻薄的信，那你当然就永远不会得到我的地址了。我的地址如上。

至于吕尼埃-波埃，我只知道他非常潇洒，在我看也似乎有做一名好演员的潜质，因为潜质是不需要什么才智的，它是一种本能的动力，就像大自然的伟大力量一样，也是常常极其缺乏才智的，就像昨晚在我窗前一闪而过的海上闪电。

《莎乐美》的演出于我当然有益无害，联想到政府在狱中对我的待遇，我要感谢所有促成其上演的人。另一方面，我要说明的是：我的下一部剧作是不能不要报酬的，因为我不知道夏季以后我何以维生，除非我立刻弄到钱。我现在真是窘迫万状，危险万分，因为我以为能得到的钱最终却总如落花流水一场空，这真是让人失望的事，因为我当然应过上作家应过的那种生活：有自己的卧室、书，等等。如果我还要写作，那我倒看不到还有别的什么生活方式，而如果我不写作的话，我看到还有其他许多生活方式。

如果吕尼埃-波埃给不了我什么钱，我当然自认为与他没什么约束关系。但我眼下在写的剧本①——背景和主题都是宗教的——根本就不是准备巡回演出的,我估计顶多演三场。我所想要的只是作为艺术家的我重新为人所知,想在巴黎,而不是在伦敦恢复我的艺术地位。这是我欠给这个伟大的艺术之城的债务,也是我给它的敬献。

如果某个有钱人愿接受这部剧,并让吕尼埃-波埃参加演出,我会非常乐意的。无论如何我是不受什么限制的。更重要的是:我还没写这部剧!我现在仍忙着写一些必须要写的信,对那些曾善待我的人表示深深的感激。

至于《日报》,我很想为它写点儿什么,并定期收阅。我不喜欢自己到邮局订阅,因为我担心自己的地址会泄露。我想最好在迪耶普订,我从那儿得到过《巴黎回声》。

我听说《时光》杂志发表了一篇对你的访谈录②——当然是错误的访谈录。这确实很使人伤心,对你我都是一样。然而我希望这不是你所暗示的决斗的起因。一旦你在法国参加一次决斗,你就不得不一直做下去,这实在是一件无聊透顶的事。我确实希望你能在保持作为英国绅士的尊严的前提下,尽量避免决斗,除非发生某种私人间的争吵或受到公开侮辱。当然你永远不要梦想着

---

① 可能是指《亚哈与伊莎贝尔或法老》,王尔德在这个时期多次谈到一些剧本,但从未写出来过。

② 这篇访谈录署名是阿道夫·波辛,发表在《时光》杂志的首页,时间是5月28日。在这篇访谈录中,道格拉斯描述了王尔德在狱中所遭受的痛苦,谴责了英国人的虚伪。编者按显然是充满敌意的,它声称,在巴黎,奥斯卡·王尔德的名字与色情狂是同义词。

为我而决斗：那将是可怕的，只会给人造成最可怕、最坏的印象。

常给我写信谈谈你和别人的艺术创作情况，我们在帕纳索斯山这个诗神圣地上相遇总是件好事，总比在别的什么地方相遇要好吧。我带着极大的快乐和兴趣读了你的诗①，但总的来看，你最好的作品是两年半前所创作的那些作品——那些叙事民歌和几部戏剧。当然，你的性情促使你直接地表达出你的所闻所见所感，但我还是希望你能创作出远离实际生活和激情的作品。就像我在《意向集》中所说的，客观的形式比其他任何方式都包含更加主观的内容。②如果我还被人称作剧作家的话，那我想要说的是：我在艺术上独一无二的地位就在于我选择了戏剧这个艺术王国里最客观的艺术形式，并使之成为抒情诗或十四行诗式的个人表达形式，这就丰富了舞台的特性，扩展了——至少《莎乐美》是如此——其艺术空间。你与民歌是真有情缘，请返回你的这个园地。民歌是浪漫剧的真正泉源。莎士比亚的先师不是从埃斯库罗斯到塞涅卡③那样的希腊或罗马悲剧家，而是像博德那样的民歌作家。在《吉尔德罗伊》这样的民歌中，人们不难体味到《罗密欧与朱丽叶》的浪漫情调，尽管两者情节不同。《莎乐美》的重复出现的句子和重复出现的主题交织成一首乐曲，在我看来，它们与古代民歌的叠句所起的作用是相同的。我说这些就是想请求你写民歌。

我不知道是否已谢过你或莫尔从巴黎给我寄书，也可能你们

---

① 可能是指1896年出版的《诗集》。
② 《作为艺术家的批评家》（二）。
③ 古罗马政治家、斯多葛派哲学家、悲剧作家、雄辩家。——译者

两个都谢过了。既然我已把书分开了,所以你们也必须分享我的感谢。

我非常喜欢拉热内斯的《拿破仑》①。他一定非常有趣。安德烈·纪德的书②没能使我产生兴趣。利己主义的主题,在我看来当然是贯穿现代艺术始终的主题,但要成为一个利己主义者必须要有自我。并不是每一个说"我,我"的人都能进入艺术王国的。但我深爱安德烈本人,我在监狱时常常想起他,就如我时常想起亲爱的雷吉·乔姆利,想起他农牧神一样的大眼睛和蜜一样甜的微笑。向他致以最深沉的爱。

你永远的
奥斯卡

---

① 欧内斯特·霍里·科恩·拉热内斯(1874—1917)于1897年出版的《以导师拿破仑为榜样》。

② 《人间食粮》。

61. 致罗伯特·罗斯

海上没标明经纬度，1897年6月3日，星期四，两点四十五分

（下午，贝梅瓦尔时间）

亲爱的罗比，我刚收到的你那封纯粹像谈生意似的信，它使我很紧张，我感到你已成为某种可怕激情的猎物了，这只是隐藏着一种暴风雨的平静，是山雨欲来前的寂静。你还说我的信没标明日期，这种谴责使我受到深深的伤害，也表明了你对我的友谊已发生了变化。现在我就遵嘱把日期和其他情况写在信上方了。

我没收到巴黎寄来的剪报，当我听说此事时非常生气。由于不知道发表与波西的对话录的确切日期，我幸亏让人把连续三天的报纸都寄过来：它们刚刚到，我在上面见到了对波西之否认的粗鲁无礼的否认。

波西也给我写信说他又要与某某决斗了！我想起因就在于此吧。他们说他装束滑稽可笑。我给他写信恳求他不要再搞什么决斗了，因为一旦有第一次，就会有第二次、第三次。虽然这种决斗并没有什么危险，就像我们英国的板球或足球游戏，但经常玩就难免无聊乏味了。

而且，与平庸的访问者决斗就和与死人决斗一样，是既滑稽可笑又充满悲剧性的事情。

欧内斯特·道生①，康德②，达尔·杨③今天下午到我这儿来了，他们在这儿吃的晚餐，也睡在了这儿——我至少敢肯定他们吃晚餐了，但我相信他们没睡觉。

我想《每日记事报》一定紧张了。他们至今还没做出任何答复。当然，我对他们做的一切都是对的，如果他们接受我的作品的话。谁是我的接收大员？我想知道他的名字和通信地址。

你永远的

奥斯卡

---

① 英国诗人，他和王尔德于1890年相遇，在王尔德受审的那段黑暗的日子里，他曾和罗伯特·谢拉德一起到奥克利大街去看望他。

② 指查尔斯·康德（1868—1909），英国艺术家，曾住在澳大利亚。他以设计扇子和精美的水彩绢画闻名。王尔德很欣赏他的作品。

③ 指达尔豪西·杨（1866—1921），英国作曲家和画家，是列希蒂兹基（波兰钢琴家）和帕岱莱夫斯基（波兰钢琴家）的学生，1893年他在罗马首演，1895年在伦敦首演。王尔德被判有罪不久，当时还不认识王尔德的他勇气可嘉，出版了一本小册子《向奥斯卡·王尔德道歉》。后来，即1897年，他计划让王尔德为自己的歌剧《达夫尼斯和艾卡洛》写歌词。虽然他为此预付了王尔德100英镑，但王尔德最终什么也没写。

62. 致阿尔弗雷德·道格拉斯

滨海贝梅瓦尔，海滨酒店，1897年6月4日，星期五，两点半

我亲爱的男孩，我刚刚收到你的信，但欧内斯特·道生、达尔·杨和康德在我这儿，所以我没法通读全信，只读了最后三行。我非常喜欢最后一句话："在艺术里，开始即结束。"不要以为我不爱你了。我爱你当然远胜于爱其他任何人。但我们的生活已不可挽回地分开了，就像我们的会面永不会再来了一样。我们唯一知道的是我们在彼此相爱，我每天都在想着你，我知道你是个诗人，也正因此你显得加倍可爱和奇妙。我这儿的朋友们对我都很好，我非常爱他们。杨是最好的男人，欧内斯特性格最有趣，他准备把他的一些作品送给我。

我们一直待到凌晨三点才睡。对我来说这很糟糕，但这也是一种愉快的经历、体验。今天海上起雾，又下了雨——这是自我到这儿后第一次遇到这种天气。明天我和渔夫一起去钓鱼，但今晚我一定给你写信。

亲爱的男孩，献给你永远最热诚的爱
奥斯卡

63. 致欧内斯特·道生

滨海贝梅瓦尔，海滨酒店，1897年6月5日（？）

亲爱的诗人先生，你好心来看我真是太好了，真挚地感谢你的陪伴带给我的愉悦，感谢你多次温柔地提醒我是"语言的国王"，不管以前发生了什么事都是如此，我都有一副诗人的灵魂。当然，我的三位好朋友——一位诗人、一位哲学家、一位画家——离开我后，我感到很孤独，但我没有可以表现悲哀的衣服，所以我所能做的只能是把我的红领带"换一种打法"。

星期三我将和斯坦纳德在迪耶普共进早餐，下午三点十五分到苏茜咖啡馆。如果你碰巧也在那儿，请你费心把我介绍给有船或懂船的简。我对大海有一种狂热的向往。我感到大海有一种净化作用，其本性，至少对我是如此，能治愈我的心灵伤口。

当然，你不必特地为此走出你的森林——但如果你恰巧在迪耶普的话，我很乐于通过你结识让先生。

今天海上起了薄雾，我的渔夫们也没来白垩谷找我，我希望得到你的诗。大海"骚动不止的韵律"[①]使我产生了对诗的饥渴。

你真诚的
奥斯卡·王尔德

[①] 《哈姆雷特》第四幕第五场。

64. 致罗伯特·罗斯

滨海贝梅瓦尔，海滨酒店，1897年6月5日，星期六

亲爱的罗比，我准备就住在贝梅瓦尔了。我不要住在巴黎，也不愿住在阿尔及尔，也不想住在意大利南部。如果我继续在这儿住下去，一套房子一年也就是32英镑租金，这绝对便宜！我再不能住比这还便宜的酒店了。你真是个斤斤计较的人——这对任何投资家来说都是一种可怕的精神状态。我本已告诉邦尼特先生我的出资人是罗斯先生，是伦敦著名的银行家，而现在你却突然向我表明你并非属于伟大的金融家之列，因为你连31英镑10便士的资本都不敢投出，而使你不敢这样做的就是那10便士！至于住在另外几间卧室里靠我维生的人，亲爱的男孩，他们不像你，只有你愿意与我在一起，你在酒店吃饭都是自己付钱，至于我住的房间，正常房价是一晚2法郎50生丁，但除此之外还有许多额外支出，像蜡烛啦、洗澡啦、热水啦、香烟啦、洗衣啦等都要额外加钱。当然，如果有谁不交这些费用，酒店会问他要得更多。洗澡（快）25生丁，洗澡（慢）50生丁。卧室里的香烟每支10生丁，卧室外的香烟每支20生丁。任何一家好酒店都有这种规章制度。如果雷吉来，他当然也会付一点儿钱。我忘不了他曾送给我一只衣箱。斯芬克斯比其他人都要多付一倍。在古埃及他们总是这样

做。另外，建筑师①可打折，我对他有特殊他有特殊条款。

但认真地说，罗比，如果有谁要与我住在一起，他们当然应该自己付钱。他们必须这样，唯有建筑师除外。一个当代建筑师，就像当代建筑物一样，是不需要自己付什么钱的。但至今我只知道一个建筑师，而你又把他藏起来不让我见到。我现在开始相信他像墙裙一样消失不见了，这种墙裙现在只能找到一些化石了，主要分布在布朗普顿附近，是由挖掘工人偶然发现的。现在它们一般被嵌入旧式瓦特彩色烤花墙纸里，后来就越来越少见了。②

今天我拜访了神甫先生，他在一片蔬菜园里建有一座漂亮的房子，明天他领我去教堂。应他的特别邀请，我明天要参加教堂的唱诗班。他向我展示了他所有的服装，明天他穿着红衣服一定很漂亮。他知道我是个异教徒，并且相信蒲赛③仍然活在人世。他说上帝将根据英国在大革命期间对流亡神甫们的善待而使英国皈依自己。这是对那座狭长岛国的褒赏。教堂急需染色玻璃窗，现在他只有四扇这种窗，还缺十四扇。在巴黎他以每扇300法郎（12英镑）的价钱买的！我差一点儿想给他提供六扇，但因想起了你，

---

① 约翰·福瑟吉尔。

② 1877年，弗雷德里克·沃尔顿发明了一种表面有凸起花纹的墙纸，非常流行，此时仍有生产。"彩色烤花墙纸"名称是由拉丁语"Linum"（亚麻）和"Crusta"（浮雕）组成的，其主要构成原料是固体亚麻油。在《奥斯卡·王尔德的儿子》一书中，维维安·霍兰写到，泰特街16号的"墙上盖着一层当时被称作沃尔顿彩色烤花墙纸的特殊墙纸"。

③ 蒲塞（1800—1882），英国神学家，牛津运动的发起人。——译者

所以就只给了他一些救济穷人的东西。你差一点儿跑不掉。你应该感谢我。

我希望你已给寄了40英镑，随后再寄60英镑。我要去雇只小船，这样就不必走路了，最终也会省钱。亲爱的罗比，我必须有个良好的开端，即使等待我的是圣方济各式的生活我也绝不发怒。可能还有比这更糟的事发生。

你永远的
奥斯卡

65. 致雷金纳德·特纳

滨海贝梅瓦尔，海滨酒店，1897年6月7日（？）

亲爱的雷吉，谢谢你送给我一只可爱的银衣箱，并在迪耶普与我相见。你像天使一样降临到我身边；但结果如何呢？只是我要求你再多为我做点儿什么。我不由自主就这样做了。如果你反对我把你当作天使，那你为什么总坚持像一个天使那样待我？

你再做什么事之前，请先读读这封美好的信。你有必要这样做。这很关键，这也是第一幕。

读完了吗？

（停五分钟。没有乐队：只有一支烟。）

如果读完了，你觉得怎么样？这封单纯、美好、甜美的信是6月2日出现在我面前的"吉姆·卡思伯特的同犯"写的。当他一到就发现邮局里有我寄给他的不多的两英镑在等着他时，他会怎么想呢？只这么多了。你能看出他是个多好的人：他是我在雷丁监狱结识的伟大朋友之一，他和吉姆·卡思伯特及哈里·埃尔文都是我的"同犯"，都有金子般的心。

现在我已请他来与我同住一周，以便使其在挨过十八个月的苦之后能休息休息。

我现在告诉你他犯了什么罪。他是个士兵，一次晚饭吃得太好了，要么或许是太糟糕了，结果他竟在军队的马厩里"把握时机",这种事若发生在牛津,也顶多被学监"禁止出校门"或罚款5英镑。他从未做过什么骗人或暴力之事。他是个好小伙子,本性善良。

我最好坦率地告诉你他不是个"漂亮男子"。他二十九岁,但看起来更老些,因为遗传,他的头上过早地出现了银白色的头发;他胡子稀疏,但还算有。我对他没有别的什么感情,也不可能有,有的只是友谊和关心,这是我很为自己感到高兴的事。他只是个单纯的、具有男子气概的小伙子,有最甜美的微笑和最温顺的眼睛,用罗比的不朽之语说就是一个"甜鼠"。

现在你明白了我对他的感情了吧。我很不愿做这种解释。但唯有这样做才对你公平。

现在罗比掌握了我那点儿少得可怜的钱,他对我把钱花在上周刚被释放的四个人身上非常生气,说我这样做是支付不起的。但亲爱的雷吉,我必须照顾我的狱友,就像你这样的好朋友照顾我一样。

我有张40英镑的支票,但需一星期后才能兑换,因为我星期三才能去迪耶普。当然,由于银行的人并不认识我,所以在我摸到钱之前,必须在伦敦先把支票兑换。所以最早在下星期一我能拿到钱。

我想向你借6英镑10便士以维持下周的生活,如果你有的话。

亚瑟·克鲁特登想要衣服——蓝边套服、一双棕皮鞋、几件衬衣、一顶帽子。这自然要花钱,他到这儿的车票当然也花钱。

因此我写信告诉他,我的一位好朋友——一个名叫R.特纳的吉姆·卡思伯特——会从我的6英镑10便士中寄钱给他的,这样他就能得到自己想要的衣服了,就能在下星期六下午来这儿住一星期了。我希望他与我的假期度完时,能给他找个事做。①

当然,如果你不介意对我的朋友热诚相待的话,如果你能让他在星期五上午来见你,那表明你真是太温柔了。他会根据我的安排把我写给他的信让你看,你可以告诉他施特兰德有什么好地方可以去看看,买点儿衣服什么的,也可帮他挑挑选选衣服之类的东西。如果你能这样做,就送给他1英镑吧,这样他来到我身边时就有5英镑10便士了。把这点告诉他,说有5英镑10便士在等着他,他现在有什么衣服先穿着来好了。

他不是英国人,他是美国人,但没有一点儿美国口音。在他的故国,晚上他总是裹得紧紧的。

你不知道,雷吉,想到自己有机会帮助一个与我同被监禁过的人,我是多么快乐!我两眼含着快乐与感激的泪花盼望着这一机会快快来临。

当然,如果你见不到他,那就把钱寄给他好了,但我希望你能见见他,对他说些宽心的话。我们都曾是狱中人,都是像孩子一样敏感。

---

① 特纳提供了这笔钱,克鲁特登如约在贝梅瓦尔住了一星期。在一封标明是6月21日的信中,王尔德写道:"当然,亲爱的雷吉,你对我说的一切都是很对的,但你一定得理解我非常渴望对那些与我同被监禁的人提供些帮助。过去我完全忽视年轻人的生命,常常占有一个男孩,充满激情地爱他,然后就厌倦了他,常常从此不再理他。这是我对自己过去的生活感到悔恨的方面。现在我感到,如果我能对别人有所帮助,那将是一点儿小小的——不管多么小——补偿。即使能真心帮助其中的一个人,我从中获得的快乐也是无法向你言说了。"

下周我就还你的6英镑10便士,我只是不敢告诉罗比把钱给我,因为他会责备我,而我又不愿给他带去痛苦。我知道他是对的,但我还剩下200英镑呢!我一周可以用3英镑。我希望几个月后我自己能挣钱。

如果你能做到这一点,就立刻给我回信;如果克鲁特登星期六可以动身的话,要保证让他知道该乘哪一列车,并立即拍电报通知我,这样我就能在迪耶普准时接到他了。

如果你能做到这一点,我就还给你那只衣箱,至少我会一直为你保存着,这是一样的。

我急切地等着你的回信。我知道,如果你能的话,你会让A.C.在星期五上午拜访你。这会让他很开心,也会让我很陶醉。

你永远的
奥斯卡

又及:当然,你要把亚瑟·克鲁特登的信还给我。我不能因为6英镑10便士就与它分开,除了你之外一定不要再让别人见到那封信,如果罗比没有就我帮助四个狱友和四个看守(包括给马丁5英镑)20英镑的事大发不满的话,也可让他看看。我知道这笔钱对我来说数目很大,但与我受到的善待相比,还是有点儿少的,我可能再没机会这样做了。现在我只认识雷丁监狱中的五个人,到今年年底——实际上是到12月2日——我所有的朋友,感谢上帝,都将像我一样成为自由人了。所以,除非我现在为他们做点儿事,否则到时想做也没有机会了。

亲爱的雷吉，如果你能为我和 A. C. 安排好这一切，你收获的不仅仅是下星期我还给你的 6 英镑 10 便士，还有深埋在伟大世界的心脏中的真金。我知道这种真金是什么，C-3-3 囚房已经把这一切都教给了我。

66. 致威尔·罗森斯坦

滨海贝梅瓦尔，海滨酒店，1897年6月9日（邮戳日期），星期三

我亲爱的好朋友，我无法向你表明我昨天收到你那封充满爱的信时是多么高兴，我真诚地渴盼见到你，哪怕只见一天也好。我就要去迪耶普与斯坦纳德共进早餐，他对我一直很好，我到那儿会给你发电报的。我真心希望你明天能乘轮渡到这儿来，你和你的朋友们可以在我这儿吃晚饭、睡觉。在我这间小房子里，除我之外再无他人，但却是世间最舒适的房子。这儿的厨师是一个伟大且杰出的艺术家，他总是晚上沿着海边，边走边构思第二天的菜谱。他不是个值得学习的人吗？我已花32英镑租下了一处休假小屋，这样，如果我想重新开始工作就能遂愿了，就可写点儿剧本什么的了。

亲爱的威尔，我知道，当你知道我出狱后并未变成一个心怀怨恨、满腹牢骚的人时一定会为我感到高兴的；相反，我不但没有因此失去什么，反而在许多方面大有所获。我并不真的因自己进过监狱而觉得羞愧难当，因为我常常生活在比监狱更让人羞愧的地方，我真正感到羞愧的是曾过了一种与艺术家身份不相配的生活。我并不是说麦瑟琳娜比斯波路丝[①]更适合做妻子，或者是一

[①] 麦瑟琳娜是罗马皇帝克劳狄一世的第三个妻子，淫乱阴险，因与情夫阴谋夺权被克劳狄处死；斯波路丝是尼禄皇帝最宠爱的女人，根据苏埃托尼乌斯（古罗马传记作家）的记载，她也是唯一与他正式举行了婚礼的女子。

个全对一个全错，我只知道，对一个艺术家来说，一种做作、明确的物质主义生活，一种由贪欲和犬儒主义构成的哲学，一种对感官享受和无意义的轻松生活的狂热崇拜，都是糟糕得不能再糟糕的事情，它们只会让人的想象力变得更狭隘，使人敏锐的感觉能力变迟钝。我亲爱的男孩，我的生活全错了。我没有把自己身上最美好的东西挖掘出来。现在我想，既然我身体好，有你这样单纯善良的好朋友的友谊相伴，有一种安静的生活方式，有独自思考问题的空间，又免除了伤害肉体、禁锢灵魂的对享乐的无穷无尽的饥渴——那么，我想我可以做点儿你们都想让我做的事。当然，我失去了很多，但亲爱的威尔，当我想想我剩下的东西时，我发现自己仍拥有很多：这个美丽世界的太阳和大海，它那笼罩着金色薄暮的黄昏，它那银色的夜晚；许多书，所有的花，一些好朋友，仍然健康、充满活力的大脑和身体——当我清点我的财产时，我才发现自己确实很富有。至于钱，我的钱只给我带来伤害，就是它毁灭了我。我仅希望我的钱够我过一种简单的生活，能让我很好地写作就行了。

因此，请你记住，你会发现我在许多方面是非常幸福的，当然，你来看我时不仅会带来你的温柔，而且也会把幸福一起带来。

至于在石头上刻无声乐曲的想法，我是非常高兴的，想到能得到你送的礼物我非常陶醉。你想到这一点真是太好了。我已收到了许多美好的礼物，但我最宝贵的礼物将是你送来的。

你问我是否让你从伦敦给我带点儿东西。好吧，这儿潮湿含盐的空气把我的香烟盒腐蚀坏了，我现在没盒子装香烟了。如果你像百万富翁一样有钱，你可以给我带只香烟盒来装香烟，这会给我带来极大的便利。在迪耶普,除了树和人之外就什么也看不到了。我真希望明天(星期四)能见到你,我们一起吃晚饭、睡觉。如果不行,那就星期五上午见。我现在每天都是八点准时起床。

我希望你永远不会忘记:没有我,就没有你这个艺术家的罗森斯坦。你就会只是威廉·罗森斯坦,RA.。在艺术史上,这是一件最重要的事实。

我非常渴望结识斯特兰曼①。他翻译的《温德米尔夫人的扇子》很好。

你真诚并心怀感激的朋友

奥斯卡·王尔德

---

① 爱德华·斯特兰曼,爱尔兰人,1866年生。他是罗森斯坦和康德的朋友。

67. 致阿尔弗雷德·道格拉斯

迪耶普，苏茜咖啡馆，1897年6月17日，星期四，下午两点

我最亲爱的男孩，我不得不要求我的朋友离开我了，因为我律师的信让我神经紧张、坐卧不安，生怕有什么大危险在等着我，所以我只想静静地一个人待着。我发现现在任何忧虑都会毁灭我的健康，让我恐惧、暴躁易怒、刻薄待人，虽然我不想这样做。

当然，我们现在不可能相见。[①] 我不得不弄清楚我的律师为什么突然采取行动，当然，如果你父亲——或是 Q，我只能想起他，因为我只认识他——如果 Q 来大吵大闹，造谣中伤，那就会完全毁掉我可能的将来，使我所有的朋友都疏远我。我的一切都是我朋友的，包括我现在穿的衣服，如果他们离开了我，那我就什么都没有了。

因此，我们必须通信：谈我们都喜爱的东西，谈诗歌，谈我们时代五彩缤纷的艺术，谈艺术思想发展史。我一直在想着你，一直爱着你，但无月之夜的深渊把我们分开了。不经过可怕的、莫名的危险，我们就穿不过这道深渊。

以后，当英国的危险已经解除，秘密有可能保持，世界对我们的态度重归平静之时，我们就可相见了，但目前你看我们是不可能相见的。我忧愁、易怒、紧张。以我目前的状况，让你来看

[①] 这一周本是安排道格拉斯来贝梅瓦尔见王尔德的。

我不会有什么快乐可言。

你必须到某个既能打高尔夫球又能寻回你的百合花和玫瑰的地方。如果不是迫不得已，千万不要给我拍电报。电报局离我住的地方有七英里，我不得不付给邮递员邮费，还得回拍电报，昨天我收到三封电报，又分别回了三封，而我现在"成穷光蛋了"！而且这些事也让我神经紧张。请告诉珀西我想让他给我提供一辆自行车，并转呈我对他的谢意。我想在这儿得到它，因为这儿有个很好的自行车冠军教人骑自行车，车要用英国零件，这要花15英镑。如果珀西愿送给我15英镑，我会很高兴。把我的名片送给他。

你永远的（受到深深的伤害和残缺不全的）
奥斯卡

68. 致阿尔弗雷德·道格拉斯

迪耶普，苏茜咖啡馆，1897年6月23日，星期三

我亲爱的男孩。我今天早晨收到了你的信，真是太谢谢你了。我的晚会取得了很大的成功：十五个小孩子开心地吃着草莓、奶油蛋糕、巧克力、蛋饼、杏。我准备的冰冻蛋糕比维多利亚女王过六十周年[①]时的蛋糕都大，上面撒着粉红色的糖，四周用许多红玫瑰组成玫瑰花饰。每个孩子事先都被告知要自己挑选自己的礼物，他们都挑选乐器！六个选的是手风琴，五个选的是小号，四个选的是军号。他们唱《马赛曲》和其他歌曲，跳轮舞，还演出了《天佑女王》，他们说是《天佑女王》，我也不想表示什么异议。他们手里都拿着我给他们的小旗子，都表现得非常快乐、温顺。我先祝英国女王健康，他们都喊道："英国女王万寿无疆！"接着我又祝法兰西、祝一切艺术家之母健康，最后我又祝共和国总统健康。我想最好这样做。他们一致喊道："祝共和国总统先生和梅尔莫斯先生万寿无疆！"这样我发现我的名字就与总统先生的名字连在一起了。这真是一次有趣的经历，因为此时我刚出狱一个多月。

他们在这儿从四点半一直待到七点，玩了各种游戏。在他们离去时，我给了每人一篮子礼物，里面有一块粉红色的、签有他

[①] 维多利亚女王登基六十周年纪念活动在1897年6月22日举行。

们名字的寿糕，还有夹心糖。

他们似乎在贝梅瓦尔大道上举行了盛大的游行庆祝活动，他们走到市长家门前喊道："市长先生万岁！英国女王万寿无疆！梅尔莫斯先生万寿无疆！"我此时的地位让我浑身颤抖。

今天，我与欧内斯特·道生约好一道与画家陶洛①共进晚餐，他是与柯罗②性情相似的伟大画家。今天我就在这儿睡，明天回去。

明天再写信。

最亲爱的宝贝，你永远的
奥斯卡

---

① 指弗里茨·陶洛（1847—1906），挪威风景画家和设计家。
② 指让·巴蒂斯特·卡米耶·柯罗（1796—1875），法国写实主义风景画和肖像画家。——译者

69. 致罗伯特·罗斯

滨海贝梅瓦尔，布尔热木屋，1897年7月20日

我最亲爱的罗比，你以"事务缠身"为由少给我写信当然是最背信弃义的行为：我已很久没收到你的信了。请至少一天给我写两封信并要写得长些、详细些。你现在一写就是与狄克逊有关的事。至于他，请转告他，若要把他弄到伦敦来，付出的代价实在太大了。我认为自己不愿意把打印稿①送给他。那太危险了。最好在伦敦把这件事解决，划去波西的名字以及我的署名和地址。这事可托马歇尔夫人做。

至于波西，我感到你和平时一样对他是容忍的、温柔的，而且太好脾气了。现在必须使他感到：他那种粗鄙、可笑的所谓社会地位的优越感必须消除并为之向大家道歉。我已写信告诉他：绅士不是想当就当的，只有当他表现得是个绅士时，他才能称得上是绅士。他之所以想表现得像你一样有那种社会地位的优越感，是因为他是苏格兰世袭侯爵的第三代子孙，而你是英国下议院议员的第三代子孙，而你们这样做都是极其愚蠢的。绅士之间无差别。称号问题只是个纹章问题——仅此而已。我希望你在这一点上要态度坚决，应把他脑子中的那种观念赶出去。至于他对你的侮辱和不知感谢，我已写信对他说那是粗暴无礼的。我本还靠他

---

① 长信《自深深处》。

给我找一份新的适合艺术家做的工作，实际上等于一种新生活，但我现在却觉得无法表达对他缺乏想象力、缺乏敏感性的蔑视。我为之大发雷霆。因此，请你下次写信时要很冷静，并说你再不允许什么社会地位优越性之类的胡言乱语了，如果他还不理解绅士就是绅士，不等于别的什么，那你就不要再想收到他的信了。我希望8月1日能见到你，还有建筑师。

诗快写完了。有些章句非常好。

温德姆明天来这儿看戏，是为改编斯克里布的《一杯水》之事而来的，这件事当然得你做了。① 带埃斯蒙德一起来，还有你所能找到的安妮皇后剧院的负责人：这都是为了艺术风格。

莫尔比以前还好，我很高兴。

《约翰·琼斯》中对弗兰克·哈里斯的描写真是妙极了。这本书是谁写的？真是一份绝妙的起诉书。②

你永远的
奥斯卡

---

① 《一杯水》是尤金·斯克里布（1791—1861）创作的喜剧，以伦敦的安妮皇后剧院为背景。王尔德计划为查尔斯·温德姆翻译并改编这部剧，但最后无果。

② 指《约翰·琼斯历险记》，是弗雷德里克·卡雷尔（1869—1928）创作的小说，1897年2月出版。主人公显然是以弗兰克·哈里斯为原型的。

70. 致威尔·罗森斯坦

滨海贝梅瓦尔，1897年8月24日

我亲爱的威尔，我当然是为你才这样做的。[1] 我的名字没署上，也没给我任何形式的酬谢。我是为你才这么做的，但就你来说、就我来说、就一切艺术家来说，其作品都要么被人记住，要么被人遗忘。我无法详细探讨其中蕴含的各种粗糙、声名狼藉的具体事实。我知道亨利编辑过《国家观察家》，其所作所为表明他是个很尖刻、但在某些方面又很怯懦的新闻记者。我能定期收到《国家评论》杂志[2]，其呆板、愚蠢无以言说。我关心的只是人的本质，而不是他做的事，不管是烂污事还是其他什么事。

当然谈到W. E. H.的散文是诗人式的散文时，我对他的赞美实际上是名不符实的。他的散文佶屈聱牙、断断续续，他没有能力构建美丽的长句，而写散文就需要有美丽的、花朵一样的长句。但我赞美他是因为这样的缘故："他的诗是散文家写出的最美的诗。"这是指亨利最好的作品《医院之歌》，也是自由诗，自由诗就是散文。作者将全诗分行分节，目的是向你表明他想让你追随的节奏。但人们所关注的只是文学作品本身。诗

---

[1] 关于W. E. 亨利的评论最后是由马克斯·比尔博姆写的。
[2] 脱胎于《新评论》杂志，1895—1898年间由亨利编辑。

并不比散文好，散文也不比诗好。当人们说到诗和散文这两个词时，人们只是指某种按音乐节奏组合词语的技术方式，或者说旋律与和声的方式，虽然这并不是决定诗歌或散文的独一无二的条件。我在谈到亨利的散文时，说其是诗人创作的美丽散文，虽然这对亨利来说是一种过誉，是极度的夸张，但这句话的后半部分实际上是对其自由诗的一种微妙的美学理解，而这种诗，如果 W. E. H. 还有点儿判断力的话，第一个表示欣赏的应该是他。你似乎误解了我这句话，马拉美可能会理解。但这种事并不重要。人人都急欲得到公众的赞美，而不久就会有人按时间顺序逐一列出 W. E. H. 在文学领域犯下的一个个错误，这份清单会很长。

我仍住在这儿，虽然风很猛。你画的可爱的平版画就挂在我墙上，虽然我不是"付费出版物"的编辑，我没想过要你改动它们，听到这句话你一定开心吧。

听说蒙蒂切利的画被卖掉了，我很高兴，虽然奥巴赫并没说卖多少钱①，达尔·杨明天来这儿，我到时会把这件事告诉他的。他印象中似乎是他买下了这幅画。当然，对其中的细节我一无所知。

罗比·罗斯上周六不得不回英国，恐怕今年回不来了。

我不知道自己该去何方。我没心思做我想做的事，我怕永

---

① 法国画家阿道夫·约瑟夫·托马斯·蒙蒂切利（1824—1886）画的一幅画，本属于王尔德，后来在泰特街的拍卖会上，罗森斯坦花 6 英镑把它买下来，现在又为王尔德卖掉了它。奥巴赫是伦敦画商。

远没机会做了。创造的激情已经离我而去。我现在不再想费神得到——即使我能得到——能带给我小小快乐的东西。

你永远的

奥·王

71. 致阿尔弗雷德·道格拉斯

迪耶普，苏茜咖啡馆，1897年8月31日（？），星期二，七点半

只属于我自己的亲爱的宝贝，半小时前我收到了你的电报，并刚给你寄去一张便笺，说如果我还有希望创造出美丽的艺术作品的话，那就是能与你在一起。过去并不是这样，但现在情况不一样了，只有你能真正重新在我体内激活艺术所需的那种充满活力和感觉的快乐感、力量感。我周围的每个人都因我要回到你身边而大发雷霆，但他们不理解我们。我感到，只有与你在一起，我才能开始工作。你一定要为我修复我已被毁灭的生活，只有这样，我们的友谊和爱才能向世人表现出一种与以前不同的意义。

我真希望我们上次在鲁昂见面后就再没分开过。① 现在，在我们中间横亘着一条那么宽阔的时间和空间的深渊。但我们彼此相爱。晚安，亲爱的。

你永远的

奥斯卡

---

① 这次会见似乎发生在 8 月 28—29 日之间。道格拉斯在其《自传》中写道："当我在火车站见到他时，可怜的奥斯卡大哭起来，整整一天，我们手拉手或手挽手地走着，感到极其幸福。"

72. 致卡洛斯·布莱克

鲁昂，法兰西大酒店，1897年9月6日（邮戳日期），星期一

亲爱的卡洛斯，贝梅瓦尔的天气太坏了，所以我才来这儿，而这儿的天气更糟糕。我没法在欧洲南部待下去，只那儿的天气就能杀死我。只要阳光灿烂，身边充满生的快乐，我并不介意一人独处，但我在贝梅瓦尔的最后两星期却是黑色的、可怕的，几乎要了人的命。我从未像当时那样痛苦过。我想弄点儿钱去意大利，也想去西西里岛，但旅行费用太可怕了。在我走前怕看不到你了，因为我记得你说过9月之前无法来法国，从巴塞尔到这儿的旅途我想一定是很漫长、乏味的。

我很失望康斯坦丝没让我去看望孩子们。我想我再也见不到他们了。

从滨海贝梅瓦尔给我写信。

你永远的
奥斯卡

73. 致罗伯特·罗斯

那不勒斯，外乡人皇家酒店，1897年9月21日，星期二

最亲爱的罗比，你的信刚到我手上。

我之所以又回到波西身边，从心理学角度讲是不可避免的，我内心一股自我实现的激情促使我不惜一切要追求灵魂的内在生活，除了这种原因外，也是周围的世界迫使我这样做的。

没有爱的氛围我是活不下去的，我必须去爱和被爱，不管为此付出多大代价。我可以与你共度一生，但你对自己还有其他的要求——这种要求把你变成了一个太温柔的人了，结果使你忽视了你所能给我的只是陪伴我一星期。雷吉可以陪我三天，罗兰①可以陪我六天，但我在贝梅瓦尔的那最后一个月里孤独极了，几乎到了自杀的边缘。世界对我关闭了大门，而爱的大门则向我敞开了。

若有人反对我回到波西身边，那就告诉他们说是他给了我爱，在经过了三个月抵制周围可怕的庸俗世界的徒劳挣扎后，处于孤独、耻辱中的我自然投向他。当然，我这样做并不会始终都快乐，但我仍爱他，他毁灭了我的生活这个纯粹的事实反而使我更爱他了。"恨之深，爱之切"，这是《圣克莱尔之井》中某篇故事②

---

① 约翰·罗兰·福瑟吉尔。
② 《人间悲剧》，该书1895年出版。

的结束语。阿纳托尔·法朗士的作品。这句话真是可怕的、富有象征意义的真理。

我们希望能找到一小间房或一套房，我希望与他一起工作。我想我能做到这一点。我想他会对我好的，我所求的也就这一点。因此，一定要让人们知道，我对生活或文学活动的唯一希望是回到我曾深爱过的、与我的名字悲剧性地连在一起的年轻人身边。

今天就不多写了。

你永远的

奥斯卡

74. 致卡洛斯·布莱克

那不勒斯，外乡人皇家酒店，1897年9月22日，星期四

亲爱的卡洛斯，你的信刚从巴黎转到我手里。10月我将去看康斯坦丝。

我知道，你对我来这儿的一切看法都是出于你那伟大慷慨的胸怀所生出的同情和忠诚，我很遗憾我到这儿给你造成了痛苦。我的大多数朋友都为之深感痛苦，但我仍忍不住这样做了。我必须靠自己的写作重新修补我残缺不全的生活。如果康斯坦丝准许我去看望孩子们，我想我的生活会大有不同。但她不会这样做的。我不敢对她的所作所为稍有责备，但任何一种行为都有其自然结果。

我等了三个月了。在这段漫长、孤独的日子过完时，我就不得不自己掌握自己的生活了。

我计划在这儿过冬天，或许就住在这儿了。当然，这在很大程度上要取决于我有能力重新开始写作。

亲爱的卡洛斯，你一定不要过分责备我，不管你听到什么都不要这样做。我到这儿并非为寻欢作乐而来，虽然我可以高兴地说快乐就游荡在我周围。我来这儿是想实现我的性情和灵魂的完美。我们都必须选择我们自己实现完美的方式。我已选好自己的方式。我在英国的朋友都极其失望。但他们仍是我的好朋友，并一直是，无论如何都是。你也必须是这样。

你永远的

奥斯卡

75. 致雷金纳德·特纳

那不勒斯，外乡人皇家酒店，1897年9月23日（邮戳日期）

亲爱的雷吉，我和波西是星期一到这儿的：我们在艾克斯会面，在热那亚待了一天。

你信中的话大部分是对的，但你仍忽略了我对波西所抱有的伟大的爱。我爱他，并且一直就爱他。他毁灭了我的生活，就是因为这种原因我好像更爱他了，我想自己现在应为爱工作了。波西本身是个诗人，是远远超出英国其他所有的年轻诗人的一流诗人，在抒情诗和民歌创作方面是独一无二的艺术家。我是冲着他的诗人身份回到他身边的。因此，当人们说我回到波西身边是多么多么可怕时，你一定要说"不"——要说我爱他，说他是个诗人，不管从伦理道德方面讲我的生活是什么样子，但这件事本身是浪漫的，波西就是我的浪漫。我的浪漫故事当然是出悲剧，但其浪漫性却一点儿也不因此而减少。他非常爱我，远远超出他爱别的什么人，没有他，我的生活只会枯燥乏味。

因此为我们辩护吧，雷吉，善待我们吧。

我刚收到尤金寄来的一封信，谢谢他。

你永远的
奥斯卡

76. 致罗伯特·罗斯

那不勒斯,波西利波,朱迪切别墅,1897年10月1日,星期五

最亲爱的罗比,我一直没给你回信,是因为他们让我很沮丧、很生气,在愤怒的时候,我不想给你写信谈世界上所有的人。你一直是我极好的朋友,你的爱、你的慷慨、你在我出狱前后对我无微不至的关心照顾都是我生活中最可爱的事。没有你我还能做什么呢?既然是你为我重造了生活,你完全有权利说你为我选择了什么。但我除了对你表示感谢外就没有权利说什么了。能对同一个人同时既感激又爱是件多么快乐的事啊!

我敢说我所做的一切都是致命的,但我却不得不那样做。波西和我必须再回到一起;我看不到自己还可以有别的一种生活方式,而他自己也看不到别的什么生活方式,我们现在所希望的就是能单独在一起,远离尘嚣,但那不勒斯的报纸无聊至极,还想采访我,等等。他们是说我的好话的,但我不想被人写来写去。我渴望平静,仅此而已。或许我会找到它的。

现在谈谈文学方面的事,我当然想让你帮帮我。

我已把一首诗寄给了斯密塞斯,并让他立刻想办法打印一份寄给你,请你多提建议、多批评。

另外,请去看看斯密塞斯和平克[①]:平克住在埃芬汉屋。我至

[①] 詹姆斯·布兰德·平克(1863—1922),最早的文学经济人之一。

少得有 300 英镑——如果可能，多多益善。我这首诗将同时发表在《纽约》杂志和斯密塞斯的杂志上。我觉得这首诗的某些部分现在很好，但我再也不会超越吉卜林·亨利了。

波西写了三首可爱的十四行诗，我称之为"月亮之歌"，它们都很美妙。[①] 他把这些诗送给了亨利。我也让他把他谈莫扎特的诗寄给《音乐家》杂志。

明天我开始写《佛罗伦萨悲剧》。完成之后我必须动手写《法老》了。

我们在海边有一处很可爱的别墅，还有一架很不错的钢琴。现在我每周要用意大利语与人交谈三次。

我的字写得糟透了，像你的一样糟。

你永远的
奥斯卡

[①] 这些诗都收在了道格拉斯的第二部诗集《心灵之城》中，诗集是匿名出版的。

77. 致伦纳德·斯密塞斯

波西利波，朱迪切别墅，1897年10月1日（？），星期五

亲爱的斯密塞斯，你的信刚到我手上。由于我手头没钱了，所以接到你的信后我立刻拍电报给你，请你通过库克的办公室电汇20英镑。我真希望你能这样做。我的危机很严重，但也没什么特别的——如果我的处境真是独一无二的话，我也不会感到那么恐慌了。

很久以前我就决定不把我的诗交给《每日记事报》了，因为诗太长，在报纸上发表不合适。现在已快六百行了，因此西蒙斯没必要做出种种预言了——他没必要这样做。①

我要为我的诗向美国索价300英镑！它确实值这么多。

一定要立刻给我寄样稿来。

你有词首字母表吗？让我看看。我想，如果诗的间隔、停顿设计得好的话，几乎可以出成一本书。在有间隔的地方应是新一页的开始——一个间隔是一页。

人们总可以用植物羊皮纸做封面，这种纸做封面也确实很好，对果酱和诗都很好。

---

① 王尔德这一时期对诗人、批评家亚瑟·西蒙斯持揶揄轻蔑的态度的原因不为人知，但这种嘲讽态度一直持续到西蒙斯在1898年3月12日的《星期六评论》上撰文称赞王尔德的《雷丁监狱之歌》为止。

你怎么能一直问我阿尔弗雷德·道格拉斯在不在那不勒斯？你明明知道他在这儿，知道我们在一起。他理解我本人和我的艺术，并且两者都爱。我希望永远不要与他分开。他是个最优雅、最出类拔萃的诗人，除此之外，还是英国最优秀的年轻诗人。你最好能出版他的第二部诗集，这本诗集全是可爱的抒情诗、长笛音乐、月亮之歌，其中的十四行诗就像黄金与象牙。他机智、优雅，看起来很可爱，与他在一起也可爱。他是毁过我的生活，因此我才忍不住爱他——这是我唯一能做的事。

我妻子的信到得太晚了，我已空等了四个月，而她只是等孩子已返回学校时才让我去她那儿——而我想要的是孩子们的爱。当然，现在一切都无可挽回了。就感情及其浪漫性而言，错过时机的后果是致命的。

我敢说我已有太多的不幸。然而，我仍然可以很好地写作。我想就像过去一样，而能像过去的一半就已让我心满意足了。

你永远的

奥斯卡·王尔德

78. 致莫尔·阿迪

波西利波，朱迪切别墅，1897年11月21日（邮戳日期），星期日

亲爱的莫尔，我无法告诉你我读到你的信时是多么惊讶。

你信中说，你和罗比在被问及波西是不是个"声名狼藉"的人时不得不说"是的"；你们还公开宣称我妻子剥夺我的财产是"严格按照协议规定的合法权利"行事，这一切都是因为我有波西的快乐陪伴，而这可是世界上留给我的唯一伴侣啊！

我亲爱的莫尔，波西在哪个方面比你和罗比更声名狼藉？

当你1895年11月到雷丁监狱看望我时，我的妹夫后来告诉我，我妻子就此给我写了一封措辞最激烈的信。她在信中说——现在我就引用她信中的原话，这封信现在就放在我面前——"我听说莫尔·阿迪先生去看你了，我吓坏了。这就是你过新生活的诺言吗？如果你仍和过去那些狐朋狗友交往，我该怎么看你呢？我要求你答应我以后再不见他了，也不再见他那种人了"等等，等等。

这就是我妻子眼中的你，她是根据乔治·刘易斯提供的关于你、罗比和我的其他朋友的情况得出上述结论的。我妻子也知道罗比过去和现在过的是一种什么样的生活。

我是否可以问一下：如果你在我孤独无依时来陪伴我，罗比会不会立刻就认为你是个"声名狼藉"的人，并且我会因此丧失所有财产权？

如果换成罗比与我在一起，你是不是也会有同感？

我只是不知道如何描述我的万分惊奇和愤怒的感情。

至于汉塞尔，他只是冷静地给我写信说，他认为"昆斯伯里家族的每一个成员"都是"声名狼藉"的人。想想看吧！世上竟有这样无知、不礼貌的人！如果不是霍维克·道格拉斯伯爵给我提供"遮风挡雨"的房子，我现在还在街上流浪呢！

汉塞尔当然必须根据法律协议做出决定，这是他的职责。对他作为我的代理人的失职，我什么也没说。这只会让他高兴。但就他作为一个仲裁人来讲，在关涉到一个人的实际生死问题方面，他却完全无视协议条文，做出了一种完全非法、完全不公正的决定，我想，他这样做只是为了拍哈格罗夫先生的马屁，或为了体验一种他有生之年第一次体验到的、自命不凡的快乐，而他又无知地认为，他对我采取的这种态度是合乎道德规范的。

当他不分青红皂白地告诉我：如果波西来和我生活在一起的话，他会认为我是和一个臭名远扬的人住在了一起时，他证明了自己完全无视合法协议的要求，真不知道如此愚蠢的人怎么成了仲裁人的。

至于你和罗比竟冷漠地默许了这种阴险的不公正行为，我不知道如何看你们。我只是无法理解，今天我也不能就此多谈。

你永远的
奥斯卡①

---

① 在气氛稍微缓和了一点儿之时，阿迪在1898年1月6日给王尔德写了一封长信，并在信中为自己做了辩护："你在解释我说过的关于王尔德夫人的一句话：即她的所作所为都是严格按照她的合法权利时，说我这句话的意思是指我承认了波西是个声名狼藉的人。我根本没承认波西是什么样的一种人。我根本就没谈到他的什么人格问题。问题只是这样一种事实：你是否与他生活在一起。这个问题就摆在仲裁人面前，我对此根本一无所知，就在我与霍尔曼进行交涉前发生的。我与此毫无关系……王尔德夫人确是根据自己的合法权利行事的，她是根据协议向仲裁人提出请求的；你的朋友因此只能像其他一些团体一样束手无策，所能做的就是屈从他的决定。没有任何理由反对王尔德夫人那样做，若真反对了，那也纯粹是自找麻烦，对你来说不但毫无用处，而且比这还糟。我们也没钱请律师纯粹为争取时间而打一场注定毫无结果的官司。"

79. 致莫尔·阿迪

波西利波，朱迪切别墅，1897年11月27日（邮戳日期），星期六

亲爱的莫尔，我没收到你的只言片语来回答我上封信中提出的问题。但汉塞尔倒已给我写信声明他的决定是不可更改的。

我现在想知道是否还有和解的可能。我时刻准备答应不再与波西住在同一所房子里了。但是，若要我答应不再与他说话，与他断绝关系，或不再与他联系，那当然是滑稽可笑的。他是我唯一可保持联系的朋友，而没人陪伴的生活对我来说又是不可能的。我已经孤独、安静了两年，现在你们竟又迫使我归于孤独与安静，真是太野蛮了。

这不是一件很重要的事情，但我从未给妻子写信说我要"与阿尔弗雷德·道格拉斯住在一起"。我认为"住在一起"是女仆才会说的话。

我妻子在9月29日给我写了一封措辞激烈的信，在信的末尾，她说："我禁止你去见阿尔弗雷德·道格拉斯。我不允许你再回到你以前那种不洁的、淫秽的生活。我禁止你住在那不勒斯。我不允许你来热那亚。"我引述的都是她信中的原话。①

---

① 康斯坦丝的信已遗失，但在1897年9月26日她写给卡洛斯·布莱克的信中，她谈道："今天我给奥斯卡写了张便笺，说我要求他立刻回答我他是否去了卡普里或别的任何地方见那个可怕的人了。我还说到，既然他既认不出我给他寄去的孩子们的照片，也不记得孩子们送给他的纪念品，那就表明他对孩子们并不大关心。我希望这样说并不显得过于苛刻，但这都是非常必要的。"

我给她写信说，我从未梦想过违背她的意愿去看她，吸引我去看她的唯一理由是我希望自己在不幸的时候能得到她的同情、爱和怜悯。其余的时候，我只渴望安静，渴望尽可能好地过自己的生活。既然我不能住在伦敦，也不能住在巴黎，那我当然只能希望在那不勒斯过冬了。我至今未收到她的回信。

我真心以为，如果我们约好不生活在一起，我仍只剩下可怜的每周3英镑——虽然少得可怜，但总还算剩了点儿什么。那以后怎么生活呢？

如果有可能的话，你一定要对此事做出安排。我知道你们都认为我顽固不化，但这是性格的报应，是生活本身的辛酸。我就是个无药可救的病人。

你永远的

奥斯卡

80. 致伦纳德·斯密塞斯

波西利波，1897年11月28日（？），星期日

亲爱的斯密塞斯，请一定想法让《奇斯威克报》少点儿疯狂，也少让人疯狂。我现在在用"此时此刻，一位满嘴粗话的医生斜跨坐着，长着扁平的斗牛犬鼻子，手指摸着表"等。如果他们问你，其中是否隐含冒犯之意，你就说这只是阴谋诡计，但是一身貂皮的新衣①。然而，如果他们踢皮球，我也不能牺牲关于表的这一行，所以我附寄上一个差强人意的替代品，但如果使用它，我会感到愤怒，也许也会遭人痛恨。

我希望你能发起成立一个"反人格压迫协会"，现在正有一个由野兽和律师组成的、粗野的欧洲交响乐团在合谋攻击我。在我的生活已被社会彻底毁灭了之后，人们仍然想对我施加社会暴政，并试图迫使我生活于孤独之中，这真是可笑。这是我无法忍受的。我在监狱里有整整两年就生活在寂静与孤独之中。我不敢相信的是：在我被从狱中释放出来后，我的妻子、我的委托人、我孩子的监护人、我不多的几位朋友以及我无数的敌人竟合谋以饥饿的手段迫使我重新生活在寂静和孤独之中。在狱中，我们得到的食物虽然不足以让我们身体健康，但毕竟还有某种食物可吃。现在他们的阴谋竟是不但让我生活在寂静与孤独之中，而且要让我什

---

① 《哈姆雷特》第三幕第二场。

么也吃不上。这是令人厌恶的，是故意害人的。缺乏想象力的人真是可怕，他们设计出这个阴谋竟是打着道德的旗号！是要让我饿死，或是让我在那不勒斯的小便池中淹死。我从未遇见过道德感如此强烈的人！从未遇见过如此无情无义、残酷无耻、恶意报复、愚蠢之极、一点儿人性都没有的人。这些道德人，按照人们对他们的称呼，是人类中最简单的野兽。我宁愿身负五十种违背天性的恶名，也不愿表现一种违背天性的美德。对那些遭受痛苦的人来说，就是这种违背天性的美德，才把世界变成了一个早熟的地狱！

当然，所有这些在我诗中都有直接的表现。诗人给出版家写信实际上总是这样写的。

我已决定推迟第三章的写作，因为这是为了营造故事的戏剧性所必须采取的手段。读者想知道那个罪人在什么地方，在做什么。我希望这一章能更好一点儿，但它没有，也不会更好。我认为这有助于叙述的集中，因此我将它缓而不发。至于其余的章节，我已做了精心的修改。诗作者的饿死必会让一些人惋惜痛苦，这必定会大大增加诗的流行性。公众喜欢诗人的那种死法。对他们来说这就是戏剧性，他们有观赏这幕戏的权利。或许事实就是如此。

你永远的

奥斯卡·王尔德

81. 致罗伯特·罗斯

朱迪切别墅，1897年12月6日，星期一

亲爱的罗比，我知道不可能让你阻止汉塞尔做出决定，使我感到伤心的是你没有对此采取任何措施。我仍然认为，莫尔说什么我妻子是"严格按照合法协议行事"，这是错误的。汉塞尔所持的就是这种观点。他给我写信说他不是根据书面协议做出决定的，而是根据时下人们认为我不应再与波西在一起的舆论做出的。

他在雷丁监狱就给我说过，若我这样做他就那样做。当时我甚至都不想再见到波西，所以对他的话我也没介意。后来情况就不一样了。我有权利要求最严格的合法解释应根据详细的协议书上的条款做出，而不能根据口头约定做出。波西当然是本世纪一个光彩夺目、臭名昭著的典范，但在法律上他是否臭名远扬则是另一个问题。

我知道与波西在一起可能意味着失去经济来源这种可怕的后果。我受到来自各个方面的警告，我的眼没瞎，我能看到这一切，也能承受得了，但这种打击还是让我大吃一惊。一个人可以随心所欲去找牙医，但拔牙的瞬间是痛苦不堪的。莫尔默许哈格罗夫先生拒付霍尔曼先生的工钱，这让我很伤心，我只好回射毒箭。

亚瑟·克利夫顿正设法与阿德里安·霍普商定某些针对我的新约束条件，我当然要答应永不再与波西住在同一所房子里。我希望亚瑟能做成这件事，但阿德里安·霍普并没向他写信谈明对我信

中提出的要求的看法，不管怎样，我对此并不抱多大的希望。事情已到了不可收拾的地步。你为我做了不少好事，但环境的复仇女神和性格的复仇女神的力量太强了，她们不放过我——就像我已对莫尔说过的那样：我已病入膏肓，无药可救。只有钱或许能对我有所帮助，但也不是能帮助我解决问题，而是能帮助我避免解决我遇到的困难。

至于你写给斯密塞斯的信，我认为你不应该因为别人一封与我毫无关系的信中的某句话就对我采取那样一种态度。你给斯密塞斯写信说什么"如果奥斯卡·王尔德坚持先在报刊上发表他的诗，我希望你能拒绝将它出版"。斯密塞斯出不出版已在期刊上发表过的诗是他自己的事。你的意思当然是希望斯密塞斯会劝止我在期刊上发表我的诗，而事实上，是他自己在七周前给我的一封信中，说他不在乎我的诗以前是否发表过。在那之前我给他写了一封信，说我因为怕影响他把我的诗出成书后的销量，所以拒绝了《音乐家》杂志想刊登这首诗的要求，他那封信就是给我的回信，说他不在乎少赚几个便士。波西过去不理解，现在仍不理解的是：如果我能在报纸上发表这首诗并能得到25英镑或50英镑的话，你又为什么试图劝说斯密塞斯拒绝把它出成书呢？这种事在不断发生着。无论怎样，这都是应由斯密塞斯自己决定的事，而且他以前也向我保证过他不在乎是否发表过。波西所要表达的意思无疑还是太轻松愉快了，本质上没有任何冒犯你们的意思。而就形式来说，我认为在你们任何一个人的信中，"形式"都并没占据主导地位，或者说"美感"都没成为一种内在的精神。无论如何这都与我无关。我希望斯密塞斯把我给他的涉及你的所有信件都拿给你看。你给他写信说我们的亲密友谊已经结束,这真是正中我的要害,使我极度痛苦;你还说什么你发现我在处理各种商业事务方面不再信任你了!前者不管怎么说都是你自己的问题,而后一句话则是不公正的、没有正当理由的,也是非善意的。

总之,对像我这样一个现在已被毁灭、伤心欲绝、完全被痛苦压倒的人,我认为你做得很少。你用千言万语刺杀着我,而即使我只在你耳边大声喊出其中的一句,你就会大喊大叫说你要被伤害至死。

你永远的
奥斯卡①

---

① 同一天,王尔德给斯密塞斯写信,说他对罗比对自己和道格拉斯采取的态度感到非常伤心,但什么也抹不去他脑子中所记得的罗比对自己的种种好处,他深深感谢罗比对他的爱。并说道格拉斯正在回巴黎的路上。

82. 致伦纳德·斯密塞斯

波西利波，朱迪切别墅，1897年12月11日，星期六

亲爱的斯密塞斯，你亲笔写来的信真是一篇绝妙的文学作品，我既珍视其风格，也同样珍视其内容。

至于可爱的罗比，如果你愿意把他一双最旧的皮鞋寄给我，我会把它们擦得乌黑发亮，并且会心满意足地再把它们寄回给他，还要附上一首十四行诗。我一直深爱着罗比，从未想过要放弃对他的爱。在我所有的老朋友中，他是天性最美的人。如果我的其他朋友都像他的话，那我也就不会成为19世纪的一条无主的杂种狗了。但在人的一生中不可能碰到第二个人有他的那种天性。

当亲爱的罗比对我狂轰滥炸时（这是不公平的，就像文明战争中不设防的地方常常受到炸弹光顾一样），我以令人肃然起敬的耐心忍受了。但当他对另一个人表现出一种漫不经心、不太敬重的态度时，我就向他发射了一枚五颜六色的炮弹。我很抱歉这样做。但在我一生中有什么可让我不为之抱歉的呢？这一切都是多么无济于事啊！我的生活不可再补缀完整了，这是命中注定的。不管是对我自己来说，还是对其他人来说，我都不是一粒快乐的种子。我现在只是一个地位低贱、流落街头的普普通通的乞丐。虽然在德国科学家眼里我还是一种病态问题，但这个事实只有德国科学家感兴趣，即使在他们的著作中，我也只是表格中的一个

例子，是服从于一般法则的！这一切是怎么变成的啊！①

现在谈谈书的扉页。C-3-3用得不好，太单薄了，它应该像标题那样黑、那样粗。数字做起来可能有些难度，但在我看来，C似乎比"Gaol"中的G要单薄得多。

还有，你的名字印得太大了。我并不是因为诗人本人的名字未被提及而与你讨论出版家和诗人的相对价值。但诗的标题是最重要的事，也是应最先考虑的事。把你的名字印成同一种样式，或接近同一种样式，都只会破坏整页的美观。二者之间没有一种均衡，结果看起来就像是你写的这首诗。

二校样就好得多了。你已在上面标明你的名字要用"一种大号字体"印出来，但印出来的似乎比你的要求大了三倍。就我个人来说，我认为只需用两种型号的字体——一种用于印标题和假签名，另一种用于印出版者、地址和出版日期。如果你还想用第三种字形，那就用奥沙利文的书的扉页上的那种字形。② 还有，标题字间的空隙一定要均匀。不管怎样看，你的名字显然都是与整个扉页不协调的——我是从印刷角度说的。

我想你最好别再把校样寄给我了。我有一种"完美症"，总是要改来改去。我知道我已使它达到了相当高的水平，但我不想一直把它打磨来打磨去。因此，你把校样印出来后，你自己就能看看我改过的部分是不是都保留了，而我只看看扉页和"回忆"这

---

① 维吉尔，《埃涅阿斯纪》。
② 斯密塞斯刚把自己出版的文森特·奥沙利文的诗集《罪恶的房子》寄给王尔德。

一页就行了。这既是为你的时间考虑,也是为你的钱袋考虑,我另外还想看看封面。①

我认为,如果你想把你的名字和地址印在有刻字的扉页背面,那就又太挤了。我建议扉页背面只印上《雷丁监狱之歌》。但这事你自己看着办就好。然而,我看你的名字在奥沙利文的书上所处的位置就很好。

罗比刚给我寄来一份《太阳周报》。我不知道这是表示宽恕呢,还是正相反。

你永远的
奥斯卡·王尔德

---

① 当王尔德最后看到书的定稿时,他在1898年2月7日给斯密塞斯写信说:"我确实被迷住了……扉页是个杰作——是我见过的最好的扉页。我真心快乐地感激你,我亲爱的伙伴,你对我的眷顾和为我受的苦。"

83. 致罗伯特·罗斯

巴黎,美术街,尼斯酒店,1898年2月18日(?)

我最亲爱的罗比,非常感谢你对我的诗做的删改。

斯密塞斯发昏了,第一版竟只印了四百册①,而且没做广告宣传。恐怕他错过了一次"热销"的机会。他太喜欢"禁止"别人印刷的书的发行了,结果对自己印的书也禁止了。不要告诉他这话是我说的。我已给他写过信了。

人们对我和波西一起住在那不勒斯不必大惊小怪,这对我们是不公平的。一个因爱国被投进监狱的爱国者是爱自己国家的,同样,一个因喜爱男孩子被投进监狱的诗人也照样是爱男孩子的。要想改变我的生活,就得承认同性恋②之爱是可耻的。我坚持认为同性恋是高贵的——比其他方式的爱都要高贵。

你永远的

奥斯卡

---

① 斯密塞斯最终屈服了,又印了四百册,所以《雷丁监狱之歌》第一版共印了八百册。

② 原词为"Uranian",即同性恋。第一次明确这个词的这一意义的是德国律师卡尔·亨利希·乌尔利克斯(1825—1895)。这个词源于希腊语"Uranos"(天堂),是指相信同性之爱比普通的爱更高一个层次,并且与柏拉图的《会饮篇》也有关。1896年,安德烈·拉夫洛维奇在法国出版了一本书《同性恋与单性恋》,其中有一章是专论王尔德的,这一章曾于1895年单独发表过。

84. 致弗兰克·哈里斯

尼斯酒店，1898年2月底

亲爱的弗兰克，我无法表达出你的信是多么深深地感动了我：它是我们之间一次真诚的握手。我只是想见到你，再一次与你那坚强、冷静、奇妙的人格接触。

我无法理解我的诗出版前后的一些事情。我的出版商按我的要求告诉我说：他已把两本新出版的诗集分别寄给了《星期六评论》和《每日记事报》；他还跟我说，亚瑟·西蒙斯告诉他，他已专门给你写信请求你让他写一篇署名文章。我估计出版商都是不可信的。他们肯定要看评论。我希望在你的报纸上，能出现一点儿评论，或就由你自己来写一点儿启事什么的，因为你的报纸在伦敦很有影响力，你说的话人们愿意听。我自己当然觉得这首诗太有自传性了，真实的体验是与文学作品不相容的，对人不应造成影响，但它是从我心中挤出来的，是我痛苦的叫喊，是玛息阿的叫喊，而不是阿波罗的情歌。它其中毕竟还包含着一些好的东西。我觉得自己好像用薄麦片粥①做成了一首十四行诗！而且它确实有点儿价值。

你从蒙特卡洛回来时，请让我知道。我渴望着与你共进晚餐。

至于创作一部喜剧的事，亲爱的弗兰克，我已失去了生活和

---

① 薄麦片粥是监狱中的犯人喝的一种稀粥。

艺术的动力、失去了生活的欢乐，这太可怕了。我有快乐、有激情，但生命的快乐已离我而去。我就要迈进陈尸所的大门了。我要先去那儿看看我的镀锌床。我毕竟有过奇妙的生活，现在这种生活恐怕已经结束了。但我首先必须与你再共进一次晚餐。

你永远的

奥·王

85. 致罗伯特·罗斯

巴黎，1898年3月2日（？），星期三

亲爱的罗比，一千次地感谢你为我做的一切。你虽然是低级教堂里的一个可怕的天主教徒，但就像坐在雪白玫瑰花心中的一个小基督徒。① 基督的死并不是为了救人，而是要教会人彼此拯救。我毫不怀疑这是严重的异端邪说，但这也是一种事实。

我没把你的信读给康斯坦丝听。我尽快把它交给你。你善于施爱和善，我很快就原封不动把它还给你。②

关于那不勒斯的事，很简单，也很平淡。

波西在四个月内给我写了无数的信，说要给我一个"家"。他给我爱、关心和体贴，并且答应一切都给我准备好。四个月后，我接受他的邀请，但当我们在艾克斯会合，一起到那不勒斯的途中，我却发现他既没钱，又没有任何计划，并且忘掉了自己的一切诺言。他唯一的念头是认为我应该为我们两人的生活准备钱。当然，一旦他不得不付自己该出的那份钱时，他就会变得可怕、吝啬、充满恶意，除非他出钱是为了给自己买乐。一旦我们的钱

---

① 但丁《神曲》中《天国篇》中的句子。
② 2月21日，王尔德给罗斯写信说："我要给康斯坦丝写信说明我现在的实际收入必须保存起来。波西和我必然要分开——自此我们将永不再相见——让我忍饥挨饿简直是昏了头。如果你给她写信，能否向她提及这件事？"

花光了，他就会离开我。

至于那500英镑，他说这是"名誉债"等等。他写信给我说，他承认这是名誉债，但"很多绅士不偿还名誉债"，这是"司空见惯之事"，没有比这更糟糕的事了。

我不知道你对康斯坦丝说了什么。但明摆着的事实是我接受了他给我提供的"家"，并且发现他在等着我支付一切花销；当我身无分文时，他就把我一个人扔在这儿不管了。

当然，这是酸辛生活中的最痛苦的经历，是非常可怕、让人痛不欲生的打击，但这种事必然要发生。我知道自己最好永远不再见他。我不想见他，他让我充满恐惧。

你永远的
奥·王

86. 致卡洛斯·布莱克

尼斯酒店，1898年3月9日（邮戳日期）

亲爱的卡洛斯，我无法表达昨晚看到你的笔迹时是多么激动和感动。明天请来看我（星期四），如果可能，请在五点来；如果明天不能来，那也请你一定另约个时间；我特别想见你，希望再次与你握手，并感谢你和妻子对康斯坦丝和孩子们的无微不至的关怀和帮助。①

我独自一个人住在这儿，非常孤独；不用说，我只有一个房间，但里面有把圈手椅，就是为你准备的。我已有三个月没见到

---

① 3月4日，康斯坦丝·王尔德给布莱克写信说："奥斯卡住在美术街，尼斯酒店。你能不能去看看他？我这样做是不是对你的要求太过分了？你知道，他对我和孩子都很不好，我们已再也不可能生活在一起了，但我仍对他有兴趣，与对其他我认识的人一样，这是我的处世原则。你见过他所写的诗吗？你想要一本吗？若想要，我可以寄给你一本。他的出版商最近送给我一本，我推测是他让这样做的。你能不能去为我解开这个秘密？如果你真见到他了，就请告诉他我认为《雷丁监狱之歌》美极了。我希望这本书在英国取得的巨大成功能促使他写出更多的东西。我听说他现在除了喝酒什么也不干，我还听说他已离开了阿尔弗雷德，并接受了昆斯伯里夫人给他的200英镑，前提条件是他再也不要见到阿尔弗雷德了，但这当然也可能是假的。阿尔弗雷德在巴黎吗？做你认为对的事。"

当王尔德和道格拉斯在那不勒斯分手时，昆斯伯里夫人通过莫尔·阿迪以自己儿子的名义给了王尔德200英镑。在1898年3月17日王尔德写给罗斯的一封信中，王尔德说这笔钱是道格拉斯欠他的"名誉债"的一部分。他拒绝以他和道格拉斯再不相见为条件接受这笔钱——"我知道波西与他母亲达成了妥协，但那不是我的事"。

阿尔弗雷德·道格拉斯了：我相信他现在在里维耶拉游憩胜地。我相信我们再不可能相见了。实际情况是：如果他还与我在一起的话，他每月就会失去10英镑的收入，而如果他采取明智而谨慎的行动，他每年就可获得400英镑。

我很高兴自己的长诗在英格兰取得了成功。几周前我就给你留了一本——第一版的——我渴望亲手交给你。

在4月的《法兰西信使报》上发表了这首诗的法语译本，我也希望能出成书，当然是出少量的，但它是我的"天鹅之歌"，我很抱歉让它充满痛苦的呼喊——它是"玛息阿之歌"，而不是"阿波罗之歌"；但是生活，我曾那么挚爱的生活——太爱了——却像只老虎一样把我撕得粉碎，因此，当你来看我时，你将只看到一个一度辉煌过、灿烂过的人的残骸和遗迹，法国的作家和艺术家

（接上页）3月10日，康斯坦丝又给布莱克写信说："你给奥写信的结果，是他给我写信多要一点儿他该得到的钱。幸亏我在听说他陷入绝境时通过罗比·罗斯在昨天或是前天转给他40英镑。他说我欠他78英镑，并希望我能把这些钱寄给他。我知道他现在极穷，但我不认为这是我的错。他说他爱得太多，这总比恨好！这是千真万确的，但他的爱是不自然的爱，我看是比恨还坏的疯狂。我不恨他，但我得承认我怕他。"

3月20日，康斯坦丝又给布莱克写了一封信，说王尔德在钱的问题上对她纠缠不清真是太没道理了，他根本不考虑孩子将来的教育问题，根本不考虑她孤苦无助的情景；并说自王尔德入狱，他已向她借了50英镑，向她姨妈借了50英镑，向她叔父借了100英镑。现在她姨妈的那50英镑是她替他还的，而欠她叔父的那100英镑却至今未还，恐怕永远不会还了。"我现在一个便士也没有了，已向伯恩·琼斯借了150英镑，而在这之前我从未借过钱。现在我在伦敦也欠了债，正想法还，但只要有人给王尔德钱，这一切都与他无关。"

们待我很好，所以我夜夜读福楼拜的作品。我想自己不会再提笔写作了，生活的快乐已离我而去，而它和意志力就是艺术的基础。

你来时请梅尔莫斯先生一起来。

你永远的
王尔德

87. 致《每日记事报》编辑[*]

巴黎，1898年3月23日

先生，我知道本周将首次或第二次解释内政大臣的监狱改革提案，而贵刊又是英国对此重要问题真正感兴趣并能起到重要作用的报纸，所以我希望你能允许我这样一个在英国监狱里有过长期亲身经历的人，向你提出我的看法，这种愚蠢而野蛮的监狱体制最迫切需要的改革是什么。

从贵刊一周前发表的一篇重要文章上，我了解到当前监狱制度的主要改革是主张增加监察员和官方考察员的数目，认为这样就可以解决英国监狱中存在的问题。

像这样的改革是毫无用途的。理由很简单，监察员和兼管一般司法事务的地方官光顾监狱的目的是保证监狱制度得到贯彻执行。他们除此之外再无别的什么目的，也没有权力改变，即使他们想改变监狱制度的任何一个条文。官员的光顾也没给任何一个囚徒带来哪怕最小的一点儿安慰，或关注，或照顾。监察员不是来帮助因犯的，而是来监督监狱制度的执行的。他们的目标是要保证愚蠢而非人的监狱制度实施有力。既然他们必须做点儿事，

---

[*] 这封信发表在3月24日的《每日记事报》上，标题是"如果今天你想快乐，那就不要读这封信"，众议院就是从这天开始就监狱法案的第二次解释进行辩论。王尔德在这封信里提出的一些改进方案被正式写进8月出台的《监狱法》中。

他们就非常热心地这样做了。一个获准有一点儿特权的犯人最害怕监察员的到来。在每一个监察员要来的日子里，狱卒对犯人都比平时更凶狠。他们的目的当然是想让监察员看看他们工作是尽职尽责的。

必要的改革也很简单，那就是他们能关注每个不幸的犯人的精神需要和肉体需要。至于第一种需要，英国法律允许监狱对犯人进行三种永久性的惩罚：

1. 饥饿。
2. 失眠。
3. 疾病。

犯人的伙食根本不够，大多数食物又都霉烂变质了。一切都是不足的。每个犯人都日日夜夜受着饥饿的煎熬。每个犯人所吃的食物都是定量的，都是一盎司一盎司仔细称过的，只够保命，而不是维持生活。但犯人总要受到饥饿引起的痛苦和疾病的折磨。

吃这种食物的后果——在大多数情况下都只包括稀粥、烤得粗糙透顶的面包、板油和水——是连续不断的腹泻病。这种疾病最终成为大多数犯人的永久性疾病，在每个监狱都成为公认的存在。例如在旺兹沃思监狱——我在里面待了两个月，一直到我被送进医院，我在医院又待了两个月——狱卒每天要拿着止泻药在监狱里走两三个来回，他们已把这当成家常便饭。这样过了大约一星期之后，不用说止泻药也丝毫不起作用了。可怜的犯人自此就只好忍受着人们可以想象出来的最让人虚弱、最让人绝望、最让人羞辱的疾病的折磨了。这时又会常常出现这样的情况：如果他因为有病不能完成分派给他的体力工作，他就会被看作是偷懒怠工，并受到最重、最野蛮的惩罚。这还不算完。

在英国监狱里，最差的是环境卫生条件。在过去，每间牢房还有厕所式的东西，但现在这些厕所被禁止使用了，它们已不复存在，取而代之的是每个犯人一个小铁桶。每个犯人一天准许倒三次便桶。但除了他锻炼的那一个小时外，他不许进监狱里的厕所，傍晚五点钟以后，他不准离开自己的牢房，什么借口都不行，也不管出于什么原因。一个患腹泻的人在这期间处于一种什么样的可怕境地，是不必说的了，而且说出来也不体面。恶劣的卫生条件给犯人带来的悲哀和折磨是无法描述的。牢房里空气恶劣，再加上通风系统完全失效，整个气氛令人作呕、让人无法忍受，这不但对犯人是如此，对狱卒也不例外。每天早晨，当他们从清新的空气里走进监狱，打开牢房门检查情况时，他们也感到极其恶心欲吐。我自己不止三次看到这种情况，也有几个狱卒向我提起过，这是他们的职责强加给他们的令人厌恶的事。

给犯人吃的食物应充足、卫生，不应导致腹泻病，刚开始这种病还只是不停地腹泻，但久而久之就成了不治之症了。

英国监狱的卫生条件应彻底改变。只要需要，每个犯人都可以享用监狱的厕所，可以随时倒便桶。目前每个牢房的通风系统都是毫无用途的。囚牢的窗户很小，又有栅栏，排气孔又小，空气都好像是硬挤进来的，根本进不来充足的新鲜空气。一天二十四小时，犯人只允许出来一个小时透透气，这就意味着他一天有二十三个小时要呼吸那种恶浊的空气。

至于失眠的折磨，它只存在于中国和英国的监狱里。在中国，是通过把犯人放在一个小竹笼子里达到这个目的；而在英国，则是让犯人睡在木板床上实现这个目的。木板床的目的就是要让犯人失眠，除此之外，再无其他目的，它确实取得了不折不扣的成功。即使随后可以睡硬床垫了——在服刑期间有时也会有这种机会——但犯人仍是失眠。因为睡眠与其他有利健康的事一样都是一种习惯。每个睡过木板床的犯人都受过失眠的折磨。这是一种令人恶心的、无知的惩罚。

至于精神的需要，我也请你准许让我发表一点儿看法。

目前的监狱体制似乎是专门用来摧毁人的智力的。其所造成的精神失常，即使不是其目的，也一定是其结果。这是一个众所周知的事实，其原因是显而易见的。犯人不许看书，不许与人交往，被隔离于一切人道的、使人仁慈的影响之外，被迫生活于永恒的寂静之中，被剥夺了与外界的一切交流，被当作一个无智无识的动物对待，受到各种野蛮的折磨，这样被关在英国监狱里的可怜的犯人难免要精神失常了。我不想详细谈这些可怕的事，更不会对这些事产生丝毫的兴趣。因此，如果你允许的话，我就只谈为改变这种现状该做点儿什么。

每个犯人都应有足够的书看。现在的情况是，在被监禁的头三个月，犯人根本没书看，《圣经》、祈祷书、赞美诗当然除外。此后，一个犯人每周只准看一本书。这不仅不够，而且一般监狱图书室的书都是毫无用途的，都是些三流的、胡编乱造的所谓的宗教书，它们显然是写给孩子看的，但又不适合孩子看，或者说不适合任何人看。监狱应鼓励犯人读书，应根据他们的需要提供书，应为他们精心挑选书。现在监狱里负责选书的都是牧师。

在目前的监狱体制下，每个犯人一年只能与朋友们见四次，每次只二十分钟。这是极其错误的规定。每个犯人每月应能与朋友见一次面,时间也要合理。现在流行的把犯人向他的朋友展示的方式也应该得到改变。在目前的监狱体制下,犯人或是被锁在一间大铁笼子里,或是被锁在一个大木箱子里,只给他留个小孔透气,还用铁丝网缠着,他只能从这样的小孔往外看。他的朋友被安排在一个小笼子里,大约有三四英尺远,两个看守分站两边,听着犯人和朋友的讲话,如果他们想打断或中止谈话,也完全可以。我建议应让犯人在一间屋子里见他的亲人或朋友。现在的规章制度让人说不出地厌恶和恐惧。每个亲戚或朋友的来访对每个犯人来讲都只是强化了他的羞辱感,使其精神更加绝望。许多犯人因此不是支持这种精神折磨,而是根本拒绝见他们的朋友。对此我并不觉得奇怪。当犯人见自己的律师时,他们是在一间有玻璃门的房间里会见的,一边站着个看守。当犯人见自己的妻子和孩子或父母或朋友时,他也应该像见律师一样享有特权。把犯人像一只大猩猩一样,关在笼子里向人展览,特别是向爱着他、他也深爱着的人展览,是一种毫无必要的可怕的羞辱。

每个犯人每月至少可以写一次信,收一次信。目前的监狱制度只准许犯人一年写四次信。这是很不够的。监狱生活导致的一个悲剧就是把人心变成石头。合乎自然的爱的感情,也像其他感情一样,是需要滋养的。它们很容易死于无聊空虚。每年四次的短信是不够养活犯人温柔的、仁慈的爱的,而最终只有靠爱才能使人对愈合已七疮八孔的、被毁灭的生活的美好而美丽的影响保持敏感。

应该禁止删减和删除犯人信件的习惯。在目前的监狱体制下,如果犯人在信中抱怨了监狱制度，他信中的这一部分就要被剪掉。另一方面，如果他在通过牢房的栅栏或木箱子与朋友谈话时抱怨了监狱的制度，他就会受到看守的野蛮折磨，并被报告上去，每周都要受到惩罚，直到下次接待探监的日子为止，在这一次，他应该已学会了狡诈，而不是明智，犯人总是在这样的教训中长知识。这也是犯人在狱中能学到的不多的几种东西中的一种。幸运的是，其他事情在某些情况下更重要一些。

我是不是能多占一点儿你报纸上的空间？我能这样说吗？你在自己的文章中说，监狱中的牧师所做的工作不应越出监狱之外。但这件事并不重要。监狱中的牧师是完全没用的。作为一个阶层，他们的本意是良好的，但实际上也是一群蠢货。他们没对任何犯人起过作用。每隔六个星期左右，就会有把钥匙在牢房的锁孔里一转，然后就有一个牧师走进来。犯人当然得认认真真地站着听。他问犯人是否一直在读《圣经》。犯人回答"是"或"否"，历来如此。他接着引用《圣经》中的几段话教育犯人一番，接着就出去锁上了门。有时他还会留下一份宗教小册子。

不应该从事监狱以外的工作，或私自营业的监狱官员是狱医。在目前的监狱体制下，狱医常常（即使不能说一直）从事大量的私人营利活动，并在其他机构中任职。结果是犯人的健康状况被完全忽视了，监狱的卫生状况也完全被他们置之脑后。我认为，从我年轻时期我就认为，医生作为一个阶层是社会上最人道的职业，但我必须指出狱医是个例外。从我遇见的狱医，以及从我在医院和其他地方看到的他们的所作所为来看，他们都是举止粗鲁、性情暴躁、对犯人的健康或舒适完全无动于衷的一群人。如果狱医被禁止私自行医,他们就会被迫对他们辖下的犯人和卫生条件产生一点儿兴趣。

我在信中试图表明我们英国的监狱体制急需改革的几个方面,这些建议都是简单的、实用的、人道的。当然,这些还仅是个开端,但现在正是要开始改革的时候了,只有在你这样有影响力的报纸上系统发表公众对此事的意见,才能给政府施加压力,进而开始这项改革。你的报纸可以促进这场运动。

但要想使这场改革卓有成效,还有许多工作要做。第一项,或许也是最困难的一项工作是使监狱官员富有人道主义精神,并使看守们文明起来,让牧师真正像个基督徒。

你永远的
《雷丁监狱之歌》的作者

88. 致罗伯特·罗斯

巴黎，1898年5月8日，星期日

亲爱的罗比，必须得采取点儿措施了。在星期五和星期六，我身上一个便士也没有，不得不待在屋里不出来，因为酒店只供早餐，没有晚餐，所以我两天晚饭都没吃。① 我的钱定在5月18日才给，过去都是5月18日给，并且总是提前付。11月的钱没有了，但2月的钱由我妻子付，5月定在18日给。

无论如何，因为我总想通过你得到钱，你能不能找到人给我出这笔钱，以便现在我就有钱花，当我的钱到时，你把支票转过去就行了。

谨随函附上一份看似合法的文件。我仅是从其缺乏风格进行判断的。有这份文件在手，亲爱的罗比，你肯定至少可以给我30英镑，如果不是38.10英镑的话。

贫穷和焦虑搞得我坐卧不安，我的喉咙又不得不做手术，医药费至今未付，只有痛苦伤神。②

你永远的

奥斯卡

---

① 王尔德在3月底搬到了美术街阿尔萨斯酒店。
② 收到王尔德的这封信后，罗斯给斯密塞斯写信说："我刚收到王尔德的一封可怕的信，他似乎正处于一种可怕的赤贫境地，即使他的话有点儿夸张，也不会过于夸张。他说星期五、星期六两天晚饭都没吃。如果你能把我的雷珍包卖掉，立刻尽快给王尔德寄去5英镑。告诉王尔德这是一个朋友送的。不必提我的名字。"

89. 致弗朗西斯·福布斯－罗伯逊

玛索里耶酒店，1899年5月中旬

我亲爱的、温柔的、美丽的朋友，埃里克刚把你迷人的信送给我，我很高兴有机会向你谨祝新婚之喜，表达一个一直爱着你、仰慕着你的人所有美好的祝愿。① 我是偶然遇见埃里克的，他告诉我你已结婚了。他像平时一样生动活泼，温柔体贴，但比平时更糊涂。我很生气，他甚至连你与谁结婚都记不太清楚了，也不记得你的"他"是白是黑，是年轻还是年老，是高还是矮。他也不记得你是在哪儿结的婚，不记得你穿的什么衣服，或你是否比平时看着更漂亮。他只说婚礼上有许多人，但却记不得他们的名字。他只记得约翰斯顿在场。他谈起这整件事情来就像谈晨霭中的一幅风景画。他暂时回忆不起来你丈夫的名字，但他说记得把他的名字写在家里了。

就这样，亲爱的弗朗基，你结婚了，并且嫁了个"好男人"！这才般配。娶神的女儿的男人就该是国王，或就要成为国王。

我没什么东西送你，只有一本书，就是那部混乱的喜剧《认真的重要性》，但我之所以把它送给你，是希望你能把它放在你的书架上不时翻翻看看。它的装束很美：穿着日本的仿羊皮纸，装

---

① 弗朗西斯·福布斯－罗伯逊是1899年4月10日在伦敦与亨利·大卫·赫罗德结婚的。

帧精美，与流行的出版物大相径庭，不属于那种只值六七个便士的庸俗出版物家族。这才是生之骄傲，这是个教训。[①]

啊！若能与你和你丈夫一起待在你们的新家该是多么快活的事啊！但我亲爱的孩子，我又怎么到你身边呢？我们相隔数英里宽的大海，数英里长的陆地。褐色的群山和银色的河流把我们分开了。你不知道我是多可怜，我已身无分文了；我每天只靠几法郎活着，或好像活着，那还是我从沉船上抢下来的一点儿残渣。我就像圣方济各一样，与贫穷结了婚，但就我这一方来说，婚姻是不成功的。我憎恨别人强给我的新娘，她的饥饿和破衣烂衫并没让我看出美来。我没有圣方济各那样的灵魂，我渴望的是生活之美，生命之欢乐。但你邀请我说明你还是爱我的，并请一定转告你的"男人之王"，说你和他的邀请使我非常感激和感动。

也请你有时间写信谈谈你在生活中找到的美。我现在生活在回声中，因为我没有多少自己的音乐。

你的老朋友
奥斯卡

[①] 这本书用的是日本仿羊皮纸封面，上面写着："视弗朗基结婚幸福，她的作家老朋友、老同志，[18] 99 年 6 月。"

90. 致罗伯特·罗斯

西班牙广场，库克父子酒店，1900年4月16日

亲爱的罗比，我不能写作了。这太可怕了。这是一种麻痹症，是隐藏在我体内的一种病。

好了，一切都平安无事了。巴勒莫——我们曾在那儿待过数日——是可爱的。柠檬树和橙园纯美无瑕，我好像又变成了一个前拉斐尔派信徒，对一般的印象主义者深感厌恶，因为他们糊涂的灵魂和污浊的思想只会用泥和污迹给我们提供诸如"金色的灯笼挂在绿色的夜晚"这些让我好笑的东西。真正的前拉斐尔派所注重的精雕细刻弥补了其缺乏动感的不足。文学和音乐是唯有的两种流动的艺术。

自那之后我就再也没见过，甚至在拉文纳也没见过这种镶嵌图案。在帕拉蒂娜教堂[①]，一切都显得那么美好，从人行道到有圆顶的小房子，一切都很伟大。坐在这里，人真会觉得自己好像正坐在一个蜂巢的中心，看着天使唱歌；看着天使，实际上是看着人们唱歌，这比听他们唱歌要美妙得多。就是因为这个原因，伟大的艺术家们给他们的天使的总是没弦的琵琶，没吹孔的风笛，吹不进气或发不出声音的芦笛。

你听说过蒙雷亚莱，听说过它的修道院和大教堂。我们过去

[①] 巴勒莫的一座拜占庭风格的教堂。——译者

常常驱车去那里。那儿的雕塑、圣像都很美。

我还交了一个伟大的朋友，他是个年轻的神学院学生，就住在巴勒莫的大教堂里。他和另外十一个学生像鸟儿一样在屋顶下的小房子里。

每天他都领我参观整个大教堂，在躺着腓特烈二世的巨大斑岩石棺面前，我还真跪了下来。石棺是那种高贵、光秃秃的丑陋可怕的东西，颜色是血红色，底座是狮子支撑着，而它们曾使伟大国王那不安分的灵魂大发脾气。刚开始时，我那名叫朱塞佩·洛韦尔德的年轻朋友还给我讲解，但在第三天则是我来给他讲解了，我像平时那样又把历史重温了一遍，把与高贵的国王和其诗人协会的一切都告诉了他，还有他那本从未动手写的可怕的书。[①]朱塞佩十五岁，非常温柔。他进教堂的理由很像中世纪人的理由。我问他为什么想做一个牧师，怎么做。

他的回答是："我父亲是个厨师，是最穷的那种；我家人很多，因此，对我来说，能住在这么一间像我家一样小的房间里已经很好了，而对我家来说，少一张嘴吃饭也不错，因为我虽然瘦弱，但饭量却很大，可以说太大了。哈！我的饭量怕是太大了。"

我告诉他尽管放心，因为上帝运用贫穷这一手段的目的常常是让人皈依于他，他很少运用富裕的手段，或者说从未用过。因此朱塞佩就放心了，我还把一本小祈祷书送给了他。祈祷书很美，

---

① 腓特烈二世（1194—1250），罗马帝王，西西里岛和耶路撒冷的国王。按但丁的说法，意大利诗歌就是在他统治期间诞生的。人们还怀疑他写了一本书，叫《三个大骗子——摩西、耶稣和穆罕默德》。

比祈祷者手里拿的书插图还多、还美;这对朱塞佩很有用,他的眼睛更漂亮了。我还给了他许多里拉,并许诺他说,如果他能一直这样好并不忘掉我的话,我会给他一顶深红色的帽子。他说决不会忘了我,实际上我也相信他不会,因为每天我都在高高的圣坛后面吻他。

我们在那不勒斯停留了三天。你知道,我的大多数朋友都在监狱里,但我在那里也留下了一些美好的记忆,并且与海神恋爱了,她出于某种异乎寻常的原因,没有与半人半鱼的海神在一起,而是待在皇家海军学校。

我们在耶稣升天节那天到了罗马。H. M. 星期六去了戈灵。在梵蒂冈,我出现在香客的前排,得到了罗马教皇的祝福——若在平时,他们是不会让我受到这种祝福的。

当他坐在王座上被抬着从我面前经过时,他看起来真是神妙极了,但神妙的不是他的面孔和肉体,而是白衣下隐藏着的一颗白色的灵魂,他既是艺术家又是圣人——如果报纸上的话可信的话,那他就是历史上唯一的先例。

当他不时地站起来祝福时,他的姿势是我见过的最超凡脱俗的——他祝福的可能是香客,但肯定也包括我。

我深深地被感动了。我的拐杖显出发芽的迹象,如果它真的发芽了,那就只在教堂门口它才会被"黑桃杰克"[1]从我手中夺走。

---

[1] "黑桃杰克"一般指恶棍、无赖。

这种奇怪的律令,当然是为了纪念唐豪瑟而制定的。①

我怎么得到的入场券?那当然是靠奇迹。我本以为没指望了,所以也没怎么想办法。星期六下午五点,我和哈罗德一起到欧洲饭店吃茶点。突然,在我正吃着黄油吐司时,一个男人,或者说一个看起来像个男人、穿得像酒店侍者的人走进来问我想不想在复活节看教皇。我谦卑地低下头说"我没入场券"或类似的话。他立刻给了我一张!

我已告诉你他面貌奇丑,所以我也不必再说这张入场券花掉了我三十个银币是怎么怎么昂贵了。

同样让人奇怪的是,无论我什么时候经过那家饭店——我经常从那儿经过——都能见到那同一个男人。科学家称这种现象是"视觉神经迷乱"。你和我都知道这种现象。

复活节那天下午,我在拉特兰大教堂听晚祷曲,音乐很可爱,在快结束时,一个穿着红袍、戴着红手套的大主教出现在廊台上,并让我们看了圣骨。他皮肤黝黑,戴着黄色的主教冠,看起来像一个阴险的中世纪人,但又极像哥特人,就像人们在墙上、柱上雕刻的那种主教。看到这个令我心醉神迷的主教,我对哥特艺术所表现出的伟大的现实主义精神有了切实的体会。希腊艺术和哥特艺术都没有任何装腔作势的东西,这种东西是那种拙劣的肖像画家发明出来的,第一个摆出装腔作势的姿态的人是证券经纪人,从那以来他就一直那样摆着姿势。

---

① 瓦格纳歌剧《唐豪瑟》第三幕。王尔德也多次提及唐豪瑟的罗马忏悔之旅和教皇权杖发芽。如《雷丁监狱之歌》第四节。

荷马谈你谈得多了点儿，有点儿太多了。他有点儿怀疑你背信弃义，在他看来，你立即回来似乎大有问题。你在一张明信片上对他所作所为的暗示似乎神秘莫测。

我的队伍中又增加了一个名叫彼得罗·布兰卡-多罗的人。他很黑，也很忧郁。我非常爱他。

寄给你一张复活节前一天我在巴勒莫拍的照片。别忘了给我寄几张你的照片，并要永远爱我。读读这封信，这要费去你一周的时间。

代我向你母亲表达最诚挚的问候。

你永远的
奥斯卡

91. 致弗兰克·哈里斯 *

阿尔萨斯酒店，1900年11月21日

亲爱的弗兰克，到现在为止，我已在床上躺了近十个星期了①，现在仍病得很厉害，两周前还旧病复发。但即使这样，还是有很多原因促使我必须马上给你写信谈谈你欠我钱的问题。我的病已花去了200英镑，我必须恳求你立即把你欠我的钱还给我。9月26日，也就是大约两个月前，你亲笔起草协议保证从那天起在一周内把欠我的钱连本带利全部还清。你对我说，你把支票簿留在伦敦了，但你一回去就给我寄张支票来，时间就定在你回去的第二天。你给了我一张写着"我已全部收到你欠的钱"的收据。我从不怀疑你在一周内就会把钱还我，就像不会怀疑太阳或月亮

---

* 这封信显然是王尔德的最后一封信，这是这一时期王尔德就剧本《达文特里先生和夫人》写给弗兰克·哈里斯诸多信件中的一封。这部剧于10月25日在皇家剧院上演，由帕特里克·坎贝尔夫人和弗雷德·克尔任主角。剧本最初完全是王尔德的创意，并在1894年给亚历山大的信中谈到了剧本构思，但剧本的定稿却是哈里斯独自完成的。在与哈里斯谈判之前和谈判期间，王尔德已把剧本的某些特权卖给了美国女演员布朗·波特夫人（1859—1936）、贺拉斯·塞杰、艾达·里恩等人，以及剧院经理路易斯·内瑟索尔（1865—1936）和斯密塞斯。当哈里斯宣布出版这部剧本时，他被迫要"买下"这些人中的一部分或全部，这样他自然拒绝支付他已答应给王尔德的150英镑。哈里斯有很多错误，但并非对王尔德不慷慨。这部剧本1956年才出版。

① 王尔德10月10日才做过一次手术。

会发光一样。一周过去了，我没收到你的只言片语，最后外科医生觉得有责任提醒我：如果我不马上接受手术治疗，那可能一切都太晚了，再拖延下去可能就会有生命危险。我费尽心力想法靠朋友们凑点儿钱，或者说是他们为我凑齐了手术所需的1500法郎，手术这才如期进行。随后我又给你拍电报要求你立刻把欠我的钱还我。我只收到你25英镑，随后你就杳无音信，闭口不谈这档子事了，弄得我整整一个月都处于一种可怕的境地。我并不想指责你对我的所作所为，我只是在陈述明明白白的事实。根据两个月前你拟的协议，你现在总共欠我125英镑，另外你还欠我25英镑，是坎贝尔夫人预付的100英镑中我应得的四分之一。你在杜兰德家对我说这笔钱没提前付。我想知道你说的是真还是假。我相信那出戏现在已巡回演出了三周，我却没收到一分钱。实际上，演出的收入情况及作者应得的份额每周都应该寄给我。我必须请你立刻把账目弄清楚，因为我不能再这样活下去了：长久地受着危险疾病的折磨。两个医生、他们的助手和一个护士，都是要花一大笔钱的啊！

　　至于斯密塞斯，不用说我很惊讶你让自己被他敲诈了一笔，但你若想用你欠我的钱弥补你自己的这笔损失，并要扣押应得的那一点儿利润，那是绝对不可能的。我目前绝不允许这样做。数年前斯密塞斯就已与我约定，让我每隔一定的时间就给他写部剧本。我没能如约完成我应做的工作，斯密塞斯因为我们的协议破裂在巴黎正式放弃了他对我的一切权利。当然，我并没得到斯密塞斯的亲笔声明，但斯密塞斯当时是我的好朋友，就是从他身上，以后在你身上，我才充分体会到朋友的全部意义。作为回报，我授权他出版我的两部剧本①，以及当时由一位伟大的艺术家②做注的诗集。自那以后，斯密塞斯就破产了，这你也知道，我也是其中的一个债权人。如果斯密塞斯能考虑到他与我的协议还有效的话，他自然会把它当作反对我的资本，但他没这样做，这清楚地表明了，在他看来，协议已经随着时间的流逝而失去了其实际效用。他找到了你，并试图从你手里弄到钱，这实际上是一种敲诈勒索行为，因为即使我与他的协议还值5先令，那这5先令也应属于官方的涉讼财产管理人，斯密塞斯就和大街上的路人一样，根本无权插手此事或当成他自己的财产。我想没必要告诉你斯密塞斯的所作所为严重违反了破产法，如果这事让涉讼财产管理人知道的话，斯密塞斯就会发现自己已处于一种非常痛苦、可能是犯罪的处境。如果你把这些情况摆在你的律师面前，他会告诉你我说得很对。我想，如果斯密塞斯还没把从你手里敲诈出来的100英镑挥霍在威士忌和苏打水上的话，你的律师还能为你追回这笔钱。无论如何这是你自己的事，不是我的事，但既然斯密塞斯现在与涉讼财产管理人的关系很糟糕，我想他可能不介意冒被监禁的危险。

在我重病期间，曾有一个叫内瑟索尔的男人几乎每天都来这儿骚扰我。他说他曾想方设法为我弄到了一本剧情说明书，那种谁都能得到的剧情说明书，并据此对我进行敲诈。在这种情况下如果我愚蠢地给了他200英镑，并且随后就写信让你从自己的腰包

---

① 指《理想丈夫》和《认真的重要性》。
② 指奥尔西娅·盖尔斯（1868—1949），英国艺术家，她给斯密塞斯于1904年出版的王尔德的诗集《阿尔洛的房子》做了插图注释。

里掏出这200英镑给我，你一定觉得奇怪又好笑。但是，如果你找不出第二个与你一样的人，那你的律师就会告诉你：斯密塞斯的所作所为是完全非法的，而你呢，当时把钱给他则是很愚蠢的。

至于我，我为发生到你身上的一切感到遗憾，但我却不能帮你补上这笔钱，你也丝毫不应该想到让我做到这一点。现在重要的是把我们之间的账目解决清楚，我必须恳求你把欠我的150英镑寄还给我，还有一切该属于我的版税，都给我。

不消说，我们之间的事竟发展到这种地步使我非常沮丧，但你必须记住这根本不是我的错。如果你信守诺言，遵守协议，把属于我的钱寄给我，一切都会很好地解决。实际上，如果不是因为你的所作所为让我精神焦虑、彻夜难眠、连医生斗胆给我开的麻醉药也无济于事的话，我两周前就会完全康复了。今天是20日，星期二。我就指望你把欠我的150英镑寄给我了。

你真挚的

奥斯卡·王尔德

附录一

凋谢的百合花
——王尔德在人世的最后日子

罗伯特·罗斯致莫尔·阿迪[*]

1900年12月14日

10月9日，星期二，因为有一段时间没收到王尔德的信了，我就给他写了一封信，说我于10月18日星期四到巴黎住几天，到时希望能见到他。10月11日星期四，我收到他一封电报，内容如下："明天手术——快来。"我回拍电报说尽量快点儿去。他又拍了一封电报说："极度虚弱——请来。"10月16日，即星期二晚，我动身上路。星期三早晨，大约十点半，我去见他。他情绪很好。虽然他让我相信他很痛苦，但他不时又大笑，并给我讲了许多他和医生闹出的笑话。我在他那儿一直待到十二点半，下午四点半左右又回到医院，就是在这段时间内他重新谈到他对哈里斯剧本的不满。奥斯卡当然向哈里斯隐瞒了整件事的真相——我对他与哈里斯之间的矛盾就是这么理解的。哈里斯写剧本时以为只需花100英镑买下塞杰就行了，而奥斯卡已提前把这个角色卖了100英镑；而克尔·贝柳、路易斯·内瑟索尔、艾达·里恩，甚至斯密塞斯都给了王尔德100英镑以分担剧中不同的角色，所以他们都威胁哈里斯说要诉讼。因此，哈里斯只给了王尔德50英镑，因为他不得不先买下这些人——王尔德因此表示不满。我向

---

[*] 这封信收入弗兰克·哈里斯所著《奥斯卡·王尔德：他的生活与自白》，纽约，1918年。

他指出他的处境比以前好多了，因为哈里斯无论怎样都把那些预付给王尔德钱的人买下来了，无论如何王尔德最终得到了一些自己的东西，这时他回答说，用他一贯的方式回答说："哈里斯霸占了我能不断得到100英镑的剧本，所以就等于断了我唯一的经济来源。"

在我离开巴黎之前，我不断去看王尔德。雷吉和我有时一起在他的卧室吃晚饭，而他虽然满面病容，却总是滔滔不绝地谈着。10月25日，我哥哥亚历克来看他，那天他的身体状况特别好。他弟媳、威利夫人和她丈夫特谢拉当时正在巴黎度蜜月，这时也正好来看他。这次，他说他"就要死了"……他活不过这个世纪……英国人不容忍他——他应对自己"表演"失败负责，英国人在看到他穿得整整齐齐、快乐地坐在那里之前就已走开了……所有的法国人也都知道这一点，他们同样无法容忍他。

10月29日，奥斯卡自病后第一次中午起了床，晚饭后又坚持要出去走走——他让我相信医生已说过让他这样做，所以我怎么反对他都不听。

几天里，因为医生说过他可以起床，所以我就要求他起床，但他拒绝。我们去了拉丁区一家小酒馆，他坚持要喝酒。他一来一回都显得有点儿吃力，但他看起来气色非常好，只是我突然意识到他的脸开始显出老态了。第二天我就告诉雷吉，他在起床、穿衣时看起来与以前是多么不同啊！他在床上看起来还相对好点儿。（我第一次注意到他的头发已有点儿灰了。我一直说雷丁监狱也没改变他头发的颜色，仍是柔和的棕色。你一定记得他过去常开的玩笑吧。在监狱时，他常对看守说他的头发全白了，而看守总是觉得他的话很有趣。)

第二天,我发现他得了重感冒,耳朵也疼得很厉害。我也没觉得有什么可大惊小怪的。塔克医生[①]说他还可以出去走走。第二天下午,天气很温和,我们一起乘车去了一片树林。奥斯卡看起来好多了,但又抱怨阳光让他发晕。四点半左右我们回来了。星期六早晨,即11月3日,我碰见了护工埃尼翁[②](雷吉总是叫他免费梳妆台)。他每天都来给王尔德包扎伤口。他问我是不是王尔德的好朋友,或者说我认不认识王尔德的亲戚。他向我保证王尔德的情况已很严重,如果他不改变自己的生活方式,他顶多活三四个月,他说我应该同塔克医生谈谈,因为他没认识到王尔德病情的严重性——耳病本身算不上大病,但却是个危险的征兆。

星期天上午我看到了塔克医生,他是个朴素、善良、优秀的医生。他说奥斯卡应多写点儿东西,那样他就会好些。只有在他按照老习惯生活起居时,他的病情才会恶化。我请他坦言相告。他答应去问问奥斯卡是否同意他与我公开谈谈他的健康问题。根据约定,我在第二周的星期二又与他见面了。他说得含糊不清,虽然在某种程度上他认同了埃尼翁的看法,但他又说奥斯卡现在正慢慢好转,虽然如果他不戒酒的话就活不长。那一天稍晚些我去见王尔德时,我发现他很烦躁不安。他说他不想知道医生对我说过什么。他说他不在乎还能活多久,接着就又谈起他的债务问题,我算下他谈到的债务,总共有400多英镑。他要我在他死后

---

① 英国大使馆医生。
② 负责给王尔德穿衣服、梳头的护工,或者是男护士。

尽可能帮他收回一些欠债。他对他的某些债权人深恶痛绝。不久雷吉来了，让我大松了一口气。奥斯卡告诉我们，他前天夜里做了个噩梦——梦见"他与死人一起吃晚饭"。雷吉巧妙地回答说："我亲爱的奥斯卡，你可能是这些人的生活和灵魂。"这话让奥斯卡又兴奋起来，他变得情绪高涨，几乎可以说是歇斯底里。我走时感到非常焦躁。当天晚上我给道格拉斯写信说我被迫要离开巴黎。医生认为奥斯卡病得很重……应该支付一些医药费，因为就是他们让他焦虑不安，让他的病不能很快好起来的——这是塔克医生的观点。11月2日，我与……① 一起去了拉雪兹神甫公墓。奥斯卡很感兴趣，问我是不是给他选好了墓地。他以绝对轻松的方式谈起墓志铭的事，我从未想到他与死亡离得那么近。

11月12日，星期一，我与雷吉一起到阿尔萨斯酒店与他道别，因为我第二天就要去里维耶拉了。晚饭后我在他那儿待到很晚。王尔德详详细细地谈着他的经济困境。他刚收到哈里斯的一封信，是谈斯密塞斯要债的事，让他很烦躁。他的话听起来有点儿沙哑，但前天晚上他刚注射过吗啡，那天他喝了太多的香槟。他知道我就要与他道别了，但我进屋时他似乎没怎么注意，当时我就觉得很奇怪；他给雷吉谈了他的一切感想、见闻。我们正谈着，信差送来了一封信，信是阿尔弗雷德·道格拉斯写来的，是封让人高兴的信，其中还夹带着一张支票。我想这与我给他写的信有一点儿关系。奥斯卡哭了一会儿，但很快就镇静下来。接着我们一起进行了友好的交谈，其间王尔德在房子里走来走去，常激动地发

---

① 名字被哈里斯删掉了。

表着意见。十点半左右，我起身离去。突然，奥斯卡请雷吉和护士出去一会儿，因为他想单独与我道别。他先是漫不经心似的谈起他在巴黎的债务，接着他恳求我不要走，因为他觉得最近几天他身上发生了一个很大的变化。我的态度相当坚决，因为我真以为他只是有点儿歇斯底里，虽然我知道我的离去使他真的很伤心。突然，他大哭起来，说他怕再也见不到我了，因为他觉得一切都要结束了。这种痛苦的情形持续了大约四十五分钟。

他谈到了各种各样的事情，我在这里无法一一复述。我们的分别虽然很痛苦，但我并没把这当作很重要的事，对可怜的王尔德爆发出来的感情，我也没做出应该做出的反应，特别是我正要走出他的房间时，他对我说："在尼斯附近的山坡上看能不能找到一间小房子，我病好些就去那里，你可常去那里看我。"这是他生前最后一次清楚明白地与我谈话。

第二天晚上，即11月13日，我去了尼斯。

我不在巴黎的时候，雷吉每天都去看奥斯卡，每隔一天就给我写封王尔德的病情报告书。奥斯卡和他一起乘车出去了几次，似乎好了些。星期二，即11月27日，我收到雷吉的第一封信，我们开始动身回巴黎。我把雷吉的信都寄给你，因为它们能让你清楚地知道事情的经过如何。我当时已决定下星期五把母亲送到门托内后，星期六就去巴黎。但在星期三晚上，我收到了雷吉的一封电报，说王尔德"几乎毫无希望了"。我立即乘上去巴黎的快车，在上午十点二十分到了巴黎。塔克医生和雷吉请来的一个专家——克莱因医生都在那儿。他们告诉我奥斯卡顶多活两天。他一脸悲苦，变得更瘦；他的皮肤呈青黑色，呼吸沉重。他很想

403

说话。他能意识到房子里有人，当我问他还能不能理解时，他还抬了抬手。他紧紧抓住我的手。我随后出去找牧师，费尽周折才找到卡思伯特·邓恩神甫，是受难会修道士。他立即与我一块走进来，给他施洗礼和临终涂油礼——奥斯卡不能领受圣餐。你知道我早就答应在奥斯卡临终时带个牧师去，我很后悔以前常劝阻他不要变成天主教徒，但你知道我为什么那样做。随后我给弗兰克·哈里斯、霍尔曼（让他通知阿德里安·霍普）和道格拉斯分别拍了电报。稍后塔克又进来说奥斯卡还可能多活几天。

可怕的善后事务必须由我们来做，我就不需多说了。雷吉是完全垮了。

那天，我和雷吉就睡在了阿尔萨斯酒店的一间房里，中间被护士叫醒了两次，因为她们以为王尔德实际上就要死了。大约在凌晨五点半，他身上发生了一种彻底的变化，他的脸变形了，我相信被称作死亡的东西已开始走近他了，但我以前从未听说过这样的事。他喉咙里发出临死前的哮吼声，听起来就像扭动曲柄时发出的那种可怕的声音，这种声音一直持续到他死。他的眼睛不再对光有什么反应了。他嘴里涌出泡沫和血，站在他旁边的人得不停地替他擦去这些东西。十二点，我出去弄食物，雷吉守护着他。十二点半，他出去了。从下午一点起，我们就没再离开过房间。他喉咙里发出的痛苦的叫声变得越来越响，我和雷吉只好靠撕信来保持镇静。三个护士不在屋里，酒店老板已来尽过责了。一点四十五分，他呼吸的节奏变了。我走到他身边，握住他的手，他的脉搏开始不规则跳动。他发出了一声深深的叹息，这是我到后第一次听到他自然的声音。他的四肢似乎不自觉地伸展着，呼吸越来越微弱；一点五十分，他死了。①

　　清洗并让风吹干王尔德的遗体、扫干净一些不得不烧掉的杂七杂八的东西后，我、雷吉和酒店老板就去市政厅做官方声明。想想中间经过的繁文缛节，至今都还让我生气，在这儿也就没必要再说一遍了。聪明的迪普瓦里耶昏了头，把王尔德的名字弄得神神秘秘，这就使本来并不太难的事情复杂化了。王尔德在酒店登记的是梅尔莫斯这个名字，而在法国用假名字在酒店登记是违法的，这就使事情难办了。从三点半一直到五点，我们就在市政厅和警察局之间跑来跑去。随后我就生气了，坚持要去大使馆找卡思伯特神甫向我介绍过的英国大使盖斯林。这件事总算解决了之后，我又出去想找几个修女照看遗体。我以为在巴黎这是再容易不过的事，但经过了令人难以相信的艰难曲折后，我才好不容易找到两个圣方济各会修女。

　　盖斯林非常热心，他答应第二天早晨八点来阿尔萨斯酒店。雷吉留在酒店里应付报社记者和吵吵嚷嚷的要债人，而我则和盖斯林一起去拜访有关官员，直到下午一点半我们才分手。对一个外国人来说，死在巴黎确实是一种艰难又昂贵的奢侈。

　　下午，地方官来查问王尔德是不是自杀或被谋杀。他根本不看塔克医生和克莱因医生开的证明书。前一天晚上盖斯林就警告过我：由于王尔德的身份及其假名，官方可能会坚持把他的遗体送到陈尸所。当然我被这种可能性吓坏了，这也确是最后的一种

---

①　1900年11月30日，星期五，最后一次医疗检查结果是：王尔德死于中耳炎，而这种病是他在监狱时开始患上的。

405

恐惧。检查完遗体,实际上是检查完酒店里的每一个人之后,在不停地喝过酒、开过一连串不合时宜的玩笑、接过一笔可观的钱后,地方官才签字同意埋葬王尔德。接着又来了一个可恶的官员,他问王尔德有多少硬领,他的伞值多少钱(这是千真万确的,我一点儿也没夸张);然后又有各种各样的诗人、作家,如雷蒙德·德·拉·达莱得、塔尔丢、查尔斯·西伯莱、让·里克蒂斯、罗伯特·德休米埃、乔治·辛克莱,他们陆续走进来,在签过名后都得到许可看看王尔德的遗体……①

让我引以为欣慰的是,亲爱的奥斯卡显得就像他刚出狱时那样冷静、高贵,他的遗体经清洗后也没什么可怕的了。他的脖子上围着你送给他的玫瑰花环,胸上放着一位修女给我的一个圣方济各修道会会章,他的身旁放着几束花,那是我送的,还有一束是一位匿名者以其孩子的名义送来的,虽然我估计他的孩子可能还不知道自己的父亲已经死了。当然还有那种常见的十字架、圣烛和圣水。

盖斯林劝我立刻把王尔德的遗体放进棺材里,因为遗体很快就会腐烂。晚上八点半,准备封钉棺材。在我的要求下,莫里斯·吉尔伯特给王尔德拍了最后一张照片,但不成功,因为闪光灯坏了。第二天是星期日,道格拉斯赶来了,还有许多我不认识的人都来了,我想其中记者居多。星期一②早晨九点,葬礼从酒店开始——我们都随着柩车走向圣日耳曼德佩教堂——阿尔弗雷

---

① 省略号可能是哈里斯点的。
② 12月3日。

德·道格拉斯、雷吉·特纳、迪普瓦里耶、我、酒店老板、护士亨利、酒店服务员朱尔斯、埃尼翁、莫里斯·吉尔伯特,以及两个我不认识的陌生人。教区牧师在圣坛后面的祭坛低声做了弥撒,卡思伯特神甫宣读了殡葬办公室的公告。瑞士人告诉我,在场的有五十六个人,包括五个悲痛欲绝的女士。我只订了三辆马车,因为我没发布官方通报,就是想尽力让葬礼安静举行。第一辆车里是卡思伯特神甫及其助手;第二辆车里是阿尔弗雷德·道格拉斯、特纳、酒店老板和我;第三辆车里是斯图尔特·梅里尔夫人、保罗·福特、亨利·达夫雷、萨尔路易斯;后面跟着一辆出租马车,里面是一些我不认识的陌生人。① 车行一个半小时后,我们到了巴尼厄墓地,墓地是以我的名义临时租用的,若我能在别的地方给他买一块墓地,我就选在拉雪兹公墓,但我还没决定怎么做。墓地总共有二十四个花圈,有些是不知姓名的人送的。

我不能不说说阿尔萨斯酒店的老板迪普瓦里耶的慷慨大度,仁慈厚道。我在离开巴黎前,王尔德告诉我他已欠了酒店190英镑。从王尔德卧床不起始,他就再没提及这件事。直到王尔德死后他才向我提到这个问题,随后我才开始着手解决这个问题。王尔德做手术时他陪在旁边,而且每天早晨都去看望他,亲自照顾他。他还自己掏钱支付王尔德治病所需的大笔费用。我希望由……或……② 还这笔钱。塔克先生也少拿了一大笔钱。虽然我认为他完全诊断错

---

① 有莱昂纳尔·萨尔路易斯(1874—1949),荷兰犹太画家、图书插图师,1894年到巴黎,随后加入法国国籍。

② 名字是哈里斯划掉的,可能是指道格拉斯和哈里斯。

了王尔德的病症，但我不能不说他是个善良的好人。

雷吉·特纳经受了所有可怕的考验，付出了不可估量的爱心。喜爱王尔德的人可以引以为欣慰的是，王尔德临死之际还能有这样一位善良、细心的朋友在他身边照顾他。能有像雷吉这样的朋友，王尔德可以瞑目了。①

---

① 当时的尴尬现实是：大家都没钱在巴黎公墓为王尔德买一块合适的墓地，所以就选在了巴尼厄墓地。墓碑是后来立的，很普通，墓碑上刻着《约伯记》第二十九章中的一句话："我说话之后，他们就不敢再说，我的言语润泽其身。"

1909年，王尔德的债务还清了，他的作品开始获得一些版税，罗伯特·罗斯就在拉雪兹神父公墓买了一块永久性墓地，并移葬了王尔德。墓地由雅各布·爱泼斯坦设计，墓碑上刻着《雷丁监狱之歌》中的一句话：

异乡人泪注残瓮，
悼者亦是异乡人。
哀者总是孑然身。

——译者

附录二

王尔德生平年表

1854年10月16日	奥斯卡·王尔德在都柏林诞生
1855年	举家迁往北梅里恩广场1号
1864—1871年	入恩尼斯基林的波托拉皇家学校
1871—1874年	入都柏林的三一学院
1874年10月	进牛津大学马格达伦学院，成为半津贴学生
1875年6月	与马哈菲同游意大利
1876年4月19日	威廉·王尔德勋爵去世
7月5日	在牛津大学文学学士学位的第一次考试中获第一名
1877年3—4月	与马哈菲同游希腊，经罗马回国
1878年6月10日	以《拉文纳》一诗获纽迪盖特诗歌奖
7月19日	在古典人文学科大考中获第一名
11月28日	获文学学士学位
1879年秋	与弗兰克·迈尔斯在伦敦的索尔兹伯里大街13号租房住
1880年8月	与迈尔斯一起迁往切尔西的泰特街，住济慈别墅
1881年6月30日（？）	《诗集》出版
12月24日	乘船赴美
1882年	在美国和加拿大演讲一年
1883年1—5月（？）	在巴黎，住伏尔泰酒店
7月（？）	迁往格罗夫纳广场，查尔斯大街9号
8—9月	为出版《薇拉》的相关事宜短暂访问纽约

9月24日	在联合王国（大不列颠与北爱尔兰）巡回演讲，断断续续近一年
11月26日	与康斯坦丝·劳埃德订婚
1884年5月29日	与康斯坦丝·劳埃德在伦敦成婚
5—6月	在巴黎和迪耶普度蜜月
1885年1月1日	移住泰特街16号
6月5日	西里尔·王尔德出生
1886年	结识罗伯特·罗斯
11月3日	维维安·王尔德出生
1887年	担任《妇女世界》编辑
1888年5月	出版《快乐王子及其他故事》
1889年7月	《W. H. 先生的画像》在黑森林书屋出版
10月	辞去《妇女世界》编辑职务
1890年6月20日	《道林·格雷的画像》发表
1891年1月（？）	结识阿尔弗雷德·道格拉斯勋爵
	《帕都瓦公爵夫人》在纽约上演
2月	《社会主义制度下的人的灵魂》发表在《双周评论》上
4月	《道林·格雷的画像》出版
5月2日	《意向集》出版
7月	《亚瑟·萨维尔勋爵的罪行》出版
11月	《石榴屋》出版
11—12月	在巴黎写《莎乐美》
1892年1月20日	《温德米尔夫人的扇子》上演

5月26日	《诗集》(节选本)出版
6月	《莎乐美》被张伯伦勋爵下令禁演
7月	在洪堡治病
8—9月	在诺福克郡写《一个无足轻重的女人》
1893年1月22日	法语版《莎乐美》出版
4月19日	《一个无足轻重的女人》上演
6—10月	住在泰晤士河畔的戈灵农舍里
10月	住在圣詹姆斯广场10号、11号,写《理想丈夫》
11月9日	《温德米尔夫人的扇子》出版
1894年1月9日	《莎乐美》英语版出版,比亚兹莱插图
5月	与道格拉斯一起住在佛罗伦萨
6月11日	《斯芬克斯》出版
8—9月	在沃辛写作《认真的重要性》
10月9日	《一个无足轻重的女人》出版
10月	与道格拉斯在布赖顿
1895年1月3日	《理想丈夫》上演
1月17—31日	与道格拉斯同访阿尔及尔
2月14日	《认真的重要性》上演
2月28日	在阿尔比马尔俱乐部发现了昆斯伯里的明信片
3月1日	昆斯伯里被捕
3月9日	昆斯伯里被关押在伦敦弓街老贝利法庭等候审讯、判决

3月	与道格拉斯同游蒙特卡洛
4月3日	昆斯伯里案开庭审理
4月5日	昆斯伯里被宣布无罪释放,王尔德被逮捕
4月6—26日	被监禁在霍洛韦监狱
4月26日	第一次审问开庭
5月1日	陪审团不同意法庭判决,决定重新审理
5月7日	被保释
5月20日	第二次开庭审理
5月25日	被判服苦役两年,在纽盖特监狱关押两天后被送往彭顿维尔监禁
7月4日	转押往旺兹沃思监狱
9月24日	第一次破产调查
11月12日	第二次破产调查
11月20日	转押往雷丁监狱
1896年2月3日	王尔德夫人去世
2月11日	《莎乐美》在巴黎上演
1897年1—3月	写作《自深深处》
5月18日	转押往彭顿维尔监狱
5月19日	被释放。乘夜船去迪耶普
5月26日	从迪耶普到滨海贝梅瓦尔
8月28(?)—29日	在鲁昂与道格拉斯见面
9月4—11日	在鲁昂
9月15日	离开迪耶普去巴黎
9月20日	到达那不勒斯

9月27日（？）	移住波西利波的朱迪切别墅
10月15—18日	与道格拉斯同游卡普里岛
12月	游览西西里岛
1898年1月	移住那不勒斯的圣卢西亚31号
2月13日（？）	移住巴黎的尼斯酒店
2月13日	《雷丁监狱之歌》出版
3月28日	移住阿尔萨斯酒店
4月7日	康斯坦丝·王尔德去世
6—7月	住在马恩河畔的诺让
8月	住在马恩河畔的谢内维埃
12月15日	赴戛纳附近的那普勒
1899年1月	《认真的重要性》出版；离开那普勒赴尼斯
1月25日	离开尼斯赴瑞士的格兰
4月1日	离开格兰赴圣玛格丽特
4—5月	回到巴黎，住内瓦酒店
5月	移住玛索里耶酒店
7月	《理想丈夫》出版；住在马恩河畔的谢内维埃
8月	搬回阿尔萨斯酒店
1900年4月2—10日	在巴勒莫
5月15日（？）	在罗马
5月	在格兰待了十天
5—6月	返回巴黎
10月10日	动手术
11月30日	在阿尔萨斯酒店去世

汉译文学名著

第一辑书目（30种）

伊索寓言	〔古希腊〕伊索著	王焕生译
一千零一夜		李唯中译
托尔梅斯河的拉撒路	〔西〕佚名著	盛力译
培根随笔全集	〔英〕弗朗西斯·培根著	李家真译注
伯爵家书	〔英〕切斯特菲尔德著	杨士虎译
弃儿汤姆·琼斯史	〔英〕亨利·菲尔丁著	张谷若译
少年维特的烦恼	〔德〕歌德著	杨武能译
傲慢与偏见	〔英〕简·奥斯丁著	张玲、张扬译
红与黑	〔法〕斯当达著	罗新璋译
欧也妮·葛朗台 高老头	〔法〕巴尔扎克著	傅雷译
普希金诗选	〔俄〕普希金著	刘文飞译
巴黎圣母院	〔法〕雨果著	潘丽珍译
大卫·考坡菲	〔英〕查尔斯·狄更斯著	张谷若译
双城记	〔英〕查尔斯·狄更斯著	张玲、张扬译
呼啸山庄	〔英〕爱米丽·勃朗特著	张玲、张扬译
猎人笔记	〔俄〕屠格涅夫著	力冈译
恶之花	〔法〕夏尔·波德莱尔著	郭宏安译
茶花女	〔法〕小仲马著	郑克鲁译
战争与和平	〔俄〕列夫·托尔斯泰著	张捷译
德伯家的苔丝	〔英〕托马斯·哈代著	张谷若译
伤心之家	〔爱尔兰〕萧伯纳著	张谷若译
尼尔斯骑鹅旅行记	〔瑞典〕塞尔玛·拉格洛夫著	石琴娥译
泰戈尔诗集：新月集·飞鸟集	〔印〕泰戈尔著	郑振铎译
生命与希望之歌	〔尼加拉瓜〕鲁文·达里奥著	赵振江译
孤寂深渊	〔英〕拉德克利夫·霍尔著	张玲、张扬译
泪与笑	〔黎巴嫩〕纪伯伦著	李唯中译
血的婚礼——加西亚·洛尔迦戏剧选	〔西〕费德里科·加西亚·洛尔迦著	赵振江译
小王子	〔法〕圣埃克苏佩里著	郑克鲁译
鼠疫	〔法〕阿尔贝·加缪著	李玉民译
局外人	〔法〕阿尔贝·加缪著	李玉民译

第二辑书目（30种）

枕草子	〔日〕清少纳言著	周作人译
尼伯龙人之歌	佚名著	安书祉译
萨迦选集		石琴娥等译
亚瑟王之死	〔英〕托马斯·马洛礼著	黄素封译
呆厮国志	〔英〕亚历山大·蒲柏著	李家真译注
波斯人信札	〔法〕孟德斯鸠著	梁守锵译
东方来信——蒙太古夫人书信集	〔英〕蒙太古夫人著	冯环译
忏悔录	〔法〕卢梭著	李平沤译
阴谋与爱情	〔德〕席勒著	杨武能译
雪莱抒情诗选	〔英〕雪莱著	杨熙龄译
幻灭	〔法〕巴尔扎克著	傅雷译
雨果诗选	〔法〕雨果著	程曾厚译
爱伦·坡短篇小说全集	〔美〕爱伦·坡著	曹明伦译
名利场	〔英〕萨克雷著	杨必译
游美札记	〔英〕查尔斯·狄更斯著	张谷若译
巴黎的忧郁	〔法〕夏尔·波德莱尔著	郭宏安译
卡拉马佐夫兄弟	〔俄〕陀思妥耶夫斯基著	徐振亚、冯增义译
安娜·卡列尼娜	〔俄〕列夫·托尔斯泰著	力冈译
还乡	〔英〕托马斯·哈代著	张谷若译
无名的裘德	〔英〕托马斯·哈代著	张谷若译
快乐王子——王尔德童话全集	〔英〕奥斯卡·王尔德著	李家真译
理想丈夫	〔英〕奥斯卡·王尔德著	许渊冲译
莎乐美 文德美夫人的扇子	〔英〕奥斯卡·王尔德著	许渊冲译
原来如此的故事	〔英〕吉卜林著	曹明伦译
缎子鞋	〔法〕保尔·克洛岱尔著	余中先译
昨日世界：一个欧洲人的回忆	〔奥〕斯蒂芬·茨威格著	史行果译
先知 沙与沫	〔黎巴嫩〕纪伯伦著	李唯中译
诉讼	〔奥〕弗兰茨·卡夫卡著	章国锋译
老人与海	〔美〕欧内斯特·海明威著	吴钧燮译
烦恼的冬天	〔美〕约翰·斯坦贝克著	吴钧燮译

第三辑书目（40种）

埃达	〔冰岛〕佚名著	石琴娥、斯文译
徒然草	〔日〕吉田兼好著	王以铸译
乌托邦	〔英〕托马斯·莫尔著	戴镏龄译
罗密欧与朱丽叶	〔英〕莎士比亚著	朱生豪译
李尔王	〔英〕莎士比亚著	朱生豪译
大洋国	〔英〕哈林顿著	何新译
论批评 云鬟劫	〔英〕亚历山大·蒲柏著	李家真译注
论人	〔英〕亚历山大·蒲柏著	李家真译注
亲和力	〔德〕歌德著	高中甫译
大尉的女儿	〔俄〕普希金著	刘文飞译
悲惨世界	〔法〕雨果著	潘丽珍译
安徒生童话与故事全集	〔丹麦〕安徒生著	石琴娥译
死魂灵	〔俄〕果戈理著	郑海凌译
瓦尔登湖	〔美〕亨利·大卫·梭罗著	李家真译注
罪与罚	〔俄〕陀思妥耶夫斯基著	力冈、袁亚楠译
生活之路	〔俄〕列夫·托尔斯泰著	王志耕译
小妇人	〔美〕路易莎·梅·奥尔科特著	贾辉丰译
生命之用	〔英〕约翰·卢伯克著	曹明伦译
哈代中短篇小说选	〔英〕托马斯·哈代著	张玲、张扬译
卡斯特桥市长	〔英〕托马斯·哈代著	张玲、张扬译
一生	〔法〕莫泊桑著	盛澄华译
莫泊桑短篇小说选	〔法〕莫泊桑著	柳鸣九译
多利安·格雷的画像	〔英〕奥斯卡·王尔德著	李家真译注
苹果车——政治狂想曲	〔英〕萧伯纳著	老舍译
伊坦·弗洛美	〔美〕伊迪斯·华尔顿著	吕叔湘译
施尼茨勒中短篇小说选	〔奥〕阿图尔·施尼茨勒著	高中甫译
约翰·克利斯朵夫	〔法〕罗曼·罗兰著	傅雷译
童年	〔苏联〕高尔基著	郭家申译
在人间	〔苏联〕高尔基著	郭家申译
我的大学	〔苏联〕高尔基著	郭家申译

地粮	〔法〕安德烈·纪德著	盛澄华译
在底层的人们	〔墨〕马里亚诺·阿苏埃拉著	吴广孝译
啊，拓荒者	〔美〕薇拉·凯瑟著	曹明伦译
云雀之歌	〔美〕薇拉·凯瑟著	曹明伦译
我的安东妮亚	〔美〕薇拉·凯瑟著	曹明伦译
绿山墙的安妮	〔加〕露西·莫德·蒙哥马利著	马爱农译
远方的花园——希梅内斯诗选	〔西〕胡安·拉蒙·希梅内斯著	赵振江译
城堡	〔奥〕弗兰茨·卡夫卡著	赵蓉恒译
飘	〔美〕玛格丽特·米切尔著	傅东华译
愤怒的葡萄	〔美〕约翰·斯坦贝克著	胡仲持译

第四辑书目（30种）

伊戈尔出征记		李锡胤译
莎士比亚诗歌全集——十四行诗及其他	〔英〕莎士比亚著	曹明伦译
伏尔泰小说选	〔法〕伏尔泰著	傅雷译
海上劳工	〔法〕雨果著	许钧译
海华沙之歌	〔美〕朗费罗著	王科一译
远大前程	〔英〕查尔斯·狄更斯著	王科一译
当代英雄	〔俄〕莱蒙托夫著	吕绍宗译
夏洛蒂·勃朗特书信	〔英〕夏洛蒂·勃朗特著	杨静远译
缅因森林	〔美〕梭罗著	李家真译注
鳕鱼海岬	〔美〕梭罗著	李家真译注
黑骏马	〔英〕安娜·休厄尔著	马爱农译
地下室手记	〔俄〕陀思妥耶夫斯基著	刘文飞译
复活	〔俄〕列夫·托尔斯泰著	力冈译
乌有乡消息	〔英〕威廉·莫里斯著	黄嘉德译
生命之乐	〔英〕约翰·卢伯克著	曹明伦译
都德短篇小说选	〔法〕都德著	柳鸣九译
无足轻重的女人	〔英〕奥斯卡·王尔德著	许渊冲译
巴杜亚公爵夫人	〔英〕奥斯卡·王尔德著	许渊冲译
美之陨落：王尔德书信集	〔英〕奥斯卡·王尔德著	孙宜学译
名人传	〔法〕罗曼·罗兰著	傅雷译
伪币制造者	〔法〕安德烈·纪德著	盛澄华译
弗罗斯特诗全集	〔美〕弗罗斯特著	曹明伦译

弗罗斯特文集	〔美〕弗罗斯特著	曹明伦译
卡斯蒂利亚的田野：马查多诗选	〔西〕安东尼奥·马查多著	赵振江译
人类群星闪耀时：十四幅历史人物画像		
	〔奥〕斯蒂芬·茨威格著	高中甫、潘子立译
被折断的翅膀：纪伯伦中短篇小说选	〔黎巴嫩〕纪伯伦著	李唯中译
蓝色的火焰：纪伯伦爱情书简	〔黎巴嫩〕纪伯伦著	薛庆国译
失踪者	〔奥〕弗兰茨·卡夫卡著	徐纪贵译
获而一无所获	〔美〕欧内斯特·海明威著	曹明伦译
第一人	〔法〕阿尔贝·加缪著	闫素伟译

图书在版编目（CIP）数据

美之陨落：王尔德书信集 /（英）奥斯卡·王尔德著；孙宜学译. —北京：商务印书馆，2023
（汉译世界文学名著丛书）
ISBN 978-7-100-22037-8

Ⅰ. ①美… Ⅱ. ①王… ②孙… Ⅲ. ①王尔德（Wilde, Oscar 1856-1900）—书信集 Ⅳ. ① K835.615.6

中国国家版本馆 CIP 数据核字（2023）第 032983 号

权利保留，侵权必究。

汉译世界文学名著丛书
美之陨落
王尔德书信集
〔英〕奥斯卡·王尔德 著
孙宜学 译

商 务 印 书 馆 出 版
（北京王府井大街36号 邮政编码100710）
商 务 印 书 馆 发 行
北京通州皇家印刷厂印刷
ISBN 978 - 7 - 100 - 22037 - 8

2023年8月第1版 开本 850×1168 1/32
2023年8月北京第1次印刷 印张 13¼
定价：68.00元